THÉORIE

DES PEINES

ET DES

RÉCOMPENSES,

PAR M. JÉRÉMIE BENTHAM,

JURISCONSULTE ANGLOIS.

———————

Rédigée en François, d'après les Manuscrits,

PAR M. ET. DUMONT, *de Genève.*

———————

TOME PREMIER.

———————

A LONDRES,

DE L'IMPRIMERIE DE VOGEL ET SCHULZE,
13, Poland Street, Oxford Street.

Se vend chez B. DULAU et Co. Soho Square,
et chez les principaux Libraires.

———◆———

MDCCCXI.

THÉORIE

DES

PEINES.

———◆———

Et quoniam variant morbi, variabimus artes.

OVID.

TABLE DES CHAPITRES

Contenus dans le Tome Premier.

PRÉFACE.

Lorsque je publiai, à Paris, en 1802, les *Traités de Législation Civile et Pénale*, en trois volumes, j'annonçai divers écrits du même genre, que j'avois rédigés de la même manière, d'après les manuscripts de M. Bentham, mais qui n'étoient pas encore en état de paroître.

Le succès m'encourageoit à continuer. Trois mille exemplaires se sont écoulés plus rapidement que je n'aurois osé l'espérer pour un premier ouvrage d'un auteur étranger et très-peu connu sur le Continent. J'ai même lieu de penser que, tout récent qu'il est, il n'a pas été sans influence, puisqu'il a été fréquemment cité dans plusieurs compositions officielles sur des Codes criminels ou civils.

Mais les circonstances actuelles qui ne me permettent pas de faire entrer ces nouveaux volumes dans la même circulation que

les précédens, ont quelquefois ralenti mon
zèle, et j'aurois volontiers résigné la tâche
que je m'étois imposée, si l'auteur eût voulu
s'en charger lui-même. Malheureusement, il y
est aussi peu disposé que jamais : et si ces ouvrages ne paroissoient pas dans le costume
françois que je leur ai donné, il est plus que
probable qu'ils resteroient enfouis dans son
cabinet.

Ils l'ont été plus de trente ans. Les
manuscrits dont j'ai extrait la *Théorie des
Peines* sont de l'année 1775. Ceux qui
m'ont fourni la *Théorie des Récompenses*
sont un peu postérieurs. Ils furent mis,
non au rebut, mais à l'écart, comme des
pierres d'attente, pour entrer un jour dans
le système général de législation, ou comme
des études que l'auteur avoit faites pour
lui-même.

Ces manuscrits, quoique beaucoup plus
volumineux que l'ouvrage que je donne au
public, étoient fort incomplets. Ils m'of-
froient souvent, sur le même sujet, différens essais dont il falloit prendre la substance pour les réunir en un seul. Je

n'avois, pour me diriger dans quelques chapitres, que des notes marginales. Pour le
quatrième Livre de la *Théorie des Peines,*
j'ai été réduit à rassembler et mettre en
œuvre des fragmens. La discussion sur la
peine de mort n'étoit point finie. L'auteur
a eu un moment l'intention de la traiter à
neuf, mais cette intention n'a pas eu d'effet.
Il n'y avoit rien sur la *déportation,* rien
sur les *maisons de Pénitence.* L'idée du
Panoptique étoit encore dans les espaces
imaginaires. J'ai trouvé le fonds de ces
deux chapitres importans dans un ouvrage
publié par M. Bentham, il y a huit ou neuf
ans (1). J'en ai pris tout ce qui convenoit à
ma manière générale d'envisager le sujet, en
le dégageant de toute controverse.

On ne s'étonnera pas, après ces explications, si l'on trouve souvent des faits ou
des allusions qui ne s'accordent point avec
la date originaire de ces manuscrits. J'ai

---

(1) *Letters to Lord Pelham,* etc. etc. etc.

usé librement des droits d'éditeur. Selon la nature du texte et l'occasion, je traduis ou je commente, j'abrége ou je supplée ; mais s'il est besoin de le répéter, après ce que j'ai dit dans le *Discours Préliminaire des Traités,* cette coopération de ma part n'ayant pour objet que des détails, ne doit pas trop diminuer la confiance des lecteurs. Ce n'est point mon ouvrage que je leur présente, c'est, aussi fidèlement que la nature de la chose le permet, celui de M. Bentham.

Ces additions, ces changemens, m'a-t-on dit, auroient dû porter quelque marque distinctive : mais ce genre de fidélité, quoique désirable, étoit impossible. Il ne faut qu'imaginer ce qu'est un travail sur un premier jet, sur des manuscrits non achevés, non revus, quelquefois sur des fragmens ou de simples notes, pour comprendre qu'il exige une liberté continuelle, une espèce d'infusion imperceptible, si je puis parler ainsi, dont il n'est pas même possible au rédacteur de se souvenir. Mais qu'importe ? on peut juger que l'auteur n'a pas trouvé ses idées défigurées ou falsifiées, puisqu'il a continué à me confier ses papiers.

Cependant je dois déclarer qu'il a refusé toute communication de mon travail, et qu'en aucune manière il ne veut en être responsable. Comme il n'a jamais été satisfait d'une première composition, et qu'il n'a rien publié qui n'eût été écrit deux fois tout au moins, il a prévu que la révision d'un essai d'une date si ancienne, le meneroit loin, et seroit incompatible avec ses occupations actuelles. C'est ainsi qu'il a justifié son refus ; mais il m'autorise à ajouter que les changemens n'auroient porté que sur la forme ; car sur le fonds, ses sentimens n'ont point varié : au contraire, le temps et les réflexions n'ont fait que leur donner de nouvelles forces.

Que M. Bentham, trop difficile sur ses productions, ne crut pas celle-ci digne des regards publics, c'est ce qui n'étonnera point ceux qui savent tout ce qu'il exige de lui-même, et les idées qu'il se forme d'un ouvrage achevé.

Un livre parfait seroit celui qui rendroit inutiles tous ceux qui ont été faits sur la même matière, et tous ceux qui pourroient venir après. Par rapport à cette seconde condition, on ne sauroit décider qu'elle est remplie, à moins de prétendre mesurer les forces de l'esprit humain : par rapport à la première, on en peut mieux juger par une comparaison avec les ouvrages qui ont précédé.

Cette comparaison est précisément ce qui m'a soutenu contre une juste défiance, après que l'auteur m'eut refusé tout secours, et m'eut témoigné ses doutes sur le mérite de son travail. Je me suis mis à relire et à considérer les écrits les plus renommés sur cette matière, et même ceux qui ont eu moins d'éclat ; et après cela, je n'ai plus hésité.

J'ai été tenté, un moment, de rassembler tout ce qui est disséminé dans l'*Esprit des Lois*, sur le sujet des Peines et des Récompenses. Ce recueil eût été de dix ou douze pages. On auroit pu juger, par ce rapprochement, si elle est bien fondée cette exagération de d'Alembert, si souvent répétée en France, que *Montesquieu a tout dit, qu'il a tout abrégé, parce qu'il a tout vu.* Au milieu de plusieurs pensées ou trop vagues ou trop peu exactes, et dont quelques-unes sont erronées, il y en a certainement de judicieuses et de profondes, comme dans tout ce que nous avons de cet illustre Ecrivain Mais qu'il y a loin de là à une Théorie de Peines ! Au reste, ce n'étoit point son objet principal ; et rien ne seroit plus injuste que de le critiquer, pour n'avoir pas fait ce qu'il n'a pas eu intention de faire.

Beccaria fit plus. Il fut le premier à examiner l'efficacité des peines, d'après leurs effets sur le cœur humain ; à calculer la force des motifs qui poussent l'individu au crime, et celle des contre-motifs que la Loi doit leur opposer. Ce genre de mérite analytique fut moins toutefois la cause de son grand succès que le courage avec lequel il attaquoit des erreurs accréditées, et cette éloquence d'humanité qui répand un vif intérêt

sur tout son ouvrage. Mais après cela, je
ne crains pas de dire qu'il est dépourvu de
méthode, qu'il n'est point conduit par un
principe général, qu'il ne fait qu'effleurer
les questions les plus importantes, et qu'il
évite avec soin les discussions de pratique
où l'on auroit trop vu qu'il étoit étranger à
la science positive de la Jurisprudence. Il
annonce deux objets distincts : les *délits*, les
peines ; il y ajoute occasionnellement la *procédure,*—et ces trois vastes carrières lui
fournissent difficilement la matière d'un petit volume.

Après Montesquieu, après Beccaria, on
peut laisser en paix une bibliothèque d'écrits
plus ou moins estimables, mais qui n'ont
pas un grand caractère d'originalité : non
qu'on ne trouve dans plusieurs des vues
saines et judicieuses, des faits intéressans,
de très-bonnes critiques sur des lois dont la
plupart n'existent plus, et qu'ils ont contri-
bué à faire disparoître : je ne veux point
entrer ici dans ce détail de critique ou d'é-
loge : il me suffit d'observer que, comme

Théorie des peines, il n'en est aucun qui atteigne le but, et qui puisse servir de guide général.

La Théorie des peines n'étoit qu'esquissée dans les volumes que j'ai publiés. Ce n'étoit, relativement aux lois criminelles, que la mappe générale d'un pays dont on présente ici la topographie.

Cependant, pour éviter les renvois, et pour rendre cet ouvrage-ci complet en lui-même, j'ai emprunté du précédent quelques chapitres nécessaires ; mais en leur donnant une nouvelle forme, et en y faisant des additions considérables.

Maintenant, au risque d'inspirer aux Lecteurs un préjugé peu favorable à l'ouvrage, j'avouerai que son objet, quelque important qu'il soit par ses conséquences, n'est rien moins qu'attrayant par sa nature. Je l'ai trop senti durant mon travail, et je ne l'ai pas achevé sans avoir eu souvent à me vaincre moi-même. Il faut donc que l'intérêt philosophique leur suffise seul. Des *descriptions de peines,* des *examens de peines* qui

se succèdent sans relâche, dans un ordre didactique, ne se prêtent pas à la variété du
style, et n'offrent point de tableaux sur
lesquels l'imagination puisse se reposer
avec plaisir.

Felices ditant hæc ornamenta libellos :
Non est conveniens luctibus ille color.

Heureusement, le sujet des récompenses,
par sa nouveauté, et par les idées·de vertus,
de talens, de services qu'il fait passer en revue, conduira les lecteurs par des routes
plus agréables. On ouvre ici, pour ainsi
dire, le *Tartare* et l'*Elysée* de la législation.
Mais on n'entre dans ce Tartare que pour en
adoucir les tourmens, et l'on se gardera
bien de graver sur le seuil l'inscription terrible du Poëte,

Lasciate speranza, voi ch' entrate.

THÉORIE

DES

PEINES LÉGALES.

LIVRE PREMIER.

Principes Généraux.

CHAPITRE PREMIER.

Définitions et Distinctions.

LE mot *peine*, ou pour éviter toute équivoque, le mot *punition*, est un de ceux qu'au premier coup-d'œil, il ne paroît pas nécessaire de définir. On ne peut pas, ce semble, en donner une notion plus claire que celle qui est déjà dans l'esprit de tout le monde. Mais cette notion générale, toute claire qu'elle est, n'est pas bien déterminée: elle ne va pas jusqu'à distinguer précisément *l'acte de punir* d'avec plusieurs actes qui lui ressemblent à certains égards. S'il faut énoncer tout ce qui est renfermé dans l'acte de punir, c'est principalement pour parvenir à connoître tout ce qu'il exclut.

B

I.

Punir, dans le sens le plus général, *c'est infliger un mal à un individu, avec une intention directe par rapport à ce mal, à raison de quelque acte qui paroît avoir été fait ou omis.*

Arrêtons-nous un moment à justifier cette définition. *L'intention directe par rapport au mal infligé* est essentielle. Si je fais un mal à Titius sans intention, c'est pur *accident.* Si je lui fais ce mal pour le préserver de quelque danger, ou pour me préserver moi-même, ou par tout autre motif étranger à sa souffrance, un tel acte n'emporte pas l'idée de punition.

L'énoncé du *motif* par rapport au mal infligé n'est pas moins essentiel. S'il n'y a point eu d'acte antérieur, réel ou présumé, de la part de Titius, servant de motif au mal que je lui fais, ce mal ne sera considéré par personne comme une punition.

Si en conséquence d'un acte de Titius, le mal était infligé, non à lui, mais à quelque autre individu, à raison de sa liaison avec lui, ce mal seroit compris sous l'idée de punition de Titius(1).

II.

Après avoir défini l'acte de punir, nous sommes en état d'expliquer d'autres actes qui ont avec celui-là des rapports et des différences.

S'il n'y a eu de ma part aucun acte réel ou

---

(1) Voyez Livre V. *Peines déplacées.*

présumé, qui ait servi de motif au mal que vous m'infligez, si ma souffrance a été l'objet direct et final de votre intention, c'est de votre part un acte de *pure hostilité, de pure malice.*

S'il y a eu de ma part ou de la part des miens, quelque acte réel ou présumé, qui vous offense, et que dans le mal que vous me faites, vous n'ayez en vue que le plaisir de me faire souffrir, c'est un acte de *vengeance* (1).

Si votre acte d'hostilité n'est fondé sur aucun acte hostile de ma part, mais sur quelque circonstance qui vous déplait en moi, quoiqu'étrangère à toute intention de vous offenser, c'est un acte de *pure antipathie.*

III.

Dans les trois cas précédens, l'intention par rapport au mal est directe ; dans les cas suivans, elle est *indirecte*: le mal n'est pas le but, il n'est que le moyen.

Le mal que vous me faites, a-t-il pour unique objet de restreindre l'exercice de mes facultés par rapport à certains actes que vous appréhendez de ma part ? c'est un acte préventif ou de *prévention.*

(1) Ainsi tout acte de vengeance est un acte de punition, mais tout acte de punition n'en est pas un de vengeance. La définition de Johnson est bien défectueuse : *Punishment, any infliction or pain in vengeance of a crime.*
Celle de Grotius est meilleure: *Malum passionis quod infligitur ob malum actionis.* L. ii. c. 20.

Le mal de votre part, a-t-il pour objet de me déterminer à faire certains actes que je ne ferois pas sans cela ? c'est un acte de *contrainte*.

Le service militaire, les obligations civiles, les impôts sont des maux de cette nature. La peine qui les accompagne n'entre point dans l'intention du Législateur ; cette peine ne contribue point à l'objet du service : les actes de contrainte ne sont donc pas des punitions.

Me soumettez-vous à une souffrance aiguë corporelle dont l'application doive cesser dès que j'aurai rendu le service exigé de moi ; par exemple, dès que j'aurai donné sur un fait l'information que vous croyez en mon pouvoir de vous donner ? c'est un acte de *torture*.

Le mal que vous m'infligez a-t-il pour objet de vous garantir vous-même, dans le moment où je suis occupé à préparer ou exécuter quelque attentat contre vous ? c'est un acte de *défense personnelle*.

A-t-il pour objet de vous mettre à l'abri d'un danger qui vous menace, que ce danger vienne des choses ou des personnes, avec intention ou sans intention ? c'est un acte de *conservation personnelle*.

S'agit-il d'une somme d'argent qu'on exige de vous, comme un équivalent pour une perte que vous avez causée à un tiers ? c'est un acte de *satisfaction pécuniaire*, non de punition.

Ainsi, le même acte, le même mal, selon la différence d'intention et de motif, de la part de l'agent, reçoit différentes dénominations, et va se ranger dans la classe des actes nuisibles ou des actes utiles (1).

———————

(1) Pour rendre la distinction entre tous ces objets aussi claire que possible, faisons-en l'application à un exemple familier.

En 1769, un jury condamne Lord Halifax à £4000 de dommages pour l'emprisonnement illégal de John Wilkes, sur le soupçon d'être l'auteur d'un libelle politique. On me demande de quelle nature étoit l'acte du jury qui donnoit ce verdict : si c'étoit un acte de pure malice, de vengeance, de contrainte, d'antipathie, de défense personnelle ? etc., etc.

Evidemment, ce n'étoit pas un acte de *malice* ; il étoit fait à raison d'un acte antérieur de Lord Halifax, l'emprisonnement de M. Wilkes : ni de *contrainte*, la somme une fois payée, on n'exigeoit rien de plus de sa part : ni de *défense personnelle*, elle implique une aggression personnelle qu'on repousse.

Etoit-ce un acte de vengeance, d'antipathie ou de prévention, ou de satisfaction pécuniaire, ou de conservation de soi-même ?

Je réponds que ce pouvoit être tous ces actes ensemble ou chacun d'eux séparément, selon l'intention des jurés.

Si l'un d'eux irrité contre le Lord Halifax, par un motif privé ou public, jouissoit du plaisir de lui faire de la peine : jusques-là, c'étoit de sa part un acte de *vengeance*, et conséquemment de *punition*.

Si un juré se laissoit entraîner à prononcer contre le Lord Halifax par quelque prévention générale, soit parce qu'il étoit Lord ou Ministre d'Etat, ou qu'il étoit Irlandois ou Ecossois, etc. c'étoit de sa part un acte d'*antipathie*.

Si un juré avoit en vue d'empêcher Lord Halifax lui-même, ou tout autre occupant à l'avenir la même place, de commettre un semblable emprisonnement illégal, c'étoit dans l'intention de ce juré un acte de *prévention* : et entant que la

Après avoir donné la définition générale du
mot *punir*, passons à la définition particulière
de la *peine légale :* c'est-à-dire, de la peine légale
dans le sens qu'on lui attachera constamment dans
cet ouvrage.

*D'après le principe de l'utilité, les peines lé-
gales sont des maux infligés, selon des formes
juridiques, à des individus convaincus de quelque
acte nuisible, défendu par la loi, et dans le but
de prévenir de semblables actes.*

Il entre dans cette définition trois circonstances qui n'entroient pas dans la définition abstraite :
le droit de punir—le but de la peine—la fixation
de la peine sur le délinquant seul, autant que
possible.

Par rapport à l'origine du droit de punir, il n'y
a rien de particulier à en dire : elle est la même que
celle de tous les autres droits du Gouvernement.

---

peine ressentie par Lord Halifax, étoit nécessaire à ce but,
c'étoit un acte de punition.

Si un juré avoit en vue de fournir à John Wilkes un dédommagement pour l'injure qu'il avoit soufferte, c'étoit un acte de
satisfaction pécuniaire.

Si un juré se croyoit personnellement en danger de souffrir
une injure semblable de la part du Lord Halifax, ou de toute
autre personne revêtue de la même autorité, et qu'il donnât
son *verdict* en vue de se garantir de ce danger, c'étoit un acte de
prévention et de *conservation personnelle.*

Il est très-probable que ces différentes intentions entroient
plus ou moins distinctement dans l'esprit des jurés ; et par conséquent, leur verdict pouvoit se ranger sous ces différentes dénominations.

On ne sauroit même concevoir un seul droit, ni du Gouvernement ni des individus, qui pût exister sans le droit de punir. Il est la sanction de tous les autres.

Des auteurs respectables ont soutenu que les peines ne pouvoient être légitimes qu'en vertu d'un consentement antérieur de la part des individus : comme si dans quelque acte solennel, ils avoient déclaré vouloir se soumettre à telle peine pour tel délit, à condition que tout autre y seroit soumis comme eux.

On peut sans doute trouver quelque trace d'un tel pacte dans les formes de gouvernement où le Peuple participe à la législation : mais même dans les démocraties, cette idée du consentement ne seroit le plus souvent qu'une fiction aussi dangereuse que peu fondée. Ce qui justifie la peine, c'est son utilité majeure, ou pour mieux dire, sa *nécessité.* Les délinquans sont des ennemis publics : où est le besoin que des ennemis consentent à être désarmés et contenus ?

Dans l'état sauvage ou l'état de nature, le pouvoir de punir est exercé par chaque individu, selon son degré de ressentiment ou de force personnelle. Chaque pas de civilisation a été marqué par quelque restriction mise à l'exercice de ce pouvoir: comme chaque pas rétrograde vers l'anarchie est marqué par quelque effort de la multitude pour s'en resaisir. Dans une société politique bien instituée, il ne reste plus aux individus que ce que la loi ne peut pas leur ôter, la faculté de refuser leurs services libres à ceux qui les ont offensés. L'autorité domestique, celle des pères, par exemple, qui a été autrefois si étendue, a été bornée par degrés aux simples peines appelées *correctionnelles*. Dans les contrées où l'esclavage n'est pas détruit, le plus grand mal de cet état consiste dans ce droit de punir possédé par les maîtres ; et qu'il est si difficile, pour ne pas dire impossible, de resserrer dans des limites déterminées.

CHAPITRE II.

Classification.

Nous avons vu que les délits privés pouvoient se ranger sous quatre chefs : délits contre la *personne*—contre la *propriété*—contre la *réputation*—contre la *condition* (1).

La même division s'applique aux peines. On ne peut punir un individu qu'en l'affectant dans sa personne ou dans sa propriété, dans sa réputation ou dans sa condition.

Ce qui rend ces deux classifications symétriques, c'est que les peines et les délits sont également des maux infligés par l'agence libre des hommes. Autant de points où nous sommes vulnérables par la main d'un délinquant, autant de points où le délinquant lui-même est vulnérable par le glaive de la loi. La différence entre les peines et les délits n'est donc pas dans leur nature, qui est, ou qui peut être la même : la différence est dans la légitimité des unes, et l'illégitimité des autres : les délits sont défendus par la loi, les peines sont l'œuvre de la loi. Quant à leurs effets, ils sont diamétralement opposés. Le délit produit un *mal du premier ordre,* et *un mal*

---

(1) Traités de Législation. *Principes,* etc. tom. I. p. 174.

du second ordre (1) : il inflige une souffrance à un individu qui n'a pu l'éviter, et il répand une alarme plus ou moins générale. La peine produit *un mal du premier ordre*, et *un bien du second ordre :* elle inflige une souffrance à un individu qui l'a encourue volontairement ; et dans ses effets secondaires, elle se change toute en bien, elle intimide les hommes dangereux, elle rassure les innocents, elle est l'unique sauvegarde de la société.

Les peines qui affectent immédiatement la personne, dans ses facultés actives ou passives, constituent la classe des peines *corporelles* : elles se divisent en plusieurs genres :

1°. Peines simplement afflictives ;

2°. Peines afflictives complexes ;

3°. Peines restrictives ;

4°. Peines actives ou laborieuses ;

5°. Peines capitales.

Les peines qui affectent la propriété, la réputation ou la condition ont en commun de priver l'individu de quelque avantage dont il jouissoit

---

(1) *Traités*, etc. tom. I, p. 80. *Analyse du mal.*

Le mal résultant d'un délit se divise en deux lots principaux, 1o. celui qui tombe immédiatement sur l'individu lésé : il constitue le *mal du premier ordre* ; 2°. celui qui prend sa source dans le premier, et qui se répand sur la communauté entiere ; c'est un sentiment d'alarme, résultant du danger de souffrir le même mal. Il constitue le *mal du second ordre.*

Voilà l'idée générale : pour les développemens, je renvoie au chapitre indiqué.

auparavant : ce sont des peines *privatives,* des *pertes,* des *déchéances.* Les peines de cette classe sont très-variées, elles s'étendent à toutes les es-pèces de *possessions* possibles.

Voilà les peines réduites à deux classes :

1°. Peines corporelles ;

2°. Peines privatives, ou peines de perte, ou déchéances (1).

---

(1) Je me borne à cette classification, qui n'est qu'une esquisse—je placerai peut-être dans un Appendix *une Vue ana-lytique des Peines,* d'après la méthode exhaustive de l'auteur. Au reste, il est très-rare que deux classes contigues d'objets puissent être bien exactement définis. Dans le meilleur arrangement possible des peines, on les voit se toucher, se confondre par quelques points. Une peine pécuniaire devient, par exemple, peine corporelle, si elle prive l'individu de ce qui étoit nécessaire à ses besoins immédiats.

CHAPITRE III.

Du But des Peines.

Après l'événement d'un acte nuisible, d'un délit, deux pensées doivent se présenter à l'esprit du Législateur ou du Magistrat ; l'une de prévenir la répétition de délits semblables, l'autre de réparer autant que possible le mal du délit passé.

Le danger le plus immédiat vient du délinquant lui-même : c'est le premier objet auquel il faut pourvoir. Mais le danger existe de la part de tout individu qui peut avoir les mêmes motifs et les mêmes facilités à commettre un délit pareil.

Ainsi la prévention des délits se divise en deux branches : *prévention particulière*, qui s'applique au délinquant individuel ; et *prévention générale*, qui s'applique à tous les membres de la communauté sans exception.

Tout individu se gouverne, même à son insçu, d'après un calcul bien ou mal fait de peines et de plaisirs. Préjuge-t-il que la peine sera la conséquence d'un acte qui lui plaît ? cette idée agit avec une certaine force pour l'en détourner. La valeur totale de la peine lui paroît-elle plus grande que la valeur totale du plaisir ? la force répulsive sera la force majeure; l'acte n'aura pas lieu (1).

Par rapport à un délinquant donné, on peut prévenir la récidive du délit de trois manières.

1°. En lui ôtant le pouvoir physique de le commettre ;

2°. En lui en faisant perdre le désir ;

3°. En lui en ôtant l'audace.

Dans le premier cas, l'homme ne *peut* plus commettre le délit ; dans le second, il ne le *veut* plus ; dans le troisième, il peut le vouloir encore, mais il ne l'*ose* plus. Dans le premier cas, il y a incapacité physique ; dans le second, réforma tion morale ; dans le troisième, intimidation ou terreur de la loi.

La prévention générale s'opère par la dénonciation de la peine, et par son application, qui, selon l'expression commune et juste, sert *d'exemple*: la peine soufferte par le délinquant offre à chacun un exemple de ce qu'il auroit à souffrir, en se rendant coupable du même délit.

La prévention générale est le but principal

---

(1) Je dis *valeur totale*, pour comprendre les quatre circonstances dont se compose la valeur d'une peine ou d'un plaisir: *intensité, proximité, certitude, durée.*

Ceci obvie aux objections que Locke a faites (L. II. c. xxi.) contre la proposition que "l'homme est déterminé par son plus " grand bien apparent."

des peines, c'est aussi leur raison justificative.
A ne considérer le délit passé que comme un
fait isolé qui ne peut plus revenir, la peine seroit
en pure perte ; elle ne feroit qu'ajouter un mal à
un autre. Mais quand on considère qu'un délit impuni laisseroit la carrière libre, non-seulement au
même délinquant, mais encore à tous ceux qui
auroient les mêmes motifs et les mêmes occasions
pour s'y livrer, on sent que la peine appliquée
à un individu, devient la sauvegarde universelle.
La peine, moyen vil en lui-même, qui répugne à
tous les sentimens généreux, s'élève au premier
rang des bienfaits, quand on l'envisage, non comme
un acte de colère ou de vengeance, contre un coupable ou un infortuné qui cède à des penchans
funestes, mais comme un sacrifice indispensable
pour le salut commun.

Par rapport à un délinquant particulier,
nous avons vu que la peine avoit trois objets,
incapacitation, réformation, intimidation. Son
délit est-il de nature à inspirer une grande alarme,
en manifestant une disposition très-nuisible ? il
faut lui ôter le pouvoir de récidiver. Mais si le
délit moins dangereux ne justifie qu'une peine
passagère, et qu'on rende le coupable à la société,
il faut que la peine ait les qualités propres à le
réformer ou à l'intimider.

Après avoir pourvu à la prévention des délits
futurs, il reste encore au Magistrat à réparer au-

tant qu'il est possible le délit passé : en accordant une satisfaction à la partie lésée, c'est-à-dire, un équivalent en bien pour le mal souffert.

Cette satisfaction fondée sur des raisons qui ont été développées ailleurs (1), ne semble pas appartenir au sujet des peines, puisqu'elle concerne un autre que le délinquant, et paroît au premier coup-d'œil n'avoir rien de commun avec lui. Mais ces deux buts ont une liaison réelle. Il est des peines qui ont le double effet de fournir un dédommagement à la partie lésée, et d'infliger au délinquant une souffrance proportionnelle. Ainsi les deux buts se trouvent remplis par une seule et même opération. C'est là, en certains cas, l'avantage éminent des peines pécuniaires.

(1) *Traités,* etc. t. II, p. 310.

CHAPITRE IV.

Dépense des Peines.

Dépense des peines.—Cette expression qui n'appartient pas encore au langage commun, sera d'abord accusée de singularité et de recherche : cependant elle a été choisie avec réflexion, comme la seule propre à rendre l'idée qu'on veut donner, sans renfermer un jugement anticipé d'approbation ou de désapprobation. Le mal produit par les peines, est une dépense que fait l'Etat en vue d'un profit. Ce profit, c'est la prévention des crimes. Dans cette opération, tout doit être calcul de gain et de perte ; et quand on évalue le gain, il faut soustraire la perte : d'où il résulte évidemment que diminuer la dépense ou augmenter le profit, c'est également tendre à obtenir une balance favorable.

L'expression de *dépense*, une fois admise, amène naturellement celle d'*économie* ou de *frugalité*. On parle ordinairement de la *douceur* des peines ou de la *rigueur* des peines. Les deux termes portent avec eux un préjugé de faveur ou de défaveur, qui peut nuire à l'impartialité de l'examen. Dire une *peine douce*, c'est associer des idées contradictoires ; dire une *peine économique*, c'est emprunter la langue du calcul et de la raison.

Nous dirons donc d'une peine qu'elle est

économique, lorsqu'elle produit l'effet désiré avec le moindre emploi possible de souffrance : nous dirons qu'elle est trop *dispendieuse,* quand elle produit un mal plus qu'équivalent au bien, ou quand on pourroit obtenir le même bien au prix d'une peine inférieure.   C'est un acte de prodigalité.

Plaçons ici une autre distinction qui nous servira souvent dans la suite.   Il y a dans les peines *valeur apparente et valeur réelle.*

J'entends par valeur *réelle,* le mal entier de la peine, tout celui qui seroit éprouvé quand elle seroit infligée.

J'entends par valeur *apparente,* le mal probable qui se présenteroit à l'imagination du commun des hommes, d'après la simple description de la peine, ou la vue de son exécution.

Qu'est-ce qui constitue la dépense? c'est la peine réelle.   Qu'est-ce qui influe sur la conduite des sujets ? c'est la peine apparente—La peine réelle est la *perte,* la peine apparente donne le *profit.*

Le profit des peines se rapporte aux intérêts de deux parties : le Public, et l'Offensé.   La dépense de la peine ajoute à ce nombre un troisième intérêt, celui du délinquant.

Il ne faut pas oublier, quoique trop souvent on l'oublie, que le délinquant est membre de la communauté, comme tout autre individu, comme la partie lésée elle-même ; et qu'il y a même raison pour consulter son intérêt que celui de tout autre. Son bien-être est proportionnellement le bien-être de la communauté ; son mal, le mal de la communauté. Voilà la base, la solide base des idées morales de justice. Il peut être nécessaire que l'intérêt du délinquant soit en partie sacrifié à l'intérêt commun, mais non qu'on n'y ait aucun égard. On peut hasarder une grande peine pour la chance de produire un grand bien : il y a telle chance plus foible, et tel bien inférieur pour lesquels il seroit absurde de hasarder la même peine. C'est là le principe qui dirige les hommes dans leurs spéculations privées. Pourquoi ne seroit-il pas le guide du Législateur ?

Faut-il infliger des peines réelles?—Oui, mais pourquoi ? principalement pour l'exemple, parce que la *réalité* de la peine est nécessaire pour en produire l'*apparence*. L'apparence est l'objet essentiel. Tout le mal qui ne paroît pas est en pure perte. Il faut donc que le mal réel soit aussi petit, et le mal apparent aussi grand que possible. Si pendre un homme en *effigie* pouvoit produire la même impression de terreur, ce seroit folie ou cruauté de le pendre en *personne* (1).

---

(1) Au Cap de Bonne Espérance, les Hollandois firent usage d'un stratagème qui ne pouvoit guère réussir qu'avec des Hottentots. Un des officiers de la Compagnie avoit tué un individu de cette tribu inoffensive. Tous prirent parti, tous étoient furieux et implacables. Il fallut faire un exemple pour les pacifier. Le délinquant fut amené devant eux, garotté comme un malfaiteur, il subit un grand cérémonial de justice, il est condamné: et on le force d'avaler un gobelet d'eau-de-vie enflammée. L'homme

Si les délinquans étoient constamment punis pour leurs délits, sans que personne en eût connoissance, il est évident qu'excepté le foible bien casuel qui pourroit résulter de l'amendement des coupables, ou de ce qu'on leur ôterait le pouvoir de nuire, l'application des peines seroit en pure perte. La peine *réelle* auroit toute sa force : la peine *apparente* seroit nulle. Le châtiment tomberoit sur chaque individu comme un mal imprévu ; il n'auroit point été présent à son esprit pour le détourner de l'action criminelle ; il ne serviroit d'exemple à personne.

Il peut arriver de deux manières que les délinquans n'ont aucune connoissance de la peine, 1°. lorsqu'elle est infligée sans aucune loi préalable : 2°. lorsque la loi pénale n'a pas été connue du délinquant.

La loi pénale peut être rendue présente à l'esprit de deux manières : 1°. par l'énoncé de la loi, c'est-à-dire, par la description de la peine. 2°. Par l'exécution publique de la loi, c'est-à-dire, lorsque la peine est infligée avec une notoriété convenable.

---

joue son rôle, il fait le mort, il tombe sans mouvement. Ses amis le couvrent d'un manteau, et l'emportent. Les Hottentots se déclarèrent parfaitement satisfaits. Le pis qu'ils auroient su faire, disoient-ils, auroit été de jetter l'homme dans le feu, mais les Hollandois s'y étoient mieux pris, il avoient jeté le feu dans l'estomac de l'homme.

(Lloyd's Evening-Post, for August or September 1776.*)*

L'idée de la peine doit être exacte, ou comme disent les Logiciens, *adéquate* : par où j'entends qu'il est à désirer qu'elle représente à l'esprit, non quelque partie seulement des souffrances qu'elle renferme, mais leur totalité.

L'idée de la peine, pour être exacte, doit donc représenter tous les *items* dont elle est composée : ce qui n'est pas connu ne sauroit opérer comme motif.

On peut déduire de là trois maximes impor-tantes :

1°. Toutes choses d'ailleurs égales, une peine facile à concevoir est préférable à une autre qui l'est moins.

2°. Celle qui se grave le mieux dans la mé-moire est préférable à celle qui seroit plus sujette à être oubliée.

3°. Celle qui est aussi grande ou plus grande en apparence qu'en réalité, vaut mieux que celle qui seroit plus grande en réalité qu'en apparence.

CHAPITRE V.

De la Mesure des Peines.

Adsit
Regula, peccatis quæ pœnas irroget æquas
Ne scuticâ dignum, horribili sectère flagello.

Hor. L. 1, Sat. iii.

Établissez une proportion entre les délits et les peines. C'est un précepte de Montesquieu, de Beccaria et de plusieurs autres. Maxime excellente sans doute : mais renfermée dans ces termes généraux, il faut avouer qu'elle est plus édifiante qu'instructive. On n'a rien fait jusqu'à ce qu'on ait expliqué en quoi cette proportion consiste, d'après quelles règles il faut se déterminer pour appliquer telle mesure de peine à tel délit.

Les peines ont leur *minimum* et leur *maximum.* Il y a des raisons pour ne pas faire *moins,* comme pour ne pas faire *plus* : ce sont les deux côtés de la question auxquels il importe de donner une attention égale.

Première Règle.—*Il faut que le mal de la peine surpasse le profit du délit.*

Par profit du délit, il ne faut pas entendre seulement le profit pécuniaire, mais tout avantage réel ou apparent qui a servi de motif au délit.

Le profit est la force qui pousse l'homme au

délit: la peine est la force employée pour l'en détourner. Si la première de ces forces est plus grande, le délit sera commis (1) ; si la seconde l'emporte, il ne le sera pas. Si donc un homme ayant recueilli le profit d'un crime et subi sa peine, trouve le bien plus qu'équivalent au mal, il ira de récidive en récidive sans s'arrêter. La peine sera nulle pour l'intimidation. Si ceux qui en sont les témoins estiment que la balance du gain est en faveur du délinquant, la peine sera nulle pour l'exemple.

Les lois anglo-saxonnes, qui fixoient un prix pour la vie des hommes, deux cents shellings pour le meurtre d'un paysan, six fois autant pour celui d'un noble, et trente six fois autant pour celui du Roi, péchoient évidemment contre cette règle. Dans un grand nombre de cas, la peine pouvoit paroître nulle, comparée au profit du délit.

On tombe dans la même erreur toutes les fois qu'on établit une peine qui ne peut aller que jusqu'à un certain point, tandis que l'avantage du délit peut aller beaucoup au delà.

Des auteurs célèbres ont voulu établir une maxime contraire : ils disent que la grandeur de la tentation doit faire diminuer la peine, parce

_____

(1) C'est-à-dire, commis par ceux qui n'ont de frein que la loi, qui ne sont retenus par aucun des motifs tutélaires, tels que la bienveillance, la religion et l'honneur

qu'elle atténue la faute, et que plus la séduction
est puissante, moins on peut conclure que le délinquant soit dépravé. Celui qui succombe dans
ce cas, inspire naturellement de la commisération (1).

Tout cela peut être vrai, mais ce n'est pas
une raison pour se départir de la règle. La peine
doit se faire craindre plus que le crime ne se fait
désirer. Une peine inefficace est doublement un
mal : un mal pour le public, puisqu'elle laisse commettre le délit ; un mal pour le délinquant, puisqu'on le punit en pure perte. Que diroit-on d'un
chirurgien qui, pour épargner au malade un degré
de douleur, laisseroit la guérison imparfaite ? Se-
roit-ce une humanité bien entendue que d'ajouter à
la maladie le tourment d'une inutile opération ?

Il est donc nécessaire que la peine corres-
ponde à tous les degrés de la tentation—sauf à
admettre des adoucissemens dans les cas où la
tentation même est un indice de l'innocence ou de
la bienveillance du délinquant : tel seroit celui

_____

(1) On est étonné qu'un écrivain d'un discernement con-
sommé, tel qu'Adam Smith, ait pu tomber dans l'erreur qu'on
attaque ici. Il dit, en parlant de la contrebande…" La loi con-
" traire à tous les principes de justice, crée d'abord la tentation,
" et ensuite punit ceux qui y succombent : et même elle aug-
" mente la peine en proportion de la circonstance qui devroit la
" faire diminuer, la tentation de commettre le délit…

Richesse des Nations, L. v, c. 2.

d'un père qui auroit commis un vol pour donner du pain à sa famille (1).

Seconde Règle.—*Quand l'acte est de nature à fournir une preuve concluante d'une habitude, il faut que la peine soit assez forte pour excéder non-seulement le profit du délit individuel, mais encore de tous les délits semblables, qu'on peut supposer avoir été commis impunément par le même délinquant.*

Ce calcul conjectural, tout sévère qu'il est, est d'une nécessité absolue dans certains cas, comme les délits frauduleux, les faux poids, les fausses mesures, la fausse monnoie. Si un faux monnoyeur n'étoit puni que selon la valeur du délit unique dont il est convaincu, cette pratique frauduleuse seroit en totalité une pratique lucrative. La peine seroit donc inefficace si elle n'étoit pas

---

(1) Le profit du délit est facile à évaluer dans les cas de rapacité : mais dans ceux de malice et d'inimitié, comment estimer le profit qui en revient ?

Le profit doit s'estimer par la nature du mal que l'offenseur a fait à son adversaire : a-t-il employé un procédé plus outrageant que douloureux ? le profit est le degré d'humiliation qu'il a cru lui faire subir : l'a-t-il blessé ou mutilé, le profit est le degré de souffrance infligée.

Voilà dans sa propre opinion le profit du délit : si on lui fait un mal analogue, on le frappe dans l'endroit sensible qu'il a, pour ainsi dire, indiqué lui-même ; car il n'est pas possible que le mal qu'il a choisi pour sa vengeance ne lui paroisse à lui-même un mal.

en proportion du gain total qu'on peut supposer résulter non d'un acte particulier, mais d'une suite d'actes du même genre.

Troisième Règle.—*La peine doit excéder le profit du délit au point de compenser ce qui lui manque* (à la peine) *en fait de certitude et de proximité.*

Le profit du délit est communément plus certain que la punition, ou ce qui revient au même, il paroît tel au délinquant. Il est généralement plus immédiat: la tentation est présente, la peine est à distance. Voilà donc deux circonstances qui affoiblissent l'effet de la punition, son *incertitude,* son *éloignement.*

Supposez le profit du crime égal à £10, supposez la chance de la peine comme 1 à 2.—Il est clair que si la peine, dans la supposition qu'elle aura lieu, n'est pas plus de £10, son effet sur l'esprit d'un homme, pendant qu'elle est incertaine, ne peut pas être égal à celui d'une perte certaine de £10: il ne peut être égal qu'à celui d'une perte certaine de £5. Pour la rendre équivalente au profit du crime, il faut la porter à £20.

Excepté les cas où l'homme est emporté par une passion fougueuse, il ne s'engage dans la carrière du crime que par l'espoir de l'impunité. Quand la peine ne consisteroit qu'à ôter au coupable le fruit de son crime, si cette peine étoit immanquable, il n'y auroit plus de tel crime commis : car quel homme assez insensé voudrait courir le risque de le commettre avec la certitude de n'en pas jouir, et la honte de l'avoir tenté ? mais comme il y a toujours quelques probabilités d'évasion, il faut donner une plus grande valeur à la peine pour contrebalancer les chances d'impunité.

Il est donc vrai aussi que plus on peut augmenter la certitude de la peine, plus on peut en diminuer la grandeur. C'est un avantage qui résulteroit d'une législation simplifiée et d'un bon système de procédure.

Par la même raison, il faut que la peine soit aussi près du crime qu'il est possible : car son impression sur l'esprit des hommes s'affoiblit par l'éloignement : et d'ailleurs, la distance de la peine ajoute à l'incertitude en donnant de nouvelles chances d'échapper.

Quatrième Règle.—*Si deux ou plusieurs délits sont en concurrence, le plus nuisible doit être soumis à une peine plus forte, afin que le délinquant ait un motif pour s'arrêter au moindre.*

Deux délits sont en concurrence, lorsqu'un homme a le pouvoir et la volonté de les commettre tous deux. Des voleurs qui entrent dans une maison, peuvent exécuter leur vol de différentes manières : par un vol simple, par des injures personnelles, par des meurtres, par un incendie.

Si la peine pour le vol simple est la même que pour le vol et l'assassinat, vous donnez aux voleurs un motif d'assassiner, parce que ce dernier crime ajoute à la facilité et à la sûreté du premier.

Cette règle seroit dans sa perfection, s'il se pouvoit faire, que, pour chaque portion de mal, il y eût une portion correspondente de peine. Si celui qui vole dix écus n'est pas plus puni que celui qui en vole cinq ; le vol des cinq derniers écus est une portion de délit qui est impunie.

Voilà le plus grand inconvénient d'outrer les peines pour les délits mineurs : on perd la faculté de les graduer pour les délits majeurs (1).

Cinquième Règle—*Plus un délit est nuisible, plus on peut hasarder une grande peine pour la chance de le prévenir.*

Cette règle a un tel caractère d'évidence qu'on n'a pas besoin de la prouver : mais combien peu

---

(1) Montesquieu, après avoir recommandé cette règle de proportion, ajoute : " Quand il n'y a point de différence dans la " peine, il faut en mettre dans l'espérance de la grâce : en An- " gleterre on n'assassine point (il auroit dû dire *peu*), parce que " les voleurs peuvent espérer d'être transportés dans les colonies, " non pas les assassins." *Esprit des Lois,* Liv. VI, c. XVI.

Cet espoir de grâce peut, sans doute, contribuer à l'effet dont il parle : mais pourquoi faut-il laisser une imperfection manifeste dans les lois, afin qu'elle puisse être corrigée par un acte arbitraire du souverain ? Si une grâce incertaine opère jusqu'à un certain point, une loi certaine opérera bien plus sûre-ment.

elle a été suivie ! Il n'y a pas long-temps que la Loi Angloise condamnoit au supplice du feu les femmes qui avoient distribué de la fausse monnoie. La peine de mort est encore appliquée à une multitude de délits mineurs. Le vol domestique en France étoit puni capitalement. Le supplice du feu est encore usité en plusieurs pays, ou du moins ordonné par les lois contre certains délits qu'on ne devroit réprimer que par la honte. S'il étoit convenable d'employer une peine qui porte la terreur au plus haut degré, il faudroit au moins la réserver pour des incendiaires homicides.

On dira peut-être que les Législateurs ont toujours eu l'intention de suivre cette règle, mais que leurs opinions, comme celles du peuple, ont varié sur la gravité des délits. Le sortilége a paru le plus grave de tous. Un sorcier qui vendoit son âme au diable étoit un objet d'abomination. Un hérétique, ennemi de Dieu, attirait le courroux céleste sur un Etat. Voler des effets consacrés au service divin étoit un délit plus grave que le vol ordinaire, comme offense faite à la Divinité. Une fausse estimation des crimes ne pouvoit donner qu'une fausse mesure dans les peines (1).

---

(1) La théorie de la gravité des délits est un préliminaire indispensable de la théorie des peines. Je ne vois rien à ajouter à ce sujet aux principes développés dans les *Traités de Législation.* Tom. I, p. 70. *Analyse du Mal des Délits.* Tom. II, p. 251. *Du Mal du second Ordre* et des circonstances qui influent sur la grandeur de l'alarme.

Sixième Règle.—*La même peine ne doit pas être infligée pour le même délit à tous les délinquans sans exception.* **Il faut avoir égard aux circonstances qui influent sur la sensibilité.**

Les mêmes peines nominales ne sont pas pour différens individus les mêmes peines réelles. S'agit-il de punir une injure corpelle? la même peine pécuniaire qui sera un jeu pour le riche, sera la ruine complette d'un pauvre. La même peine ignominieuse qui flétriroit un homme d'un certain rang, ne sera pas même une tache dans une classe inférieure. Le même emprisonnement sera la ruine d'un homme d'affaires, la mort d'un vieillard infirme, un déshonneur éternel pour une femme; et ce ne sera rien ou presque rien pour des individus placés dans d'autres circonstances.

La loi peut d'avance déterminer que telle ou telle peine seroit modifiée à raison de l'âge, du sexe, ou du rang, etc. Mais il faut toujours laisser une certaine latitude aux juges.

Les limites des punitions sont plus clairement marquées du côté *moins* que du côté *plus*. Le *trop peu* est plus facile à voir que le *trop*. On voit bien ce qui ne suffit pas, on ne voit pas si nettement ce qui excède. Il faut, après tout, se contenter d'une approximation. Les irrégularités dans la force des tentations, sont telles qu'elles obligent le Législateur à faire monter la peine au dessus du niveau qui seroit suffisant pour la classe commune des hommes.   Il faut pourvoir à la violence des désirs plutôt qu'à leur état ordinaire.

Le plus grand danger seroit du côté de l'erreur en *moins,* parce que la peine seroit inefficace. Mais cette erreur est peu probable ; un léger degré d'attention suffit pour l'éviter ; et quand cette erreur existe dans la loi, elle est claire et manifeste en même temps que facile à remédier.   L'erreur du côté *plus* est, au contraire, la pente naturelle de l'esprit humain et des Législateurs, soit par l'antipathie qui porte à une sévérité outrée ; soit par un défaut de compassion pour des hommes qu'on se représente comme dangereux et vils.   C'est donc là qu'il faut porter les précautions : il faut placer les sauvegardes du côté où l'expérience a montré les plus grandes dispositions à l'erreur.

J'ajouterai ici, comme observation générale, qu'il ne faut pas s'attacher à l'esprit mathématique de la proportion au point de rendre les lois subtiles, minutieuses et compliquées.   Il ne faudroit, pour jeter du ridicule sur ce principe, que l'exagérer. Il seroit aussi barbare de le négliger qu'absurde de vouloir le suivre dans les plus petits détails. Il y a un bien supérieur à la proportion : c'est la clarté dans les lois, la brièveté, la simplicité, leur effet exemplaire.

J'ai entendu objecter que les règles de proportion dans un code, seroient un mérite inutile, parce qu'elles supposent qu'il entre dans les passions un esprit de calcul qui n'y est pas. Mais cette proposition, toute tranchante qu'elle est, est absolument fausse. Dans les matières d'un grand intérêt, qui est-ce qui ne calcule pas ? Les hommes calculent avec plus de justesse les uns que les autres, selon les différens degrés de leur intelligence et la force des motifs qui agissent sur eux, mais tous calculent ; je ne voudrois pas dire qu'un fou ne calcule pas. Heureusement de toutes les passions, la plus adonnée au calcul, est celle qui, à raison de sa force, de sa constance et de son étendue, est la plus redoutable pour la société : je veux parler de l'avidité pécuniaire. En sorte qu'elle sera d'autant mieux combattue que la loi aura mis plus de précautions à tourner contr'elle la balance des profits.

CHAPITRE VI.

Des Qualités désirables dans les Peines.

Venons maintenant à considérer les qualités qu'un mode de punir devroit posséder pour répondre à ces buts.

I.—*Divisibilité.*

La première qualité désirable dans une peine, c'est d'être *divisible*, susceptible de *plus* et de *moins*, soit en intensité, soit en durée.

Une peine *indivisible* ne peut pas correspondre aux différens degrés de l'échelle des délits : elle péchera par excès ou par défaut : dans le premier cas, elle sera trop dispendieuse ; dans le second, inefficace.

Les peines corporelles aiguës, sont très-divisibles en fait d'intensité ; elles le sont beaucoup moins en fait de durée : les travaux forcés le sont à peu près également sous les deux rapports.

Les peines chroniques, telles que le bannissement et l'emprisonnement, sont exactement divisibles en fait de durée ; elles peuvent aussi varier en intensité. Une prison peut être plus ou moins sévère. Un exil en Sybérie est plus rigoureux que dans un climat plus doux.

II.—*Certitude.—Egalité.*

La peine doit être *certaine,* et autant qu'il est possible, *égale à elle-même.* La certitude dont je parle n'est pas celle qui a rapport à l'évé nement de l'exécution : les chances d'impunité résultant de la difficulté de produire les preuves du délit, ou de se saisir de la personne du délin quant, s'étendent à toutes les peines sans distinction.

Une peine est *incertaine* de sa nature, quand le délinquant peut la subir sans en être affecté en mal. Le bannissement est sujet à être défectueux par cette raison. C'est une peine, ou ce n'en est pas une, selon la disposition des esprits, et selon les circonstances individuelles d'âge, de rang et de fortune.

Dans la Loi angloise, plusieurs délits sont punis par une confiscation totale des biens meubles, sans toucher aux immeubles. Que s'ensuit-il ? Si la fortune du délinquant consiste en biens de la première espèce, il est ruiné : si elle consiste en biens de la seconde, il ne perd rien.

La peine est-elle incertaine par sa nature ? elle est comme nulle par rapport à ceux qui n'en seroient point affectés.

Il est des cas de nécessité où il faut admettre une peine incertaine, à défaut de toute autre. La chance de punir quelques délinquans, vaut mieux que l'impunité générale.

Un moyen d'obvier au mal de l'incertitude, c'est d'avoir deux lots de peines différentes, non pour les employer conjointement, mais pour remplacer celle qui seroit en défaut : par exemple, la peine corporelle supplée aux peines pécuniaires quand l'indigence du délinquant le soustrairoit à celles-ci.

Une peine incertaine est *inégale.* La parfaite certitude suppose la parfaite égalité : c'est-à-dire, que tous ceux qui subissent la peine, en souffrissent dans le même degré. Mais la sensibilité des individus est si variable, si inégale que la parfaite égalité des peines est une chimère en législation. Il suffit d'éviter toute inégalité manifeste et choquante. Il ne faut donc jamais perdre de vue, dans la confection du code pénal, que selon les diverses circonstances de condition, de fortune, d'âge, de sexe, &c. la même peine nominale n'est pas la même peine réelle. Une amende à prix fixe est toujours une peine inégale. Et quelle différence dans les châtimens corporels, dans le fouet, par exemple, selon l'âge et le rang des personnes? A la Chine, tout est soumis au bambou, depuis le porteur d'eau jusqu'au Mandarin, jusqu'au Prince—Cela prouve bien que nos sentimens d'honneur y sont absolument inconnus.

III. *Commensurabilité.*

Les peines doivent être *commensurables* entr'elles. Supposez un homme placé dans une

circonstance où il a le choix de plusieurs délits :
il peut s'emparer d'une somme d'argent par un
simple vol—par un assassinat—par un incendie :
la loi doit lui donner un motif pour s'abstenir
du plus grand crime : il aura ce motif, s'il peut
voir que le plus grand délit lui attirera la plus
grande peine. Il faut donc qu'il puisse comparer
les peines entr'elles, en mesurer les divers degrés.

Si la même peine de mort étoit prononcée
pour ces trois délits, la peine ne seroit point commensurable : elle laisseroit au délinquant le choix
du crime qui lui paroîtroit le plus facile et le moins
dangereux dans l'exécution.

Il y a deux manières de remplir cet objet :
1°. en ajoutant à une certaine peine une autre
quantité de la même espèce : par exemple, à cinq
ans de prison pour tel délit, deux années de plus
pour telle agravation. 2°. En ajoutant une peine
d'un genre différent : par exemple, à cinq ans de
prison pour tel délit, une ignominie publique
pour telle agravation.

IV. *Analogie.*

La peine doit être *analogue au délit*. Elle
se gravera plus aisément dans la mémoire, elle
se présentera plus vivement à l'imagination si
elle a une ressemblance caractéristique avec le délit. Le Talion est admirable sous ce rapport :

œil pour œil, dent pour dent, etc. L'intelligence la plus imparfaite est capable de lier ces idées : mais le Talion, rarement praticable, est d'ailleurs une peine trop dispendieuse : il faut avoir recours à d'autres moyens d'analogie. Nous donnerons à ce sujet important un chapitre à part.

V.—*Exemplarité.*

Un mode de punir est *exemplaire* lorsque la peine *apparente* est dans une grande proportion à la peine *réelle* (Voyez Ch. 4). Une peine réelle qui ne seroit point apparente, pourroit servir à intimider ou à réformer le délinquant, mais elle seroit perdue pour le public.

Les *Auto-da-fés* seroient une des plus utiles inventions de la Jurisprudence, si, au lieu d'être des actes de foi, ils avoient été des actes de justice. Qu'est-ce qu'une exécution publique ? c'est une tragédie solennelle que le Législateur présente au peuple assemblé ; tragédie vraiment importante, vraiment pathétique par la triste réalité de sa catastrophe et par la grandeur de son objet. L'appareil, la scène, la décoration ne sauroient être trop étudiées, puisque l'effet principal en dépend. Tribunal, échafaud, vêtemens des officiers de justice, vêtemens des délinquans eux-mêmes, service religieux, procession, accompagnement de tout genre, tout doit porter un caractère grave et lugubre. Pourquoi les exécuteurs eux-mêmes ne seroient-ils pas couverts d'un crêpe de deuil? La terreur de la scène en seroit augmentée, et l'on déroberoit à la haine du peuple ces serviteurs utiles de l'Etat.

Il y a des ménagemens à garder dans ce rituel pénal. Il ne faut pas que la peine devienne impopulaire et odieuse par un faux semblant de rigueur.

VI.—*Economie.*

La peine doit être *économique,* c'est-à-dire, n'avoir que le degré de sévérité nécessaire pour atteindre à son but. Tout ce qui excède le besoin n'est pas seulement autant de mal superflu, mais produit une multitude d'inconvéniens qui tendent tous à affoiblir le systême pénal. C'est la seule cause bien fondée de l'impopularité des peines.

Les peines pécuniaires possèdent cette qualité dans un degré éminent : tout le mal senti par celui qui paye, se convertit en avantage pour celui qui reçoit.

Sous le rapport des frais publics, il y a des peines qui violent particulièrement le principe de l'économie ; par exemple, les mutilations appliquées à des délits fréquens, tels que la contrebande. Quand on a rendu des hommes incapables de travail, il faut les nourrir au frais de l'Etat ou les livrer à la charité publique ; taxe qui porte exclusivement sur la classe la plus vertueuse.

A en croire Filangieri, il y avoit habituellement dans les prisons des Etats de Naples plus de quarante mille prisonniers oisifs. Quelle perte immense de travail ! La ville la plus manufacturière d'Angleterre occupe à peine autant d'hommes.

Les déserteurs par les lois militaires de plusieurs pays sont encore condamnés à mort. Un homme tué ne coûte rien. Mais on perd ce qu'il auroit pu gagner. On perd le travail productif de celui qui le remplace.

VII.—*Rémissibilité.*

C'est une qualité dans une peine que d'être *rémissible* ou révocable. Il est vrai que les peines sont irrémissibles par rapport au passé. L'innocence de l'individu fut-elle démontrée, fut-elle avouée après coup ? tout ce que le cas admet, c'est une compensation ; mais quoique l'infortunée victime ne puisse pas être rendue à son premier état, il peut y avoir des moyens d'améliorer sa condition actuelle. L'objection qu'on peut tirer de ce chef ne s'applique complettement qu'à la peine de mort.—Voyez L. II, ch .14.

VIII. *Suppression du Pouvoir de nuire.*

Une peine qui ôte *le pouvoir de nuire* est très-bonne quand elle n'est pas trop dispendieuse.

L'emprisonnement, pendant sa durée, suspend le pouvoir de nuire : les mutilations peuvent le réduire presqu'à rien : la mort l'anéantit.

S'il est des cas où l'on ne puisse ôter le pouvoir de nuire qu'en ôtant la vie, c'est dans des circonstances extraordinaires : par exemple, dans des guerres civiles, lorsque le nom d'un chef, tant qu'il vit, suffiroit pour enflammer les passions de ses partisans : et même la mort, appliquée à des actions d'une nature si problématique, doit être plutôt considérée comme un acte d'hostilité que comme une peine légale.

Il est des cas où l'on ôte le pouvoir de nuire avec la plus grande économie de peine. Le délit consiste-t-il dans un abus de pouvoir, dans l'infidélité d'une gestion ? il suffit de déposer le délinquant, de lui ôter l'emploi, l'administration, la tutelle, le fidéi-commis dont il abuse. C'est un moyen également à l'usage du Gouvernement domestique et du Gouvernement politique.

IX.—*Tendance à l'amendement moral.*

Toute peine a un certain effet pour intimider : mais si le délinquant, après l'avoir subie, n'est retenu que par la crainte, il n'est pas réformé : la réforme est un changement dans le caractère et les habitudes morales.

Une peine a une tendance réformatrice

quand elle est calculée de manière à affoiblir les motifs séducteurs, et à renforcer les motifs tutélaires.

Il en est qui ont une tendance opposée : elles rendent l'homme vicieux plus vicieux encore. Les peines infamantes sont très-dangereuses sous ce rapport, quand on les applique à des délits légers et à des fautes de jeunesse. *Diligentius enim vivit, cui aliquid integri superest. Nemo dignitati perditæ parcit. Impunitatis genus est jam non habere pœnæ locum* (1).

Mais le plus grand danger est celui des prisons, lorsqu'on entasse pêle-mêle de petits filous et des voleurs de grand chemin, des jeunes gens novices dans le mal et des scélérats endurcis, de jeunes filles coupables de quelque larcin et des femmes perdues. L'oisiveté seule seroit une source de corruption : les liaisons qui s'y forment ont toujours des conséquences funestes. De tels établissemens sont des écoles publiques de perversité.

X.—*Convertibilité en Profit.*

Qu'une peine soit convertible en profit, c'est une qualité de plus, et qui, dans plusieurs cas, est d'une grande valeur.

Quand un crime est commis et ensuite puni,

---

(1) Senec. de Clem. c. xxii.

il en résulte deux lots de maux—le mal du délit
—et le mal de la peine. Dans tous les délits où il y
a une partie lésée, si la peine est de nature à donner un profit, appliquez ce profit à la partie lésée ;
vous guérissez le mal du délit ; et en soldant le
compte, il ne reste plus qu'un lot de mal au lieu
de deux qui existoient d'abord. Quand il n'y a
point eu de partie lésée, comme dans les délits
dont tout le mal consiste en alarme ou en danger,
il n'y a point de blessure à guérir : mais cependant si la peine est de nature à donner du profit,
c'est une somme nette de bien dans la balance.

Cette propriété se découvre dans cette espèce
de peines qui consiste en déchéances de pouvoir :
le poste honorable ou lucratif perdu par les uns
est obtenu par d'autres plus dignes. Mais les
peines pécuniaires sont les seules qui soient complettement douées de cette qualité.

XI.—*Simplicité dans la description.*

Un mode de punir doit être aussi simple que
possible dans sa description. Il faut que tout soit
intelligible, et intelligible non-seulement pour les
personnes éclairées, mais pour le vulgaire le plus
ignorant.

On ne peut pas toujours s'en tenir à un
mode simple ; il y a bien des délits où la peine
sera composée de plusieurs parties, d'une amende
pécuniaire, d'une peine corporelle, d'un empri-

sonnement. La règle de la *simplicité* doit céder
à des considérations supérieures. Je la place ici
pour avertir d'y avoir égard, et de s'en tenir le
plus près possible. Plus les peines sont complexes, plus il est à craindre qu'elles ne se présentent point en entier à l'individu au moment de
la tentation. De leurs différentes parties, il n'aura
jamais connu les unes, il aura oublié les autres.
Elles entrent toutes dans la peine réelle, et n'entrent pas toutes dans la peine apparente.

La dénomination de la peine est un objet
important. Un nom obscur répand un nuage
sur une masse de peines que l'imagination ne peut
plus saisir distinctement.

La Loi angloise est souvent défectueuse sous
ce rapport. Une *félonie capitale* renferme différens lots de peines, la plupart inconnues et par
conséquent inefficaces. La *félonie avec bénéfice
du clergé* est également obscure; la menace de
la loi ne porte à l'esprit aucune idée distincte,
la première idée qui s'offre à une personne non-
instruite, c'est qu'il s'agit d'une récompense. Le
præmunire n'est pas plus intelligible; ceux qui
entendent le mot latin, sont bien loin de comprendre la peine qu'il dénonce.

De pareilles énigmes ressemblent à celles
du Sphinx; on étoit puni pour ne les avoir pas
devinées.

XII.—*Popularité.*

Les peines doivent être populaires, ou pour mieux dire, ne doivent pas être impopulaires. *Le Législateur doit éviter soigneusement dans le choix des peines, celles qui choqueroient des préjugés établis.* S'est-il formé dans l'esprit du Peuple une aversion décidée contre un genre de peine quelque convenable qu'elle fût en elle-même ? il ne faut point l'admettre dans le Code pénal. D'abord c'est un mal que de donner un sentiment pénible au public par l'établissement d'une peine impopulaire. Ce ne sont plus les coupables seuls qu'on punit : ce sont les personnes les plus innocentes et les plus douces auxquelles on inflige une peine très-réelle, en blessant leur sensibilité, en bravant leur opinion, en leur présentant l'image de la violence et de la tyrannie. Qu'arrive-t il d'une conduite si peu judicieuse ? Le Législateur qui méprise les sentimens publics, les tourne secrettement contre lui. Il perd l'assistance volontaire que les individus prêtent à l'exécution de la loi, quand ils l'approuvent : il n'a plus le peuple pour allié, mais pour ennemi. Les uns cherchent à faciliter l'évasion des coupables ; les autres se feroient un scrupule de les dénoncer : les témoins se refusent autant qu'ils peuvent. Il se forme insensiblement un préjugé funeste qui attache une espèce de honte et de reproche au service de la loi. Le mécontentement général peut aller plus

loin : il éclate quelquefois par une résistance ouverte, soit aux Officiers de la Justice, soit à l'exécution des Sentences.   Un succès contre l'autorité
paroît au peuple une victoire ; et le délinquant
impuni jouit de la foiblesse des lois humiliées par
son triomphe.

Mais qu'est-ce qui rend les peines impopulaires ? C'est presque toujours leur mauvais choix.
Plus le Code pénal sera conforme aux règles que
nous avons posées, plus il aura l'estime éclairée
des Sages, et l'approbation sentimentale de la
multitude.   On trouvera de telles peines justes
et modérées : on sera frappé surtout de leur convenance, de leur analogie avec les délits, de cette
échelle de graduation dans laquelle on verra correspondre à un délit agravé une peine agravée, à
un délit exténué par quelque circonstance, une
peine exténuée.   Ce genre de mérite, fondé sur
des notions domestiques et familières, est à la
portée des intelligences les plus communes.
Rien n'est plus propre à donner l'idée d'un Gouvernement paternel, à inspirer la confiance, et à
faire marcher l'opinion publique de concert avec
l'autorité.   Quand le peuple est dans le parti des
lois, les chances du crime pour échapper sont réduites à leur moindre terme.

Le catalogue des propriétés désirables dans
une peine n'est rien moins qu'un travail superflu.   En tout genre, il faut commencer par

se faire une idée abstraite des qualités que doit posséder un objet pour en raisonner pertinemment. Jusques-là toute approbation ou désapprobation n'est qu'un sentiment confus de sympathie ou d'antipathie. Nous aurons maintenant des raisons claires et distinctes pour nous déterminer dans le choix des peines. Il ne reste plus qu'à observer dans quelle proportion telle ou telle peine possède ces qualités diverses.

Une conclusion qui seroit tirée d'une seule de ces qualités, seroit sujette à erreur. Il faut avoir égard, non à une seule en particulier, mais à toutes ensemble.

Il n'est aucun mode de punir qui les réunisse toutes : mais selon la nature des délits, les unes sont plus importantes que les autres.

Pour les délits majeurs, il faut s'attacher principalement à l'exemplarité et à l'analogie.— Pour les petits délits, il faut avoir plus d'égard à l'économie de la peine et à l'objet moral de la réformation—Pour les délits contre la propriété, il faut préférer les peines convertibles en profit, d'où l'on peut tirer un dédommagement pour la partie lésée:

[*Note.*]—Je vais donner ici un exemple de la marche progressive des idées, et de l'utilité des énumérations pour enrégistrer à fur et à mesure toutes les observations nouvelles et ne rien perdre. J'ai cherché dans Montesquieu toutes les qualités pénales qu'il paroît avoir prises en considération. J'en ai trouvé quatre : elles sont exprimées par des termes vagues ou des périphrases.

1°. Il demande que *les peines soient tirées de la nature des crimes :* ce qu'il entend par-là, c'est une espèce d'analogie.

2°. Qu'elles soient *modérées :* expression qui n'a rien de déterminé, et ne donne aucun point de comparaison.

3°. Qu'elles soient *proportionnelles au délit.* La proportion se rapporte à la quantité de la peine plus qu'à sa qualité : Montesquieu n'explique point en quoi cette proportion consiste, il ne donne aucune règle à cet égard.

4°. Qu'elles soient *pudiques.*

Beccaria a énoncé *quatre* qualités.

1°. Il veut que les peines soient *analogues aux délits :* mais il n'entre dans aucun détail sur cette analogie.

2°. Qu'elles soient *publiques,* et il entend par là *exemplaires.*

3°. Qu'elles soient *douces :* terme impropre et insignifiant : mais ses observations sur le danger de *l'excès* dans les peines sont très-judicieuses.

4°. Qu'elles soient *proportionnelles.* Il ne donne aucune règle de cette proportion.

Il veut de plus que les peines soient *certaines, promptes et inévitables.* Mais cela regarde la procédure, l'application de la peine, et non ses qualités.

Dans son commentaire sur Beccaria, Voltaire revient souvent à l'idée de rendre les peines profitables. " Un pendu, dit-il, n'est bon à rien."

L'un des héros de l'humanité, le bon, le vertueux Howard avoit sans cesse en vue l'amendement des délinquans.

En nous arrêtant à ceux que l'on considère comme les oracles de la science, on voit que de ce point de départ, de ces idées éparses, de ces aperçus vagues qui n'ont pas même encore reçu un nom propre, il y a loin jusqu'à un catalogue régulier où toutes ces qualités sont présentées distinctement, avec dénomination et définition. A les placer sous un point de vue qui les rapproche, il y a un avantage de plus, celui de déterminer leur importance comparative, leur véritable valeur. Montesquieu, par exemple, s'étoit bien laissé éblouir par le mérite de l'analogie. Il lui attribue des effets merveilleux que certainement elle n'a pas. *Esprit des Lois,* xii. 4.

Ceci me paroît une réponse suffisante à une objection qu'on a souvent faite aux formes méthodiques de M. Bentham. Je veux parler de ces divisions, de ces tables, de ces classifications, que j'avois désignées sous le nom *d'appareil logique.* Tout cela, me disoit-on, c'est l'échafaudage qu'on doit enlever quand l'édifice est construit. Mais pourquoi dérober aux lecteurs les instrumens dont l'auteur s'est servi? Pourquoi leur cacher le travail analytique et le procédé de l'invention?

Ces tables sont une machine à penser, *organum cogitativum* L'auteur révèle son secret : il vous associe à son œuvre ; il livre aux penseurs le fil qui l'a conduit dans ses recherches ; il les met à portée de les conduire plus loin et de les vérifier. Chose singulière ! c'est donc l'étendue du service qui en diminue le prix.

Je n'ignore pas qu'en se servant de ces moyens logiques comme d'une doctrine secrette ; en ne montrant pas, si j'ose parler ainsi, l'anatomie, les muscles, les nerfs, on peut gagner beaucoup sous le rapport de la facilité et du coloris. En suivant l'analyse, tout s'annonce d'avance, il n'y a rien d'inattendu ; l'ensemble sera lumineux, mais point de surprises, point d'éclairs, point de ces pensées saillantes qui vous éblouissent un moment et vous laissent dans les ténèbres. Il faut du courage pour s'attacher à une méthode aussi sévère ; mais c'est la seule qui puisse satisfaire complettement la raison.

Quant aux termes abstraits, tels qu'exemplarité, remissibilité, convertibilité en profit, et quelques autres du même genre, qui ne sont pas françois, je les hasarde dans le titre, et je les évite autant que je puis dans le corps du discours. Chacun sent combien il est nécessaire de pouvoir désigner une qualité par un seul mot. Que feroit le physicien s'il n'avoit les termes d'élasticité, compressibilité, condensabilité, et semblables ? Ce qui n'a point de nom propre s'échappe aisément de la mémoire ; et ce n'est que par un nom qu'on donne une existence grammaticale à une notion abstraite. La langue françoise est extrêmement défectueuse sous ce rapport. Je ne crois pas qu'elle possède la moitié des termes abstraits de la langue angloise, et celle-ci en reçoit tous les jours de nou‑veaux sans difficulté. Cette différence tient sans doute au génie de la langue, mais encore plus à celui des nations. Les termes abstraits ont souvent une apparence scolastique ou didactique, on les évite dans la conversation familière ; et les écrivains qui se piquent d'écrire comme on parle, aiment mieux se contenter d'un *à-peu-près* et d'une périphrase que d'effaroucher les puristes et les gens du monde.

CHAPITRE VII.

De l'Analogie entre les Peines et les Délits.

ANALOGIE, c'est rapport, connexion, liaison par laquelle, entre deux objets, l'un possède la propriété de rappeler l'autre dans l'esprit de la personne en question.

La ressemblance est un mode d'analogie : la dissemblance ou le contraste en est un autre (1).

Pour établir de l'analogie entre la peine et le délit, il faut qu'il y ait dans le délit quelque circonstance frappante qu'on puisse transférer dans la peine.

Cette circonstance frappante ou caractéristique sera l'instrument qui sert au crime : l'organe qui le consomme : la partie du corps qui a été le sujet du délit : le moyen employé par le délinquant pour n'être pas reconnu, etc.

Les exemples que je vais donner n'ont d'autre objet que d'expliquer clairement cette idée d'analogie. Je me borne à dire que telle peine seroit analogue à tel délit, sans recommander l'emploi de cette peine, d'une manière absolue et dans tous

(1) Ainsi de l'idée d'un géant, l'esprit passe à l'idée de tout ce qui est grand. Les Lilliputiens appelèrent Gulliver *l'homme montagne :* ou de l'idée d'un géant, l'esprit passe à celle d'un nain.

les cas. Il ne suffit pas qu'une peine soit analogue pour être convenable ; il faut avoir égard à beaucoup d'autres considérations : mais on ne peut pas tout dire à la fois.

I.

Première Source d'Analogie.

Même Instrument dans le Délit et dans la Peine.

L'incendiat, l'inondation, l'empoisonnement, ces délits dans lesquels le moyen employé pour les commettre, est la première circonstance qui frappe l'imagination, sont du nombre de ceux où l'on peut appliquer à la peine l'instrument qui a servi au crime.

Observons sur l'incendiat que ce délit doit se restreindre aux cas où quelque individu périt par le feu. N'y a-t-il point de vie perdue, point d'injure personnelle irréparable ? le délit doit être traité sur le pied d'un dégât ordinaire. Qu'un article de propriété soit détruit par le feu ou par quelqu'autre agent, cela ne fait point de différence. La valeur du dommage doit être la mesure du délit. Un homme met-il le feu à une maison isolée et inhabitée ? c'est un acte de destruction, et son délit ne se range pas sous la définition de l'incendiat. (1)

_____

(1) On doit cependant considérer comme une aggravation, l'emploi de ce moyen, s'il y a du danger que le feu se communique à des objets contigus.

Si le supplice du feu eût été réservé pour les incendiaires, la loi auroit eu en sa faveur la raison de l'analogie. Mais dans la législation des temps barbares, on l'a employé assez généralement en Europe pour trois espèces de délits : la magie, délit purement imaginaire : l'hérésie, simple différence d'opinion religieuse, parfaitement innocente, souvent salutaire, et où tout l'effet des peines se réduit à produire des actes de fausseté : le troisième délit, résultat d'une dépravation sans méchanceté, suffisamment réprimé par la honte. (1)

---

(1) Le supplice du feu, autrefois appliqué en France à ce délit dût son origine à un faux raisonnement, tiré de l'histoire du peuple Juif. On crut imiter la Providence qui avoit détruit par le feu deux villes coupables.

Mais 1°. Les Théologiens de tous les partis conviennent que les dispensations miraculeuses de la Justice divine ne peuvent point servir de règle pour les institutions ordinaires et permanentes des Législateurs humains; autrement les murmures contre l'autorité (1), et les moqueries contre la vieillesse (2) devroient être rangées parmi les crimes capitaux.

2°. Si Dieu eût voulu que ce délit fût puni par le feu, il auroit commencé par son Peuple : mais la Loi Judaïque ordonne la peine de mort en termes généraux ; et même la peine du feu paroît exclue, puisque dans le verset suivant, pour une espèce d'inceste, elle est positivement prescrite. Lévit. xx. 13, 14.

(1) Quinze mille personnes furent mises à mort pour avoir murmuré contre Moïse. Voyez l'Histoire de Korab, Dathan et Abiran. *Nom.* 1, 16.

(2) Le délit pour lequel quarante-deux enfants furent déchirés par des ours à la prière d'Élisée....*Rois,* Liv. II, c. 2.

Le feu pourroit être employé comme instrument de supplice sans aller jusqu'à la mort. La peine est variable dans sa nature entre tous les degrés de sévérité dont on peut avoir besoin. Il faudroit soigneusement déterminer dans le texte de la loi, la partie du corps qui doit être exposée à l'action du feu, le mode de l'opération par une lampe, le nombre des minutes, et l'appareil nécessaire pour ajouter à la terreur. Pour rendre la description plus frappante, objet principal, il faudroit y joindre une estampe où l'opération seroit représentée.

L'inondation est un délit plus rare que l'incendiat : il est inconnu dans plusieurs contrées, et ne peut être commis que dans les pays où il y a des canaux et des digues artificielles à percer. Il est susceptible de tous les degrés de gravité. Causer l'inondation de quelques terreins, est simple dégât de propriété : c'est par la destruction des vies que ce délit s'élève au degré d'atrocité qui nécessite des peines sévères.

L'analogie la plus sensible indique le moyen

3°. Il n'est point dit que cette offense fût la seule pour laquelle ces villes furent détruites : le texte leur impute en général toutes sortes d'iniquités et de méchancetés.

4°. Ce n'étoit pas même le simple délit d'impureté qui étoit le crime des Cananéens : ils étoient coupables d'une violation d'hospitalité et d'une violence personnelle : deux aggravations si fortes qu'elles changent tout à fait la nature du délit.

du supplice : c'est de noyer le criminel avec quelque appareil qui ajouteroit à la terreur. Dans
un code pénal, où l'on n'auroit pas admis la mort,
il pourroit être noyé et rendu à la vie. Ce seroit
une partie de la peine.

Devroit-on employer le poison comme moyen
de supplice pour un empoisonneur ?

A certains égards, il n'est point de peine plus
convenable. Le poison est distingué des autres
meurtres par le secret avec lequel il peut être
administré, et par la froide détermination qu'il
suppose. De ces deux circonstances, la première
ajoute à la force de la tentation et au mal du délit ;
la seconde fait voir que le criminel, attentif à son
propre intérêt, est capable d'une réflexion sérieuse
sur la nature de la peine. L'idée de périr par le
même genre de mort qu'il prépare, est la plus effrayante pour lui. Dans chaque préparatif du crime,
l'imagination lui représente son propre sort. L'a-
nalogie sous ce rapport produit pleinement son
effet.

Il y a aussi des difficultés. Les poisons sont
incertains dans leur opération ; il faudroit toujours fixer un temps après lequel on abrégeroit
le supplice par l'étranglement. Si l'effet du poison étoit de produire le sommeil, la peine pourroit
n'être pas assez exemplaire : s'il opéroit par des
convulsions et des déchiremens, elle pourroit être
odieuse.

Si le poison administré par le criminel

n'avoit pas été fatal, on pourroit lui faire prendre un antidote avant que l'opération du poison pénal fut mortelle. La dose et le temps seroient fixés par le Juge sur le rapport des experts.

L'horreur attachée à ce crime pourroit bien rendre cette peine populaire. S'il y a des pays où il soit plus commun qu'ailleurs, c'est là où la peine qui présente cette analogie avec le délit, pourroit être plus convenable.

II.

SECONDE SOURCE D'ANALOGIE.

Pour Injure corporelle, même Peine corporelle.

Dans les délits consistant en injures corporelles irréparables, la partie du corps lésée est la circonstance caractéristique. L'analogie consisteroit à infliger au délinquant le même mal qu'il a fait. Je sous-entends toujours cette condition nécessaire, que le délit soit malicieux et pleinement intentionnel dans toute son étendue : c'est là une distinction de la plus grande importance.

Reste à pourvoir à deux cas : celui où le délinquant n'auroit pas l'organe dont il a privé son adversaire ; et celui où la perte du même membre lui seroit plus ou moins préjudiciable qu'à la personne lésée.

L'injure a-t-elle été du genre ignominieux, sans mal permanent ? la même ignominie peut être employée dans la peine, quand l'état de la personne et les autres circonstances l'admettent.

III.

Troisieme Source d'Analogie.

Punition affectant la Partie du Corps qui sert au Délit.

Dans les crimes de faux, la langue et la main sont les instrumens du délit. On peut tirer de cette circonstance une analogie exacte dans la peine.

Dans le cas de faux actes, de faux écrits, la main du coupable sera transpercée par un instrument de fer, en forme de plume ; et c'est dans cet état qu'il sera montré en public avant de subir son emprisonnement pénal.

[*N. B.*]—Cette peine peut être plus grave en apparence qu'en réalité. En divisant la plume de fer en deux parties, celle qui traverse la main peut n'avoir que l'épaisseur d'une épingle, tandis qu'aux yeux, l'instrument paroît la traverser dans toute sa grosseur.

Dans la calomnie, dans les faux rapports, la langue est l'organe du délit : le calomniateur sera de même exhibé en public—la langue percée.

[*N. B.*]—Même observation ; l'aiguille la plus mince terminée par deux nœuds, suffit pour empêcher la langue de rentrer dans la bouche.

Cette peine présente quelque apparence de

ridicule, mais dans ce cas-ci c'est un mérite de plus ;
ce ridicule tourneroit contre l'imposture, il la
rendroit plus méprisable, il ajouteroit au respect de
la véracité.

IV.

Quatrieme Source d'Analogie.

Déguisement.

Il est des délits où le Déguisement est un des
traits caractéristiques : le délinquant, pour n'être
pas reconnu, ou pour inspirer plus de terreur, se
couvre le visage d'un masque ou d'un crêpe. Cette
circonstance est une agravation : elle augmente
l'alarme, et diminue la probabilité de la peine.
Il faut donc pour ce cas une peine additionnelle,
et celle qui est recommandée par un des modes
d'analogie, c'est de donner au délinquant l'empreinte de ce déguisement dont il a fait le moyen
du crime. Cette empreinte doit être évanescente
ou indélébile, selon que l'emprisonnement sera
temporaire ou perpétuel. L'empreinte évanescente
se produira par l'application d'une liqueur noire :
l'indélébile, par le tatouement. L'utilité de cette
peine sera plus particulierement sentie dans les
meurtres de préméditation, les viols, les injures
personnelles irréparables, et le vol accompagné de
force et de terreur.

V.

Autres Sources d'Analogie.

Il y a d'autres circonstances caractéristiques qui ne se rangent pas, comme les précédentes, sous des classes générales ; il faut les saisir, selon la nature des délits, pour en faire une base d'analogie.

Dans la fabrication de la fausse monnoie, l'art du délinquant est une circonstance caractéristique. On peut tourner son art contre lui, en lui appliquant sur le front ou les joues une stygmate qui représente la pièce de numéraire qu'il a contrefaite. Cette marque devrait être passagère ou indélébile, selon que l'emprisonnement, qui fait partie de la peine, seroit temporaire ou perpétuel.

A Amsterdam, il y a une maison de correction nommée *Rasp-House,* où l'on renferme des vagabonds et des fainéans. On dit qu'entre différens travaux, il en est un qui consiste à faire mouvoir une pompe, de manière que si le travailleur se relâche un moment, l'eau gagne sur lui et peut le noyer. Que ce genre de supplice soit pratiqué ou non, c'est un exemple de peine analogique portée au plus haut degré de rigueur. Si on adoptoit un pareil moyen, il faudroit au moins l'accompagner d'un réglement précis pour limiter cette peine d'après les forces du délinquant.

Le lieu du délit peut fournir une sorte d'analogie. L'Impératrice Catherine II fit condamner un homme qui avait commis quelque fripponnerie sur la Bourse, à la balayer, pendant six mois, chaque jour d'assemblée.

N. B.—Je ne sache pas qu'on ait fait aucune objection contre l'utilité de l'analogie dans les peines : tant qu'on s'en tient à énoncer le principe général, tout le monde est assez d'accord : vient-on à l'application? les variétés d'opinion sont infinies ; c'est que l'imagination est le premier juge d'une circonstance, où c'est à l'imagination qu'on s'adresse. J'ai vu des personnes frappées d'une extrême répugnance contre quelques-uns des procédés caractéristiques proposés par M. Bentham (1). J'ai vu des hommes d'esprit tourner ces mêmes procédés en ridicule, et n'y voir que des sujets de caricature.

Tout le succès dépend du choix des moyens. Il faut sans doute éviter ceux qui n'auroient pas un caractere assez grave pour être pénal ; mais il faut observer que par rapport à certains délits, par exemple, des délits d'insolence et d'insulte, telle peine caractéristique qui prête au ridicule, est précisément la plus convenable pour humilier l'orgueil de l'offenseur et satisfaire l'offensé.

---

(1) *Traités de Législation,* Tom. II, p 352.

Il faut encore éviter tout ce qui auroit trop l'air de recherche et de subtilité. L'acte de punir est un acte de nécessité fait avec regret et avec répugnance. On admire la variété des instrumens de chirurgie, parce que plus on les voit variés et multipliés, plus on suppose qu'ils ont pour but et pour effet de produire la guérison ou d'opérer avec moins de douleur. Une grande variété dans les modes de punir n'obtiendroit pas la même approbation. On croiroit y voir un esprit minutieux qui dégraderoit le Législateur.

Avec ces précautions, l'analogie ne produira que de bons effets. Elle mettra sur la voie pour trouver les peines les plus économiques et les plus efficaces. Je ne résiste point au plaisir d'en citer un exemple que m'a fourni récemment un Capitaine de la Marine angloise, qui n'avoit point étudié les principes de M. Bentham, mais qui a su lire dans le cœur humain.

Les permissions accordées aux matelots pour aller à terre, sont en général de vingt-quatre heures, et s'ils excèdent ce terme, la punition ordinaire est le fouet. La crainte de ce châtiment est la cause la plus fréquente des désertions. Plusieurs capitaines, pour prévenir la faute et le délit, prennent le parti extrême de refuser aux matelots tout congé, même après qu'ils ont tenu la mer des années entières Celui dont je parle a trouvé le moyen de concilier la douceur du congé avec la sûreté du service. Il l'a fait par un simple changement dans la peine. Tout homme qui passe le terme prescrit, perd son droit à un congé futur dans la proportion de sa faute. S'il reste à terre au-delà de vingt-quatre heures, il perd un tour ; si au-delà de quarante-huit, il en perd deux, ainsi de suite. L'expérience avoit parfaitement réussi : la faute n'étoit pas devenue plus fréquente depuis l'adoucissement de la peine, et quant aux désertions, il n'y en avoit plus.

CHAPITRE VIII.

Du Talion.

Sɪ la loi du talion étoit admissible, les travaux du Législateur seroient bien abrégés : un mot tiendroit lieu d'un volume.

En quoi consiste le talion ? A faire souffrir au délinquant le même mal qu'il a fait à la partie lésée : pour injure corporelle, peine corporelle; pour injure contre la propriété, peine pécuniaire ; pour injure contre la réputation, peine de nature à affecter la réputation du délinquant. Voilà l'idée générale : mais ce n'est pas assez. Pour rendre la peine exactement conforme au principe du talion, l'identité doit être portée aussi loin qu'il est possible. Par exemple, le délit a-t-il consisté dans l'incendie d'une maison ? la maison du délinquant devroit être incendiée. L'injure faite à la réputation d'un individu, lui a-t-elle fait perdre un certain rang ? le délinquant devroit être puni par la perte du même rang. A-t-il mutilé son adversaire ? il doit subir la même mutilation. Lui a-t-il ôté la vie ? il doit être puni de mort. En un mot, plus la ressemblance est spécifique entre la peine et le délit, plus elle est conforme à la loi du talion. *Oeil pour œil, dent pour dent :* voilà l'expression proverbiale. L'identité requiert qu'on affecte non-seulement la même partie, mais

de la même manière; le meurtre s'est-t-il opéré
par le feu, le fer, ou le poison? il faut que le supplice soit accompli par le même instrument

Le grand mérite de la loi du talion, c'est sa
simplicité. Tout le code pénal est renfermé dans
une seule règle. " Le délinquant souffrira le mal
qu'il a fait souffrir." Tout vaste qu'est ce plan, il
entre tout à la fois dans l'intelligence la plus bornée; il se fixe dans la mémoire la plus foible : et
de plus, l'analogie est si parfaite que l'idée du délit
réveille immédiatement l'idée de la peine. Plus
le délit paroît séduisant, plus la peine doit être un
objet d'effroi. La sauvegarde est à côté du
péril.

J'allais poursuivre cet examen, mais à quoi
sert? puisque dans le plus grand nombre des délits, le talion est impracticable. D'abord, il ne
peut pas s'appliquer aux délits purement publics,
dont le caractère est de nuire à la communauté en
général, sans nuire à aucun individu assignable.
Qu'un homme se soit rendu coupable de trahison,
qu'il ait entretenu des correspondences criminelles
avec l'ennemi de l'Etat, qu'il ait livré par lâcheté
une forteresse, comment peut-on lui rendre en
nature le mal qu'il a fait ou voulu faire?

Il n'est pas plus applicable dans les délits
demi-publics, ces délits qui affectent un certain
district ou une certaine classe d'individus dans la
communauté. D'ailleurs, le mal de ces délits est
souvent tout en alarme, en danger, sans tomber

sur aucun individu assignable ; il ne donne point de prise au talion.

Dans les délits contre soi-même, ces actes qui offensent la morale, il seroit absurde. Si un individu par choix se fait du mal à lui-même, lui faire le même mal, serait-ce le punir ?

Dans les délits contre la réputation, s'ils sont commis par un faux rapport, la loi ne peut pas ordonner de répandre un faux rapport contre le délinquant. Ce qu'on peut faire, c'est de le soumettre à quelque peine infamante ; mais elle seroit souvent inefficace, car elle dépend de la réputation qu'il possède ; on n'ôte rien à qui n'a rien.

Dans les délits contre la propriété, la peine du talion seroit trop foible, trop peu exemplaire : et d'ailleurs quel contresens que des peines pécuniaires pour un délit dont l'indigence est le motif le plus commun ?

Même défaut de prise, même impossibilité du talion dans les délits contre la condition naturelle ou civile ; et il y a des cas où s'il étoit practicable, il ne seroit pas éligible, par exemple, la séduction, l'adultère, &c.

Que reste-t-il donc pour l'opération de cette loi ? presque rien. Les seuls délits auxquels on puisse l'appliquer, et pas même constamment, sont ceux qui affectent la personne : encore faut-il supposer une parité de circonstances qui n'existe presque jamais. Dans les cas peu fréquens où elle serait applicable, elle pécheroit par un excès de sévérité. Son vice radical est d'être inflexible. La loi doit mesurer la peine sur les circonstances d'agravation ou d'exténuation : le talion détruit toute mesure.

Cette peine doit plaire à des peuples d'un caractère vindicatif. Mahomet l'avoit trouvée établie chez les Arabes, et l'a consacrée dans le Koran, avec un ton d'éloge qui donne la mesure de ses connoissances en matière de législation. " O vous, qui avez un cœur, vous trouverez dans le Talion et dans la crainte qu'il inspire, la sûreté de vos jours!" (Tom. I, ch. 2. de la *Vache.*) Soit foiblesse, soit ignorance, il flattoit le vice dominant qu'il auroit dû combattre.

CHAPITRE IX.

De la popularité du Code pénal.

Prouver qu'une insitution est conforme au principe de l'utilité, c'est prouver, autant que la chose est susceptible de preuve, que le peuple *doit* l'aimer.—L'aimera-t-il en effet ? c'est une question toute différente. Il l'aimeroit, si son jugement étoit toujours dirigé par ce principe. Mais c'est là un degré de civilisation auquel aucun peuple ne s'est encore élevé. Chez les nations les plus avancées, même dans les classes supérieures, combien ne trouve-t-on pas d'antipathies et de préjugés qui n'ont aucune base solide ! Antipathies contre certains délits, sans rapport au mal qui en résulte ;—Préjugés contre certaines peines, sans égard à leur convenance.

Les objections capricieuses contre tel ou tel mode de punir, sont susceptibles de varier autant que les fantaisies de l'imagination : mais on trouvera le plus souvent qu'elles se rangent sous l'un ou l'autre de ces quatre chefs : *liberté—décence—religion—humanité.* Observez que j'appelle *capricieuses* les objections qui tirent toute leur force apparente de la faveur dont jouissent ces termes respectés ; le caprice consiste à prendre ces noms en vain.

I. *Liberté.*—Il y a peu de chose à dire sous

ce chef. Toutes les peines sont contraires à la liberté, nul ne les souffre que par contrainte. Mais on trouve des enthousiastes qui, sans faire attention à cela, condamnent certaines peines, par exemple, l'emprisonnement joint au travail forcé, comme un attentat aux droits naturels de l'homme. Dans un pays libre, disent-ils, on ne doit pas souffrir que même les malfaiteurs soient réduits à un état d'esclavage. C'est un exemple odieux et dangereux. Il n'y a que des peuples soumis au despotisme qui puissent souffrir la vue de galériens enchaînés.

Cette objection fut répétée dans plusieurs pamphlets, quand on proposa en Angleterre les maisons de pénitence. Traduisez cette clameur d'une manière intelligible, elle signifie qu'il faut laisser la liberté à ceux qui en abusent, ou que la liberté des malfaiteurs est une partie essentielle de la liberté des honnêtes gens.

II. *Décence.*—Les objections tirées de la *décence* sont limitées à ces peines dans lesquelles on expose à la vue du public des objets que la pudeur fait voiler, ou dont elle ne permet pas de faire le sujet ordinaire de la conversation.

Qui doute que les peines ne doivent être pudiques ?—Mais la pudeur, comme les autres vertus, n'a de valeur que par son utilité. Si donc, il est des cas où la peine la plus appropriée au délit, renfermât dans sa description ou son exécution des circonstances dont la pudeur fut blessée, elle devroit, ce semble, céder à une utilité majeure. La castration, par exemple, paroît la peine la plus convenable pour le viol, c'est-à-dire, la plus propre à faire une forte impression sur l'esprit au moment de la tentation. Faudroit-il, par un scrupule de pudeur, avoir recours à la peine capitale, ou à telle autre moins efficace et moins exemplaire (1) ?

On rapporte que dans une ville de la Grèce les jeunes filles, égarées par je ne sais quelle épidémie d'imagination, se donnoient la mort. Les Magistrats alarmés de la fréquence de ces actes ordonnèrent qu'en punition du suicide, les cadavres nuds seroient traînés dans les places publiques. Je n'examine ni la probabilité du fait, ni la nature du délit ; mais le même auteur rapporte que le mal cessa tout-à-fait. Voilà donc une loi violant la pudeur, et sa convenance seroit démontrée par son efficace : car quelle plus grande perfection dans la loi pénale, que de pré venir entièrement le délit ?

III. *Religion.*—Il y a des sectes du chris tianisme qui prétendent que la peine de mort est illégitime. La vie est un don de Dieu ; les hommes n'ont pas le droit de l'ôter.

---

(1) Observez toutefois que si cette peine, toute convenable qu'elle est, choquoit le sentiment public, ce seroit une raison suffisante pour ne pas l'établir.

Nous verrons, dans le second Livre, qu'il y a
des raisons très-fortes contre la peine de mort, ou
que tout au plus elle ne convient qu'à des cas extraordinaires : mais sa prétendue illégitimité est
une raison empruntée d'un faux principe.

Illégitime signifie *contraire à une loi.* Ceux
qui appliquent ce mot dans l'argument en question, entendent qu'il y a une loi divine contre la
peine de mort : cette loi divine est une loi révélée
ou non. Si elle est révélée, elle doit se trouver
dans le texte des Livres qui sont censés contenir
l'expression des volontés de Dieu ; mais comme il
n'existe point de pareil texte dans la révélation,
et que la Loi Judaïque renferme des peines capitales, les partisans de cette opinion doivent s'appuyer d'une loi divine non révélée, d'une loi naturelle, c'est-à-dire, d'une loi déduite de la volonté
supposée de Dieu.

Mais présumer que Dieu *veut,* c'est supposer
qu'il a une raison pour vouloir, une raison digne
de lui, qui ne peut être que le plus grand bien de
ses créatures. Dans ce sens, la loi divine naturelle ne seroit autre que l'utilité la plus générale.

Présume-t-on des volontés de Dieu sans
rapport à *l'utilité,* c'est alors un principe fantastique, illusoire, prêt à sanctionner toutes les
rêveries des enthousiastes et toutes les folies des
superstitieux.

La religion mal entendue a souvent opposé

différens obstacles à l'exécution des lois pénales—par exemple, les asiles ouverts aux criminels dans les temples.

Théodose Ier défendit toute procédure criminelle pendant le carême. Il alléguoit pour raison que les Juges ne doivent pas punir les criminels dans un temps où ils demandent à Dieu le pardon de leurs propres crimes. Valentinien Ier ordonna qu'à la solennité de Pâques tous les prisonniers seroient élargis, excepté les accusés de crimes majeurs (1).

Constantin défendit par une loi d'imprimer des stygmates au visage, parce qu'il est contre le droit de la nature de blesser la majesté du front de l'homme. Voilà une singulière raison; la majesté du front d'un scélérat!

L'Inquisition, dit Bayle, a condamné les hérétiques au supplice du feu pour ne pas violer la maxime, *Ecclesia non novit sanguinem.* La religion a eu ses calembourgs comme la loi.

IV. *Humanité.*—" N'écoutez pas la raison qui nous trompe si souvent, mais le cœur qui nous conduit toujours bien. Je rejette sans examen cette peine que vous proposez, parce qu'elle fait violence aux sentimens naturels, elle fait

_____

(1) *Pilati.* Histoire des révolutions depuis l'accession de Constantin jusqu'à la chûte de l'Empire d'Occident.

frémir les âmes sensibles, elle est tyrannique et cruelle." Voilà le langage des orateurs senti-mentaux.

Certes, si la répugnance d'un cœur sensible est une objection suffisante contre une loi pénale, il faut anéantir le Code pénal. Est-il une seule de ses dispositions qui ne porte une atteinte plus ou moins douloureuse à la sensibilité ?

Toute peine par elle-même est nécessairement odieuse. Si elle n'excitoit point d'aversion, pour-roit-elle remplir son objet ? Une peine ne sauroit être approuvée qu'autant qu'on l'associe à l'idée d'un délit.

Je récuse le sentiment comme arbitre—je ne le récuse pas comme premier moniteur de la rai-son. Qu'une disposition pénale nous révolte, ce n'est pas assez pour la condamner, mais c'est un motif pour la scruter attentivement. Si elle mé-rite cette antipathie, nous en découvrirons bientôt les causes légitimes : nous verrons que cette peine est déplacée, ou qu'elle est superflue, ou qu'elle n'est pas en proportion avec le délit, ou qu'elle tend à produire plus de mal qu'elle n'en prévient. Nous parviendrons ainsi à découvrir le gîte de l'erreur. Le sentiment met la réflexion en œuvre, et la réflexion démêle le vice de la loi.

Les peines les plus généralement approuvées sont celles qui ont quelque analogie avec le délit : on croit y voir un caractère de justice et d'équité.

Qu'est-ce au fond que cette justice et cette équité ?
je n'en sais rien.   On punit le délinquant par le
même mal qu'il a fait—mais la loi doit-elle prendre exemple sur la conduite qu'elle condamne ?
Des Juges doivent-ils imiter le malfaiteur dans sa
méchanceté ? L'acte solennel et juridique devroit-
il être le même en nature que l'acte criminel ?

Ce qui plaît en cela à la multitude, c'est
qu'on ferme la bouche au coupable : il ne peut pas
accuser la sévérité de la loi sans que sa conscience
l'accuse lui-même.

Heureusement, le même tour d'imagination
qui rend cette peine populaire, la rend convenable.
Cette analogie qui frappe le peuple, frappe également les individus, au moment de la tentation, et
rend cette même peine un objet particulier de
terreur.

Il importe d'écarter les fausses notions, même
quand elles s'accordent avec le principe de l'utilité.
Cet accord n'est qu'un hasard, et celui qui porte
un jugement d'approbation indépendamment de ce
principe, se prépare à en porter d'autres qui lui
seront contraires.   Il n'y a point de sûreté pour
la marche de l'entendement jusqu'à ce qu'on ait
appris à se servir constamment de ce principe, à
l'exclusion de tout autre.   Les termes purement
approbatifs ou désapprobatifs en matière de raisonnement, sont le bégayement de l'enfance.   Il faut
s'en abstenir dans toute recherche philosophique,

où il s'agit d'éclairer, de convaincre et non d'é-
mouvoir (1).

_____

(1) Les termes passionnés renferment tous une pétition de
principe, un jugement anticipé d'approbation ou de désaproba-
tion impliqué dans le terme même. Celui qui s'en sert dans
un argument veut faire une espèce de supercherie ou de violence à son lecteur. Mais quand on a fait sa preuv. quand on a
pesé le pour et le contre dans la balance de l'utilité, il ne
me paroît ni possible ni convenable de s'abstenir de caractériser
le bien et le mal par les épithètes qui leur sont appliquées
dans le langage ordinaire. Cette Note est peut-être une apolo-
gie que le Rédacteur de ces Manuscrits se prépare; il a fait tous
ses efforts pour n'en avoir pas besoin dans la partie didactique:
mais écrire sans se permettre ces termes aprobatifs ou désa-
probatifs, c'est marcher sur la corde tendue.

CHAPITRE X.

Des Peines indues (1).

On peut réduire à quatre chefs, les cas où il ne faut pas infliger de peine. 1°. Lorsque la peine seroit mal fondée. 2°. Inefficace. 3°. Superflue. 4°. Trop dispendieuse.

Reprenons ces quatre points.

I.—*Peines mal fondées.*

La peine seroit mal fondée, lorsqu'il n'y auroit point de vrai délit, point de mal du premier ordre ou du second ordre, ou lorsque le mal seroit plus que compensé par le bien, comme dans l'exercice de l'autorité politique ou domestique, dans la répulsion d'un mal plus grave, dans la défense de soi-même, etc.

Si on a saisi l'idée du vrai délit, on le distinguera aisément d'avec les délits de mal imaginaire, ces actes innocens en eux-mêmes, qui se trouvent rangés parmi les délits par des préjugés, des antipathies, des erreurs d'administration, des principes ascétiques, à peu près comme des alimens sains

---

(1) Pour éviter les renvois, on donne ici ce Chapitre, tel qu'il est dans les *Traités de Législation.* Tom. II, p. 380.

sont considérés, chez certains peuples, comme des poisons ou des nourritures immondes. L'hérésie et le sortilége sont des délits de cette classe.

II.— *Peines inefficaces.*

J'appelle *inefficaces* les peines qui ne pourroient produire aucun effet sur la volonté, qui par conséquent ne serviroient point à prévenir des actes semblables.

Les peines sont inefficaces lorsqu'elles s'appliquent à des individus qui n'ont pas pu connoître la loi, qui ont agi sans intention, qui ont fait le mal innocemment dans une supposition erronée ou par une contrainte irrésistible. Des enfans, des imbéciles, des fous, quoiqu'on puisse les mener jusqu'à un certain point par des récompenses et des menaces, n'ont pas assez d'idée de l'avenir, pour être retenus par des peines futures. La loi seroit sans efficace à leur égard.

Si un homme étoit déterminé par une crainte supérieure à la plus grande peine légale ou par l'espoir d'un bien prépondérant, il est clair que la loi auroit peu d'efficace. On a vu les lois contre le duel méprisées, parce que l'homme d'honneur craignoit la honte plus que le supplice. Les peines décernées contre tel ou tel culte, manquent généralement leur effet, parce que l'idée d'une récompense éternelle l'emporte sur la crainte des échafauds. Mais comme ces opinions ont plus ou

moins d'influence, la peine est aussi plus ou moins
efficace.

III.—*Peines superflues.*

Les peines seroient superflues dans les cas où
l'on pourroit atteindre le même but par des moyens
plus doux, l'instruction, l'exemple, les invitations,
les délais, les récompenses. Un homme a répandu des opinions pernicieuses : le Magistrat
s'armera-t-il du glaive pour le punir ? Non, s'il est
de l'intérêt d'un individu de répandre de mauvaises maximes, il sera de l'intérêt de mille autres
de les réfuter.

IV.—*Peines trop dispendieuses.*

Si le mal de la peine excédoit le mal du
délit, le Législateur auroit produit plus de souffrances qu'il n'en auroit prévenu. Il auroit acheté
l'exemption d'un mal au prix d'un mal plus grand.

Ayez deux tableaux devant les yeux, l'un représentant le mal du délit, l'autre représentant le
mal de la peine.

Voyez le mal que produit une loi pénale :
1°. *Mal de coercition.* Elle impose une privation plus ou moins pénible, selon le degré de plaisir que peut donner la chose défendue. 2°. *Souffrance causée par la peine* : lorsque les infracteurs
sont punis. 3°. *Mal d'appréhension,* souffert par
celui qui a violé la loi, ou qui craint qu'on ne lui

impute de l'avoir violée. 4°. *Mal des fausses poursuites :* cet inconvénient attaché à toutes les lois pénales, l'est particulièrement aux lois obscures, aux délits de mal imaginaire : une antipathie générale produit une disposition effrayante à poursuivre et à condamner sur des soupçons ou des apparences. 5°. *Mal dérivatif,* souffert par les parens ou les amis de celui qui est exposé à la rigueur de la loi.

Voilà le tableau du mal ou de la *dépense* que le Législateur doit considérer toutes les fois qu'il établit une peine.

C'est dans cette source qu'on puise la principale raison pour les amnisties générales, dans ces délits compliqués qui naissent d'un esprit de parti. Il peut arriver que la loi enveloppe une grande multitude, quelquefois la moitié du nombre total des Citoyens et même au-delà. Voulez-vous punir tous les coupables ? voulez-vous seulement les décimer ? le mal de la peine seroit plus grand que le mal du délit.

Si un délinquant étoit aimé du peuple, et qu'on eût à craindre un mécontentement national, s'il étoit protégé par une Puissance étrangère dont on eût à ménager la bienveillance, s'il pouvoit rendre à la nation quelque service extraordinaire, dans ces cas particuliers, le pardon qu'on accorde ou coupable résulte d'un calcul de prudence. On craint que la peine de son délit ne coûtât trop cher à la société.

LIVRE SECOND.

Des Peines Corporelles.

CHAPITRE PREMIER.

Des Peines afflictives simples.

J'APPELLE ainsi les Peines corporelles qui consistent principalement dans la douleur physique *immédiate*, pour les distinguer d'avec d'autres peines corporelles dont l'objet est de produire des conséquences *permanente*s (1).

Ces peines seroient susceptibles d'une variété infinie, parce qu'il n'est aucune partie du corps qu'on ne puisse affecter douloureusement, et qu'il n'existe presque rien dans la nature dont on ne puisse faire un instrument de souffrance. Mais quand il seroit possible d'en épuiser le catalogue, c'est un travail qui heureusement ne seroit pas nécessaire.

Le mode qui s'est présenté le plus naturellement, et qui a été le plus commun, a été de livrer

---

(1) *Afflictif* dans ce sens est conforme au mot latin dont il dérive : *Afflictio,* dit Cicéron dans ses Tusculanes, *est ægritudo cum vexatione corporis.*

le corps à des coups. La flagellation qui consiste à frapper avec un instrument flexible, a été le mode le plus usité. Le plus ou moins de flexibilité dans l'instrument, produit différens modes de peines qui conservent le même nom générique, malgré la diversité des effets.

Il y a un supplice assez commun en Italie, et surtout à Naples, pour les filous : *l'estrapade.* Elle consiste à enlever un homme à une certaine hauteur par le moyen d'un cabestan, et à le laisser retomber tout à coup, de manière toutefois qu'il ne touche pas terre. Toute la force acquise par le corps dans la chûte porte sur les bras, et la conséquence ordinaire est leur dislocation. Un chirurgien est présent pour les remettre.

Il y a eu deux peines pratiquées autrefois en Angleterre, mais qui sont tombées en désuétude, même dans le département militaire : l'une étoit le *piquettement,* qui s'opéroit par suspension ; le poids du corps portoit entièrement sur la pointe d'une pique : l'autre étoit le *cheval de bois* ou de *fer* ; c'étoit une pièce de bois ou de fer étroite, sur laquelle le patient étoit placé à califourchon. On augmentoit l'effet par des poids attachés aux jambes.

Une autre peine qui existe encore dans les anciens Statuts de la Loi angloise, et qui n'est plus pratiquée, consistoit à plonger le corps du patient dans l'eau froide à plusieurs reprises : c'est ce qu'on appelle en anglois *ducking.* Il n'y avoit

point là de douleur aigue. Le mal-aise physique
venoit en partie du froid, et en partie de la suspension temporaire de respiration. Cette peine
qui avoit quelque chose de burlesque, étoit surtout mise en usage pour des femmes grondeuses,
dont les cris importunoient le voisinage : *commu-
nis rixatrix*. On voit que cela est du vieux
temps. Le peuple, fort attaché aux anciennes
coutumes, exerce encore quelquefois cette espèce
de justice sur de petits filous pris en flagrant délit
dans quelque rassemblement populaire, comme
les foires.

Le génie d'invention pour la variété des instrumens de douleur s'est surtout manifesté dans
une branche de logique, dans cette logique des
tribunaux qu'on appeloit la *question*.   Il y en
avoit pour toutes les parties du corps, selon qu'on
vouloit les alonger, les tordre, ou les disloquer.
La torture des pouces consistoit à les serrer avec
des cordelettes : celle des bottes étroites, à faire
entrer des coins dans les bottes à coups de mar-
teaux.   Dans la torture proprement dite, le patient étoit couché sur une planche, et garotté avec
des cordes qu'on serroit graduellement avec une
vis, de manière à produire tous les degrés possibles de douleur.

La suffocation par l'eau (*drenching*) se prati-
quoit au moyen d'un linge mouillé par une injec-
tion continuelle, appliqué sur la bouche et les
narines du patient, de manière qu'à chaque mou-

vement d'inspiration, il faisoit entrer une certaine quantité d'eau dans l'estomac qui se distendoit au point de produire un gonflement sensible. Dans la fameuse transaction d'Amboine, les Hollandois se servirent de ce genre de tourment contre leurs prisonniers anglois.

Ne poursuivons pas plus loin une énumération si désagréable—ce qu'il y a de commun entre toutes les peines afflictives du genre aigu, c'est la douleur organique. Mais elles diffèrent beaucoup par deux points essentiels—les degrés de leur intensité—les conséquences plus ou moins graves qui en sont le résultat.

Ces conséquences se rangent sous trois chefs : 1°. La continuation de la peine organique au delà du temps de son exécution. 2°. Les différens maux physiques d'un autre genre qui peuvent en provenir. 3°. L'ignominie plus ou moins grande qui y est attachée. Dans le choix de ces peines, toutes ces considérations sont de la plus grande importance.

Il seroit bien inutile d'en admettre une grande variété dans le code pénal. La plus commune, la flagellation, d'autant plus qu'on peut lui donner tous les degrés d'intensité dont on a besoin, pourroit suffire à elle seule, si l'analogie en certains cas ne recommandoit l'emploi de quelques autres : à cela près, multiplier les instrumens de douleur, c'est risquer, sans aucun fruit, de rendre les lois pénales odieuses.

Sous le règne de Marie-Thérèse, entr'autres ouvrages qu'elle entreprit pour l'amélioration des lois, elle fit compiler une description de toutes les tortures et de tous les supplices. C'étoit un gros volume in-folio, dans lequel non-seulement toutes les machines étoient décrites et représentées par des gravures, mais on alloit jusqu'à spécifier toutes les manipulations de l'exécuteur. Ce livre ne fut en vente que très-peu de jours. Le Prince de Kaunitz, alors premier ministre, le fit supprimer. Il pensa et avec raison que la vue d'un pareil ouvrage ne pouvoit qu'inspirer une sorte d'horreur pour les lois. Cette objection tomboit avec une force particulière sur les machines employées à la torture. Depuis, elle a été abolie dans tous les Etats du domaine autrichien; il est assez probable que la publication de cet ouvrage eut quelque part à cet heureux effet.

I¹   oit à désirer qu'un homme de l'art voulut examiner les effets plus ou moins dangereux qui peuvent résulter des divers modes de cette punition, les contusions produites par les coups de corde, les lacérations des fouets, etc. En Turquie, la partie qu'on frappe, c'est l plante des pieds — les conséquences en sont-elles plus ou moins graves ? je l'ignore. C'est apparemment par un sentiment de pudeur que les Turcs n'ont pas voulu exposer à la vue les parties supérieures du corps humain,

Si cette peine étoit modérée au point de ne produire que la douleur du moment ou à peu près, elle ne seroit ni assez exemplaire pour les spectateurs ni assez efficace pour intimider les délinquans : il n'y auroit presque plus dans le châtiment que l'ignominie. Or, il faut considérer que sur la classe commune des malfaiteurs à qui ces peines sont destinées, l'ignominie pourroit bien n'avoir aucune prise.

En Angleterre, la flagellation est exécutée avec une extrême inégalité. Le plus ou le moins est laissé au caprice intéressé de l'exécuteur. Il dépend de lui de rendre la peine beaucoup plus légère qu'elle ne devoit l'être dans l'intention du Juge ; et il fait de cette vente d'indulgences une branche de son revenu. Ainsi le délinquant est puni, non en proportion de son délit, mais de sa pauvreté. Le plus coupable, celui qui a su metter en sûreté une partie de ses larcins, jette un gâteau dans la bouche du Cerbère ; et celui qui a tout restitué, subit toute la rigueur de la loi.

Il seroit possible d'obvier à cet inconvénient. Il n'y auroit point de difficulté à construire une machine cylindrique qui mettroit en mouvement des corps élastiques comme des joncs ou des côtes de baleine. Le nombre des tours seroit déterminé par l'ordre positif du Juge. Il n'y auroit plus rien d'arbitraire. Un Officier public d'un caractère plus responsable que l'exécuteur présideroit à l'exécution : et dans les cas où il y auroit plusieurs délinquans à punir, en multipliant les machines, leur opération simultanée ajouteroit considérablement à la terreur de la scène, sans rien ajouter à la peine réelle.

IIᵉ. SECTION.
Examen des Peines afflictives.

L'examen d'une peine consiste à la comparer successivement avec toutes les qualités que nous avons indiquées comme désirables dans un mode pénal, pour voir jusqu'à quel point elle possède les unes et manque des autres, et si celles qu'elle possède sont plus importantes que celles qui lui manquent, c'est-à-dire, plus propres à atteindre le but désiré.

Rappelons ici, sans craindre de nous répéter que le mérite d'une peine doit s'estimer par les qualités suivantes ; qu'elle soit certaine dans sa nature et égale à elle-même—divisible ou susceptible de plus et de moins—commensurable avec d'autres peines—analogue au délit—exemplaire—économique—rémissible ou du moins réparable — réformatrice — convertible en profit pour la partie lésée—simple et claire dans sa dénomination—non impopulaire.

Montrer qu'une peine manque d'une ou de plusieurs de ces qualités, ce n'est pas une objection suffisante pour la rejeter : elles ne sont pas toutes d'une importance égale ; et de plus on ne les trouve jamais réunies.

1°. Les peines afflictives simples ne sont sujettes à aucune objection sous le rapport de la *certitude :* la sensibilité organique sur laquelle elles agissent, est l'attribut universel de la nature humaine : mais à ne les envisager que par la capacité de souffrir, elles seroient très-inégales, très-dissemblables si elles étoient les mêmes pour les deux sexes, les mêmes pour tous les âges de la vie, pour le jeune homme robuste, pour le vieillard infirme : delà la nécessité de donner au Juge un pouvoir de latitude pour se prêter à des circonstances manifestes.

2°. Ces peines sont très-*divisibles,* très-variables dans leur degrés ; on les modère, on les agrave comme on veut. Cette qualité leur appartient dans la plus grande perfection. Mais observons qu'à ces peines, il s'en joint constamment une autre, d'une nature toute différente, en vertu des sentimens d'honneur qui prévalent plus ou moins chez les nations civilisées. Chaque peine afflictive simple est accompagnée d'une portion d'ignominie (1)—et cette ignominie ne va pas croissant ou décroissant selon l'intensité de la peine organique, car il est des cas où la plus légère seroit la plus infamante. Cette différence dépend principalement de la condition du coupable : et par cette raison, chez les nations Européennes, il n'est aucune peine de cette classe qu'on puisse regarder comme légère pour un gentil-

---

(1) Elles ne sont pas *simples* dans un sens absolu, mais comparativement à d'autres peines.

homme : par où je n'entends pas un noble, une personne titrée, mais un individu au dessus de la condition la plus obscure.

Un défaut d'attention à cette circonstance fut la cause d'un grand mécontentement contre un acte du Parlement d'Angleterre, appelé le *Dog act,* passé sous le règne de Georges III. Il étoit fait pour prévenir un genre de vol, celui des chiens. Entre les peines assignées étoit celle du fouet. Mais il y a dans la nature de cette propriété une circonstance qui fait de cette espèce de vol un délit moins incompatible avec le caractère d'un gentilhomme que tout autre larcin. Il est regardé avec une sorte d'indulgence par la même raison que l'embauchement d'un domestique, acte qui seroit envisagé comme un vol, si la qualité morale de cette espèce de propriété étoit hors de question. Mais on ne gagne pas un domestique sans son consentement, et c'est là une différence essentielle. On peut être innocent malgré les apparences. Le chien, par exemple, qui est susceptible de volonté et d'affection sociales très-fortes, a pu se donner de lui-même, sans qu'on ait fait aucun effort pour l'attirer.

La même inattention est en Russie le vice dominant de toute la loi pénale. Dans les règnes qui ont précédé celui de Catherine II, il n'y avoit ni sexe ni rang qui put exempter du fouet et du knout. On sait que Pierre I faisait châtier comme des enfans jusqu'à des femmes de la première condition. Les mœurs se sont adoucies par degrés. Les Souverains ont commencé à respecter les classes supérieures de la société. Les lois sont encore les mêmes, mais leur administration est plus mitigée.

La Pologne avoit conservé la même rudesse. Il n'étoit pas rare que les filles d'honneur d'une Princesse fussent châtiées sous les yeux de toute la famille par le major-dôme. Dans la maison des Grands, les pauvres gentilshommes qui composoient leur domestique, étoient punis par des coups de canne et de bâton. On peut juger par là de la brutalité avec laquelle on traitoit les classes inférieures.

Rien ne prouve mieux l'avilissement du peuple chinois que les fouets qui sont habituellement dans les mains de la police. Les Mandarins de la première classe, les Princes du sang sont soumis au bambou comme le paysan.

3°. Les peines afflictives simples sont particulièrement éligibles, à raison de leur exemplarité. Tout ce qui est souffert par le patient durant l'exécution peut être vu par le public, et la classe de spectateurs attirés par cette scène renferme la plupart de ceux à qui cette impression est particulièrement salutaire.

Voilà ce qui s'offre de plus remarquable sur ces peines : il n'y a rien de particulier à observer sous les autres chefs. Elles ont plus de tendance à intimider qu'à réformer. J'en excepte toutefois une espèce particulière de peines afflictives, la *diète pénitentielle,* qui, bien ménagée, peut avoir une grande efficace réformatrice. Mais comme elle a une liaison naturelle avec l'emprisonnement, il en sera parlé sous ce chef.

CHAPITRE II.

Des Peines afflictives complexes.

J'ENTENDS par là les peines corporelles dont l'effet consiste principalement dans les *conséquences* plus éloignées, plus durables ou *permanentes* de l'acte punitif. On ne peut pas les considérer sous un seul chef. Elles renferment des espèces très-différentes les unes des autres, dans leur nature et dans leur gravité.

Les conséquences permanentes d'une peine afflictive peuvent être l'altération la destruction, la suspension des propriétés d'une partie du corps.

Les propriétés du corps sont ses *qualités visibles* ou ses *facultés :* les qualités visibles sont la couleur et la figure. Les facultés sont les organes eux-mêmes, ou les fonctions spécifiques des organes.

Delà trois espèces distinctes de peines.

Les premières affectant l'extérieur de la personne, ses qualités visibles—les secondes, affectant l'usage des facultés organiques sans détruire l'organe même—les troisièmes détruisant l'organe par mutilation(1).

---

(1) Les premières pourroient être comprises sous le nom général de *déformation :* les secondes sous le nom général de *déshabilitation :* elles rendent un organe perclus, impotent, inhabile. Les troisièmes ont déjà un nom propre, *mutilation.*

Première Section.

Des Peines qui altèrent l'Extérieur de la Personne.

Il y eut une idée ingénieuse dans le premier Législateur qui inventa des peines pour ainsi dire externes et long-temps visibles—des peines, qui sans détruire aucun organe, sans mutilation, souvent sans douleur physique, ou du moins sans autre douleur que celle qui étoit absolument nécessaire pour l'opération, affectant seulement l'apparence de la personne, et rendant son aspect moins agréable, tiroient leur principale valeur d'être des signes de délit.

Les qualités visibles d'un objet sont la couleur et la figure : il y a donc deux manières de les altérer, 1°. par *décoloration*, 2°. par *défiguration*.

I. La décoloration peut être temporaire ou permanente. Celle qui est temporaire peut être produite par des sucs végétaux ou par divers liquides de la classe minérale. Je ne sache pas qu'on ait jamais fait usage de ce moyen comme punition : il me semble toutefois qu'on pourroit l'employer très-utilement comme précaution, pour empêcher l'évasion de certains délinquans pendant la durée de quelque autre peine.

La décoloration permanente pourroit s'opérer par le tatouage : la seule méthode en pratique est la brûlure (1).

Le tatouage s'opère par un faisceau de petits instrumens terminés en pointe comme des aiguilles, et par l'imprégnation d'une poudre colorante dans les piqûres. De tous les moyens de colorer, celui-ci produit l'effet le plus saillant et le moins douloureux. Le tatouage étoit pratiqué comme ornement par les anciens Pictes, et l'est encore dans le même but par plusieurs nations sauvages.

La brûlure juridique se fait par l'application d'un fer chaud dont l'extrémité a la forme qu'on veut laisser empreinte sur l'épiderme. Cette peine est appliquée en Angleterre à plusieurs délits : elle l'est de même chez les autres nations de l'Europe. Je ne sais à quel point cette marque est permanente ou distincte. Mais chacun peut observer que les brûlures accidentelles ne laissent souvent qu'une cicatrice légère, une altération peu sensible dans la couleur et le tissu de la peau.

Si c'est une difformité que l'on veuille produire, il faut choisir pour la marque une partie

_____

(1) On pourroit employer au même but la scarification et la corrosion. Le premier moyen seroit très-mauvais, attendu qu'on ne sauroit déterminer d'avance quelle forme prendroit la cicatrice. Une incision qui se fermeroit d'elle-même pourroit n'en laisser aucune. La corrosion par des caustiques chymiques seroit peut-être moins défectueuse, mais elle n'a pas été essayée.

exposée à la vue, telle que les mains ou le visage :
mais si l'objet de cette peine est seulement de
constater le premier délit et de rendre le délinquant reconnoissable en cas de récidive, il vaut
mieux que la marque soit imprimée sur quelque
partie du corps moins ordinairement en vue. On
lui épargne le tourment de l'infamie, sans rien
ôter à la force du motif qui en résulte pour éviter de retomber entre les mains de la justice.

II.   La défiguration peut de même être permanente ou passagère.   Elle peut s'opérer sur la
personne, ou seulement sur son costume.

Celle qui ne tient qu'au costume n'est pas
une défiguration proprement dite : mais par une
association naturelle d'idées, elle a le même effet.
On peut rapporter à ce chef les robes lugubres,
les vêtemens effrayans dont l'Inquisition faisoit
usage pour donner à ceux qui souffroient en
public un aspect hideux ou terrible. Les uns
étoient revêtus de manteaux couleur de flammes,
les autres portoient des figures de démons, et divers emblèmes de tourmens futurs.

Raser les cheveux a été une peine pratiquée
autrefois. C'étoit une partie de la pénitence infligée aux femmes adultères par les anciennes
Lois françoises.

Les Nobles chinois attachent la plus grande
importance à la longueur de leurs ongles. Les
couper pourroit être une défiguration pénale.

Il en est de même de la barbe pour les paysans russes et pour une partie des Juifs.

Les moyens permanens sont plus limités. Les seuls qui aient été en usage, et qui le soient encore en certains pays, s'appliquent à des parties de la tête qu'on peut altérer sans détruire les fonctions qui en dépendent. La Loi commune d'Angleterre ordonnoit, pour plusieurs délits, de fendre le nez dans les parties latérales, et de couper l'orbe extérieur des oreilles. La première de ces peines est tombée en désuétude, la seconde a été pratiquée, mais bien rarement, dans le siècle dernier. On peut voir dans Pope et les écrivains contemporains, à quel point leur malignité satyrique se complaît dans les allusions à ce traitement qu'avoit essuyé, de leur temps, l'auteur d'un libelle.

Les extirpations, les incisions du nez, des lèvres, des oreilles, ont été très-usitées en Russie, sans distinction de sexe et de rang. On en faisoit l'accompagnement ordinaire du knout et de l'exil ; mais il faut observer que la peine de mort étoit très-rare.

SECONDE SECTION.

Des Peines consistant à déshabiliter un Organe.

Déshabiliter (1) un organe, c'est en suspendre ou en détruire l'usage, sans détruire l'organe même.

Il n'est pas nécessaire d'énumérer ici tous les organes, ni tous les moyens par lesquels on peut suspendre ou détruire leurs fonctions. Nous avons déjà vu qu'il seroit inutile d'avoir recours à une grande variété de peines afflictives, et qu'il y auroit même des inconvéniens à le faire. Si on vouloit suivre la loi du talion, le catalogue des peines possibles seroit le même que celui des délits possibles en ce genre.

I. *L'Organe visuel.*—On en suspend l'usage, soit par des applications chymiques, soit par un moyen mécanique, comme un masque ou un bandeau. On peut détruire la faculté visuelle par des moyens chymiques ou mécaniques.

Aucune jurisprudence en Europe ne fait usage de cette peine. Elle a été employée autrefois et surtout à Constantinople, sous les Empereurs Grecs, moins comme une peine, il est vrai, que comme un moyen politique pour rendre

---

(1) En Anglois, *to disable* et *disablement.*---Ce mot manque à la langue françoise. *Déshabiliter,* c'est rendre inhabile.

en Prince incapable de régner. L'opération consistoit à passer une lame ardente de métal devant les yeux.

II. *L'Organe auditif.*—On peut détruire la faculté de l'ouïe en détruisant le timpan : on peut produire une surdité passagère, en remplissant de cire le conduit de l'oreille. Comme peine légale, je n'en connois point d'exemple.

III. *L'Organe de la Parole.*—Le bâillonnement a été plus souvent employé comme moyen de précaution par des délinquans que comme moyen de peine par la Justice. Le Général de Lally fut envoyé au supplice avec un bâillon dans la bouche, et cette précaution odieuse ne servit peut-être pas peu à tourner l'opinion générale contre les Juges quand sa mémoire fut réhabilitée. On s'est servi quelquefois de cette peine dans les prisons et dans le militaire. Elle a le mérite de l'analogie quand le délit consiste dans l'abus de la faculté de parler.

On se sert quelquefois, pour bâillonner, d'une pointe fixée dans les deux mâchoires, qui les tient immobiles : quelquefois d'une balle forcée, etc.

IV. *Les Pieds et les Mains.*—Je ne parle pas des moyens variés par lesquels on pourroit les mettre hors de service sans retour. Si on étoit réduit à le faire, l'exécution ne présente aucune difficulté.

Les *menottes* sont des anneaux de fer qui serrent les poignets, et qui sont liés entr'eux par une barre ou par une chaîne. Cet appareil empêche complettement un certain nombre de mouvemens, et peut être employé de manière à les empêcher tous.

Les *fers aux pieds* sont des anneaux passés dans les deux jambes, unis de même par une chaîne ou par une barre, selon l'état de gêne qu'on veut produire. Les menottes et les fers sont souvent employés conjointement. On fait universellement usage de ces deux moyens, quelquefois comme peine proprement dite, mais plus souvent pour prévenir l'évasion du prisonnier.

Le *pilori* est une planche fixée perpendiculairement sur un pivot qui tourne ; et cette planche a des ouvertures dans lesquelles on fait passer la tête et les mains du patient qu'on expose aux regards de la multitude. Je dis aux regards : telle est l'intention de la loi : mais le plus souvent c'est aux outrages de la populace qu'on le livre sans défense. Et alors la peine change de nature; sa sévérité dépend du caprice de cette foule de bourreaux. La victime, car alors c'en est une, couverte de fange, le visage meurtri et sanglant, les dents brisées, les yeux enflés et fermés, n'a pas un trait reconnoissable. La police, du moins en Angletere, voit ce désordre sans chercher à l'arrêter ; et peut-être ne le pourroit-elle pas. Un simple treillis de fer, en forme de cage, autour du pilori, suffiroit pour arrêter du moins tout ce qui peut porter des coups dangereux.

Le *carcan*, instrument de peine qui a été en usage en plusieurs pays, et très-commun à la Chine, est une espèce de pilori portatif : une planche, en guise de collier, couchée horizontalement sur les épaules, et que le délinquant est assujetti à porter, sans relâche, pour un temps plus ou moins long (1).

----

(1) De infibulatione non tacendum. In masculis usitatum est apud antiquos, non quidem in pœnam sed in custodiam' Servis a quibus ministerium exigebatur cui nocere existimabatur usus veneris, solebant domini in penem trans præputium instrumentum cudere quod vocabant *fibulam.* Id dum manebat coïtum penitus impediebat. Hunc ad morem innuit Martialis cum in aliis locis, tum in hoc.

> *Delapsa est misero fibula, verpus erat.*
>   At que iterum
> *Menophili penem tam grandis fibula vestit*
> *Ut sit Comœdis omnibus una satis.*

Fœminarum fibulationem sollicitudo maritalis cum apud barbaros nonnullos invenisse dicitur, tum etiam apud Hispanos recentiores. Apud Turrem Londinensem, ni fallor, instrumentum cernere est ut inter Armadæ Hispanicæ spolia, huic usui, ut prædicant, destinatum. Est annullus quem clavis aperit a marito custodienda.

Troisième Section.

Des Mutilations.

J'entends par *mutilation* l'extirpation de quelque partie externe du corps humain, douée d'un mouvement distinct ou d'une fonction spécifique, dont la perte n'entraîne pas celle de la vie : les yeux, la langue, les mains, etc.

Quant à l'extirpation du nez et des oreilles, ce n'est pas mutilation proprement dite : Pourquoi ? parce que ce n'est ni la partie externe du nez, ni la partie externe des oreilles qui exercent les fonctions de ces deux sens : elles le protégent, elles l'aident, mais elles ne le constituent pas. Il y a donc une différence essentielle entre la mutilation qui entraîne la privation totale d'un organe, et celle qui ne détruit que son enveloppe. Ce n'est qu'une espèce de défiguration. L'art peut réparer en partie cette perte.

Chacun sait combien la mutilation a été fréquente autrefois dans la plûpart des systèmes pénaux. Il n'en est aucune espèce qui n'ait été pratiquée en Angleterre, jusques dans un temps assez moderne. La peine de mort pouvoit être commuée en mutilation d'après la loi commune. Par un statut passé sous Henri VIII, on devait avoir la main droite coupée pour avoir tiré du sang malicieusement dans toute maison où le Roi réside.

Par un statut du tems d'Elizabeth, l'exportation d'une brebis étoit punie par l'amputation de la main gauche. Depuis, toutes ces peines sont tombées en désuétude ; et l'on peut considérer la mutilation comme étrangère dans le fait au Code pénal de la Grande-Bretagne.

Examen des Peines afflictives complexes.

Les peines afflictives simples sont assez faciles à évaluer, parce que leurs conséquences pénales sont toutes du même genre, et qu'elles ont un effet immédiat. Toutes les autres offrent de plus grandes difficultés dans leur estimation, parce que leurs conséquences pénales sont très-diverses, plus ou moins certaines, plus ou moins rapprochées. Les peines afflictives simples ne sont nulles pour personne. Toutes les autres peines pèchent sous le rapport de la certitude. Plus les conséquences en sont éloignées, plus elles échappent à ceux qui manquent de prévoyance et de réflexion.

Autour d'une peine afflictive simple, on peut tracer un cercle où est renfermé le mal de la punition : autour des autres peines, on voit s'étendre une circonférence de mal qui n'est ni limitée ni susceptible de l'être. C'est du mal en général, un mal vague et universel qu'on ne sauroit déterminer avec précision. Quand les effets des peines sont vagues, il y a beaucoup moins de choix à faire : car ceux de l'une peuvent être ceux de l'autre, et les mêmes conséquences pénales peuvent résulter de modes de punir très-différens. Tout ce qu'on en dit, se réduit à de simples probabilités, et le choix tourne uniquement sur la présomption que telle peine a une chance plus grande que telle autre de produire telle conséquence pénale.

Indépendamment de la souffrance organique, les peines qui affectent l'extérieur de la personne produisent deux effets désavantageux : au physique, l'individu peut devenir un objet de *dégoût* ; au moral, il peut devenir un objet de *mépris* : en deux mots, il en peut résulter *perte de beauté ou perte de réputation.*

Une de ces peines qui a plus d'effet au moral qu'au physique, c'est une marque, une stygmate, qui ne produit qu'un changement de couleur et l'impression d'un caractère sur la peau : mais cette marque est une attestation que l'individu s'est rendu coupable de quelque acte auquel on attache du mépris : et l'effet du mépris est de diminuer la bienveillance, principe de tous les services libres et gratuits que les hommes se rendent entr'eux : or, dans cette dépendance continuelle où nous sommes de ceux qui nous entourent, ce qui tend à diminuer la bienveillance, renferme en soi la chance d'une multitude indéfinie de privations (1).

_____

(1) Stedman raconte un trait qui prouve bien ce qui a été dit sur les conséquences indéfinies de ces peines. Il parle d'un

Quand cette marque est infligée à raison d'un délit, il est essentiel de lui donner un caractère qui annonce clairement l'intention du fait, et qui ne puisse pas se confondre avec des cicatrices et des marques accidentelles. Il faut donc que la marque pénale ait une figure déterminées ; et la plus convenable comme la plus commune est la lettre initiale du délit. Chez les Romains on imprimoit au front des calomniateurs la lettre K.— En Angleterre pour homicide commis d'après une provocation, les délinquants sont marqués dans la main de la lettre M, (abrégé de *Manslaughter*) et les voleurs, de la lettre T, (abrégé de *Theft*). En France la marque des Galériens étoit composée des trois lettres initiales, G. A. L.

En Pologne l'usage étoit d'ajouter une expression symbolique : la lettre initiale du crime étoit renfermée dans la figure d'une potence. Dans l'Indostan, parmi les Gentous, on employe

---

François, nommé *Destrades* qui avoit introduit à Surinam la culture de l'indigo, et qui, pendant plusieurs années, avoit joui dans cette colonie de l'estime générale. Etant chez un de ses amis à Démérary, il devint malade d'un abscès qui se forma à l'épaule. Il ne voulut pas souffrir qu'on le visitât: le mal empira au point de devenir dangereux, mai sa résistance fut toujours la même Enfin n'espérant plus de guérir, il termina lui-même ses jours d'un coup de pistolet. Alors le secret fut révélé. On trouva sur l'épaule la marque d'un V, ou *voleur.*

Narrative of an expedition against the revolted Negroes of Surinam, by Major Stedman. **C. XXVII.**

dans les stygmates un grand nombre de figures symboliques bizarres.

Un moyen beaucoup plus doux, mais qui se rapporte au même chef, est la pratique trop peu usitée de donner aux délinquans un costume particulier qui serve de livrée au crime. A Hanau, en Allemagne, les gens condamnés aux travaux publics, étoient distingués par une manche noire sur un habit blanc. C'est un expédient qui a pour objet de prévenir l'évasion ; comme note d'infamie, c'est une addition à la peine.

Une marque qui ne défigure pas, n'inspire le mépris que par son rapport avec la conduite morale de l'individu : mais la marque qui défigure au point de produire un dégoût physique, peut par elle-même et sans avoir rapport au moral, altérer la bienveillance à son égard. Que cela soit ainsi, c'est une disposition qu'on peut déplorer, mais elle n'en existe pas moins. Et si cela n'étoit pas, pourquoi regarderoit-on comme un malheur, (mal de blessure à part) d'avoir le visage couvert de cicatrices ?

Si ces préventions défavorables agissent sur nous, même contre des personnes de notre sexe, à plus forte raison, leurs effets sont beaucoup plus sensibles d'un sexe à l'autre.

Il y a des exceptions sans doute : les blessures de la guerre peuvent produire en honneur plus qu'un équivalent pour la beauté perdue : mais même dans ce cas, le triomphe du respect moral sur le dégoût physique dépend de la force de ce sentiment ; et dans ce combat entre une répugnance naturelle et une bienveillance raisonnée, l'avantage n'est pas toujours du côté de la raison.

Les mutilations sont sujettes à une grande objection sous le rapport de l'*économie*. Si leur effet est de priver l'individu des moyens de gagner sa vie, et qu'il n'ait pas de quoi subsister, la conséquence est qu'il faut le laisser périr, ou fournir à son entretien. Le laisse-t-on périr ? la peine n'est plus celle qu'ordonne le Législateur, c'est une peine capitale. Fournit-on à son entretien ? ce sera aux dépens de ses amis ou des institutions de charité, ou aux frais du public : et dans tous les cas, perte pour l'Etat. Cette considération suffiroit seule pour réprouver l'application de ces peines à des délits fréquens, tels que le larcin et la contrebande.

Elles ne sont pas *rémissibles* : autre raison pour en user avec beaucoup de réserve.

Il n'y a aucun doute qu'elles ne soient très-*inégales* : la perte de la vue, ou de la main, est-elle la même pour un peintre ou pour un auteur que pour celui qui ne sait ni lire ni écrire ? Cependant, dans la masse des maux incertains et inégaux, résultant d'une telle peine, et se peignant différemment à l'imagination au point d'affecter les uns plus que les autres, il est certain que tous en seront affectés ; les inégalités sont difficiles à

Том. I.   P

calculer ; elles tiennent à des circonstances qu'il est impossible de prévoir. La perte d'une main pourroit n'être pas une grande peine pour un homme très-ennemi du travail. On a vu des individus s'estropier pour se rendre inhabiles à porter les armes.

Ces peines sont assez *variables* quand vous les considérez toutes ensemble : il y a un choix et une gradation du plus ou moins : la perte d'un doigt est moins pénale que la perte de deux ou que celle de la main : la perte de la main moins que celle du bras. Mais quand vous venez à considérer chacune de ces peines séparément, la gradation disparoît. La mutilation particulière ordonnée par la loi, n'est pas susceptible de plus et de moins, pour se prêter aux diverses circonstances du délit ou du délinquant. Cette objection rentre dans celle de l'inégalité. La même peine nominale ne sera pas la même peine réelle.

Sous le rapport de l'*exemple*, ces peines ont l'avantage sur les simples punitions afflictives : tout l'effet de celles-ci est comme rassemblé dans un point et se montre tout à la fois aux yeux du spectateur : tandis que les autres ont des conséquences permanentes, qui renouvellent sans cesse aux yeux de ceux qui en sont les témoins, l'idée de la loi et de la sanction dont elle est munie. Mais il faut pour cela que les défigurations et les mutilations légales aient un caractère particulier, qui ne permettent pas de les confondre avec les accidens naturels du même genre : il faut une marque légale, qui signale le criminel et serve de sauvegarde au malheur.

Il nous reste à examiner ces peines sous un autre point de vue essentiel, *leur tendance à la réformation des coupables.*

L'infamie, quand elle est portée à un haut degré, loin de servir à la correction de l'individu, le force, pour ainsi dire, à persévérer dans la carrière du crime. C'est un effet presque naturel de la manière dont il est envisagé par la société. Sa réputation est perdue. Il ne trouve plus de confiance ni de bienveillance. Il n'a rien à espérer des hommes et par la même raison rien à en craindre : son état ne sauroit empirer. S'il ne peut subsister que de son travail, et que la défiance ou le mépris général lui ôtent cette ressource, il n'en a pas d'autre que de se faire mendiant ou voleur.

Il résulte delà que les mutilations sont des peines qu'on ne doit jamais employer que dans les crimes les plus graves, dans les cas d'un emprisonnement perpétuel. La seule exception seroit pour un délit où cette peine est fortement recommandée par l'analogie, celui du viol.

CHAPITRE III.

De Peines restrictives.   Confinement territorial.

LES Peines restrictives sont celles qui gênent l'exercice des facultés de l'individu, en l'empêchant, soit de recevoir les impressions qui lui seroient agréables, soit de faire ce dont il a envie.—Elles lui ôtent sa liberté par rapport à certaines jouissances et à certains actes.

Les peines restrictives sont de deux sortes, selon le moyen dont on se sert pour les infliger : les unes s'opèrent par *restreinte morale,* les autres par *restreinte physique* ou par *moyens physiques.* La restreinte morale a lieu, lorsque le motif présenté à l'individu pour l'empêcher de faire une chose qui lui plaît, n'est autre que la crainte d'une peine supérieure : car pour être efficace, il faut que la peine dont il est menacé soit plus grande que la simple peine de se soumettre à la restreinte en question.

La restreinte est applicable à toutes sortes d'actes en général, mais particulièrement à ceux de la faculté *loco-motive.* Tout ce qui restreint la faculté loco-motive *confine* l'individu, c'est-à-dire, le renferme dans certaines limites, et peut s'appeler *confinement territorial.*

Dans ce genre de peine, la terre, relativement au délinquant, est comme divisée en deux districts très-inégaux ; l'un qui lui est *permis :* l'autre qui lui est *interdit* (1).

Si le lieu dans lequel il est confiné est un espace étroit, enceint de murs, et dont les portes soient fermées à clé, c'est *emprisonnement.*

Si le district où il lui est enjoint de rester est dans le domaine de l'Etat, la peine peut s'appeler *rélégation.* S'il est hors du domaine, la peine s'appelle *bannissement.*

Le terme *rélégation* semble emporter que le délinquant est envoyé hors du district où il fait sa résidence ordinaire. La peine peut consister à le confiner dans le district même où il réside ordinairement. On pourroit pour la distinguer, l'appeler *quasi-emprisonnement.*

S'agit-il d'un district particulier dans lequel il lui soit dfendu d'entrer ? c'est une sorte d'exclusion qui n'a point de nom propre ; et qu'on peut appeler *loco-interdiction.*

Le confinement territorial est le *genre* qui renferme cinq espèces : *l'emprisonnement*—le *quasi-emprisonnement*—la *rélégation*—l'*interdiction locale*—le *bannissement.*

---

(1)Ces deux rapports s'expriment très-clairement en latin : *Locus in quo---Locus a quo.*

CHAPITRE IV.

De l'Emprisonnement.

IL faut distinguer le *simple* emprisonnement de l'emprisonnement *afflictif* on *pénal*. Le premier n'est pas une peine proprement dite : c'est une précaution nécessaire : on veut s'assurer de la personne d'un individu, soupçonné d'un délit assez grave pour qu'il cherchât, s'il est coupable, à se dérober par la fuite aux peines de la loi.

En fait de sévérité, le simple emprisonnement ne doit pas aller au delà de son but. Toute rigueur excédant l'objet de la sûre-garde est un abus.

L'emprisonnement afflictif ou pénal doit être plus ou moins sévère selon la nature du délit et la condition du délinquant. Le travail peut être imposé à tous, mais non sans exception, et toujours avec beaucoup de ménagemens pour l'âge, le rang le sexe, et les forces des individus. Les peines particulières qu'on peut y ajouter, et sur lesquelles nous reviendrons dans le chapitre suivant, sont la *diète*, la *solitude* et la *privation de la lumière*.

L'emprisonnement est-il infligé comme moyen de *contrainte* ? plus il est sévère, mieux il va au but. Si la peine est prolongée, mais légère, il est à craindre que celui qui la souffre ne s'y ac-

commode par degrés, au point qu'elle cesse en
quelque façon d'opérer sur lui. Voil. ce qu'on
observe fréquemment parmi les prisonniers débiteurs. Dans la plupart des geôles (en Angleterre) les moyens de jouissance sont si abondans
pour quiconque peut se les procurer, qu'un
grand nombre de prisonniers se réconcilient passablement avec leur situation. Quand les choses
en sont là, l'emprisonnement ne sert presque plus
à rien.

Rendez la peine plus sévère pour la rendre
plus courte ; la somme totale en sera moindre.
Au lieu d'affoiblir les sensations pénibles en les dis-
persant sur la longue durée d'un emprisonnement
mitigé, vous augmentez considérablement leur
effet, en les réunissant sur le court espace d'un emprisonnement rigoureux. La même quantité de
peine ira donc beaucoup plus loin de cette manière
que de l'autre. De plus les inconvéniens pour
l'avenir seront moins fâcheux. Dans le long
cours d'une ennuyeuse détention, les facultés de
l'individu s'énervent, son industrie suspendue s'affoiblit, son commerce souffre, ses affaires passent
en d'autres mains, toute les occasions favorables
d'avancer sa fortune qui auroient pu se présenter
à lui, s'il eût été libre, sont perdues sans retour.
Tous ces maux contingens et éloignés, qui ne
produisent aucun bon effet, ni pour lui ni
pour l'exemple, seront épargnés en rendant la
peine sévère et courte.

Telle est la nature de l'homme, que s'il étoit laissé à lui-même dans un état où il ne pût pas exercer sa faculté locomotive, il seroit bientôt en proie à une variété de maux organiques, qui, après de longues souffrances, aboutiroient nécessairement à la mort. L'emprisonnement, en y ajoutant la durée et l'abandon, seroit donc nécessairement une peine capitale. Mais puisqu'il entraîne une variété infinie de maux, dont l'individu n'a plus le moyen de se garantir, et qui dépendent des précautions prises pour l'en préserver, il suit delà que, pour se faire une idée juste de l'emprisonnement, il ne faut pas le considérer simplement en lui-même, mais l'examiner dans ses modes et ses conséquences : et nous verrons que sous le même nom, on inflige des peines très-différentes. Sous un nom qui ne rappelle à l'esprit qu'une simple circonstance de confinement dans un lieu particulier, l'emprisonnement peut renfermer tous les maux possibles, depuis ceux qui en sont une suite nécessaire jusqu'à d'autres, qui s'élèvent de rigueur en rigueur, ou plutôt d'atrocité en atrocité, jusqu'à la mort la plus cruelle, sans aucune intention de la part du Législateur, mais toutefois par une négligence absolue ; négligence aussi facile à expliquer que difficile à pallier.

Nous allons classer sous trois chefs les circonstances pénales qui résultent de cet état : 1°. Inconvéniens *nécessaires,* ceux qui naissent de l'état de prisonniers, et sont de l'essence de l'emprisonnement ; 2°. inconvéniens *accessoires*, qui ne sont pas de nécessité, mais qui en sont des suites très-communes ; 3°. inconvéniens *abusifs.*

I.—*Maux négatifs inséparables de l'Emprisonnement.*

1°. Privation des plaisirs qui tiennent à la vue, à cette diversité d'objets dans les villes, ou de scènes rurales qui amusent l'imagination dans la campagne.

2°. Privation des exercices agréables qui requièrent un espace étendu pour s'y livrer : l'équitation, la chasse, les courses champêtres.

3°. Privation des voyages qui peuvent même être nécessaires pour la santé, comme les bains de mer ou les eaux minérales.

4°. Absence de tous les amusemens publics, assemblées, spectacles, bals, concerts, etc.

5°. Absence des sociétés particulières avec lesquelles on est dans l'habitude de vivre ; perte des plaisirs domestiques, dans le cas où un prisonnier a une femme, des enfans, des parens proches.

6° Interruption nécessaire de toutes les occupations et professions qui exigent la faculté loco-motive, ou le concours de plusieurs personnes : dans plusieurs cas, privation totale des moyens de gagner sa subsistence.

7°. Privation de l'exercice de toutes les fonctions publiques, magistratures, places de confiance où d'honneur, corporations, élections, etc.

8°. Perte des occasions accidentelles d'avancer sa fortune et de servir les siens, de se recommander à des protecteurs, de se faire des amis, de mettre ses fonds en valeur, d'obtenir une place, de se marier, ou de marier ses enfans.

Quoique ces maux soient purement négatifs en première instance, c'est-à-dire, des privations de plaisirs, il est évident qu'ils entraînent dans leurs conséquences, des peines positives : tels que l'affoiblissement de la santé, et différentes causes d'apauvrissement.

II.—*Peines accessoires communément attachées à l'état de Prisonnier.*

1°. Assujettissement à un régime de nourriture désagréable : je ne parle pas ici de la souffrance occasionnée par une diète insuffisante ; c'est un chef à part.

2°. Le manque des moyens convenables pour le repos de la nuit : un lit dur, ou de la paille, ou de la terre nue. De là un malaise universel, souvent des maladies aiguës, et même la mort.

3°. Le manque de lumière, soit, durant le jour, par l'exclusion du soleil, soit, durant les soirées, par la prohibition de la lumière artificielle.

4°. L'exclusion totale de la société : ce genre

de sévérité est au comble, lorsqu'on ne permet pas même au prisonnier de voir, à certains jours, ses amis, ses parens, sa femme, ses enfans.

5°. L'obligation de vivre en commun avec un assemblage de prisonniers de toutes les espèces.

6°. Le manque des moyens de correspondance au dehors par lettres. Sévérité inutile en général, puisque tout ce qu'un prisonnier écrit est soumis à l'inspection : justifiable, tout au plus dans les cas de trahison ou de rébellion.

7°. L'oisiveté forcée par le refus des moyens nécessaires d'occupation, comme des pinceaux à un peintre, des outils à un horloger, des livres, etc. On a poussé quelquefois la rigueur au point de priver les prisonniers de tout amusement.

Ces différentes peines, qui sont autant de maux positifs ajoutés aux peines nécessaires du simple emprisonnement, peuvent avoir leur utilité dans un emprisonnement pénal et pénitentiel. Nous verrons ailleurs comme on doit en user ; mais par rapport au cinquième inconvénient, l'obligation de vivre en commun avec un assemblage confus de prisonniers, c'est toujours un mal ; mal auquel on ne peut obvier, il est vrai, que par un changement dans le système et la construction des prisons.

Nous allons passer aux maux purement abusifs, à ceux qui n'existent que par la négligence du magistrat ; mais qui existeront toujours, à moins qu'on n'ait créé un systême de précautions ou de moyens préventifs pour chacun de ces maux. Pour cet effet, il faut présenter deux catalogues, celui des abus et celui des moyens préventifs.

Maux.	*Moyens préventifs.*
1.	**1.**
Peines de soif et de faim. — *Débilitation générale. Mort.*	Nourriture suffisante.
	N. B.—Une règle générale de cette espèce est oiseuse et futile. Il faut une suite de règlemens pour déterminer le nombre des onces de pain, ou d'autres alimens à fournir aux prisonniers.
2.	**2.**
Sensation du froid à divers degrés d'intensité. — Circulation arrêtée. *Membres perclus. Mort,*	Vêtemens suffisans pour le climat et la saison.—Règlemens précis à cet égard.—Construction de l'édifice, ménagée de manière à y maintenir,

Maux.	*Moyens préventifs.*
	sans danger d'incendie, une température convenable.
3.	**3.**
Sensation de chaleur.—*Foiblesse habituelle. Mort.*	Moyen dans la construction, pour abriter du soleil et maintenir des courans d'air.
4.	**4.**
Sensation de moiteur et d'humidité.—*Fièvres et autres maladies. Mort.*	Point de terre nue : des planchers secs, ou des carreaux maçonnés : des courans d'air frais ; et dans l'hyver, des tubes de chaleur.
5.	**5.**
Des odeurs infectes; des amas de matières putréfiables ; un air méphytique.— *Débilité habituelle. Membres gangrenés. Fiè-*	Construction d'un édifice où l'air soit facile à renouveler, où les immondices ne séjournent point—changement d'habit pour les prisonniers— règles de propreté pré-

Maux.	*Moyens préventifs.*
vre des prisons. Maladies contagieuses. Mort.	cises et strictement exécutées.—Usage fréquent du vinaigre et des antiputrides, dès qu'on aperçoit quelque symptôme de contagion.—Blanchîment des murs.—Séparation des malades.—Service d'un médecin.
6.	**6.**
Malaise résultant de la vermine.—*Maladies cutanées. Manque de sommeil. Débilité. Mort.*	Applications chymiques pour la détruire : système de propreté générale. Un employé attaché à ce service et responsable.
7.	**7.**
Maladies diverses.	Infirmerie adaptée aux malades. Secours médicinaux.
8.	**8.**
Sensations pénibles de pudeur et de modestie violées.	Partitions pour séparer les prisonniers durant les heures du sommeil, au

Maux.	*Moyens préventifs.*
	moins ceux de différens sexes. Cabinets séparés pour d'autres usages.
9.	**9.**
Bruits tumultueux. —Pratiques indécentes. — Discours déshonnêtes.	Injonction aux gardiens de punir ceux qui se rendent coupables à cet égard. Règlement affiché dans les prisons.
10.	**10.**
Peines résultant de la sanction religieuse, par la non-exécution des devoirs particuliers qu'elle prescrit.	Dans les pays protestans, un Chapelain assigné pour célébrer le service divin. Dans les pays catholiques, un Prêtre pour dire la messe et pour confesser, etc. (1).

(1) On dit que les prisonniers d'Etat, qui furent si nombreux en Portugal durant l'administration du Marquis de Pombal, furent privés, pendant plusieurs années, des consolations de la confession. Quand cette circonstance fut connue, elle excita beaucoup l'indignation publique.

Il y a un point auquel on doit espérer que les Anglois donnent une attention particulière dans les Indes. Il faut que les prisons y soient calculées de manière à prévenir le mal sérieux qui résulteroit, pour un Indou, du mélange des castes. Une association, quelque involontaire qu'elle eût été, avec des personnes d'un rang inférieur ou d'un caractère impur, entraîneroit la perte de la caste à laquelle on appartient. Or, parmi les Indous, l'exclusion de la caste a les mêmes effets que l'excommunication avoit parmi nous dans sa rigueur primitive. Ce n'est rien moins que l'extrême infamie et l'exclusion totale de la société. J'ai ouï dire que, par une malheureuse négligence, quand le Rajah Nuncomar, homme du premier rang dans le Bengale, fut mis en prison pour un acte de faux sur lequel il fut ensuite jugé d'après les lois d'Angleterre, et exécuté ; on avoit oublié de prendre les précautions convenables pour le garantir de cette contamination idéale. Si cela est vrai, avant qu'on eût prouvé aucun crime contre lui, on lui avoit fait déjà subir une peine plus grande, peut-être, que celle à laquelle il fut éventuellement condamné, et une peine irrémissible dans le cas même où son innocence auroit été reconnue.

CHAPITRE V.

Examen de l'Emprisonnement.

1°. L'EMPRISONNEMT est très-efficace par rapport au *pouvoir de nuire*. L'homme le plus dangereux pour la société cesse de l'être tant que sa détention continue. Il peut conserver toutes ses inclinations malfaisantes, mais il ne peut plus s'y livrer.

2°. Sous le rapport du *profit*, tous les inconvéniens de l'emprisonnement sont improductifs. C'est même une objection contre ce genre de peine que la dépense qu'il entraîne pour le maintien des prisonniers. Et dans ce calcul de perte, il ne faut pas oublier celle qui résulte de la suspension des travaux pour ceux qui ont une industrie lucrative : perte qui s'étend souvent au-delà même du terme de la détention, par les habitudes d'oisiveté qu'ils ont dû naturellement contracter.

Cette objection tombe d'elle-même dans le plan de prison panoptique, proposé dans le chap. XII.

3°. Sous le rapport de l'*égalité*, cette peine est évidemment très-défectueuse ; il suffit, pour

TOM. I.   R

s'en convaincre de parcourir le catalogue des privations dont elle est composée. L'inégalité est au plus haut degré pour un valétudinaire, et pour un homme robuste—pour le père de famille, et pour celui qui ne tient à rien dans le monde—pour le riche accoutumé à toutes les jouissances de la société, et pour l'homme dont l'état habituel est un état de misère.

Les uns seront privés de leurs moyens de subsistance : d'autres, sous ce rapport, seront peu ou point affectés. La perte n'est elle que temporaire ? on peut la considérer comme une amende qui fait partie de la peine. L'individu exerce-t-il une de ces professions qu'on ne peut interrompre sans le plus grand risque de la perdre ? la conséquence peut être sa ruine absolue. Voilà un de ces cas où il faut laisser une latitude au Juge, un pouvoir de commuer la peine.—La peine pécuniaire seroit la meilleure à substituer : mais la plupart des délinquans ne sont point en état de fournir cet équivalent. Il faut donc avoir recours aux peines afflictives simples. Le degré d'infamie attaché à ces peines ne seroit pas une objection dans le cas où le délinquant auroit consenti à cet échange ; et ce consentement devroit être une condition nécessaire.

Entre les inconvéniens de l'emprisonnement, il en est qui sont particulièrement inégaux. Otez l'encre et le papier à un auteur de profession, vous lui ôtez ses moyens d'amusement et d'entretien : vous punirez les autres plus ou moins, selon qu'une correspondance par écrit est plus ou moins nécessaire à leurs affaires ou à leurs plaisirs. Une privation si dure pour ceux qu'elle affecte, tandis qu'elle est nulle pour la classe la plus nombreuse, ne doit point être admise en qualité de peine. Pourquoi punir un individu plus qu'un autre, parce qu'il a acquis de l'instruction ? Ce devroit être, au contraire, un titre à l'indulgence : car la sensibilité, étant augmentée en général par l'éducation, l'homme instruit et cultivé souffre plus de l'emprisonnement que le vulgaire.

Au reste, quoique la peine de l'emprisonnement soit inégale, il faut observer qu'elle est de nature à produire un effet sur tous. Personne n'est insensible à la privation de la liberté, à l'interruption de toutes ses habitudes, et surtout de ses habitudes sociales.

4°. *Divisible.*—Cette peine l'est éminemment sous le rapport de la durée. Elle est aussi très-susceptible de différens degrés de sévérité.

5°. *Exemplaire.*—Dans le système actuel des prisons, l'avantage de l'exemple est réduit à peu de chose. Dans le panoptique, la facilité donnée à l'admission du public ajouteroit beaucoup à cette branche d'utilité.

Cependant, si on ne voit pas les prisonniers,

on voit la prison. Le seul aspect de ce séjour
de pénitence frappe l'imagination et réveille une
terreur salutaire. Les édifices adaptés à cet usage
doivent avoir un caractère particulier qui donne
d'abord l'idée de la clôture, de la contrainte, qui
ôte tout espoir d'évasion, qui dise : " Voilà la de-
meure du crime."

6°. *Simplicité de description.*—Sous ce rapport, rien à désirer. La peine est à la portée de
tous les degrés d'intelligence et de tous les âges.
Le confinement est un mal dont tout le monde a
l'idée, et plus ou moins l'expérience. Le seul mot
prison rappelle donc toutes les idées pénales qui
lui sont propres.

Arrêtons-nous ici à développer le mérite particulier de trois peines pénitencielles qui doivent
entrer dans l'emprisonnement afflictif, mais seulement dans certaines circonstances, et toujours pour
un temps très-limité. Ces peines sont la *solitude*,
l'obscurité, et la *diète.* Le mérite est dans leur
tendance à réformer les dispositions vicieuses du
délinquant.

Ce fait ne semble pas avoir besoin d'être prouvé, puisqu'il est admis : mais, quoiqu'admis, il ne
me paroît pas qu'on l'ait jamais expliqué, ni que les
causes en soient manifestes. Un raisonneur qui voudroit le nier, pourroit alléguer des argumens plau-
sibles. "Qu'est-ce qui produit dans le délinquant,"

diroit-il, " cette aversion pour son délit à laquelle
on donne le nom de repentance ? C'est la peine
qu'il vient d'éprouver, et qui s'associe dans son
esprit avec l'idée de la faute ou du crime. Mais
cet effet est produit par la sévérité de la peine, et
non par sa nature particulière. La solitude,
l'obscurité, la diète, en qualité de maux, lui rendroit ses fautes passées odieuses : mais le fouet
ou tout autre châtiment corporel pouvant produire une peine plus aiguë, produiront une aversion plus vive pour ces mêmes fautes : comment
les peines moindres seroient-elles plus propres à
le corriger que les peines plus sévères ?"

Je réponds que l'amendement dépend moins
de la grandeur de la peine que de l'association qui
se forme entre l'idée de la peine et celle du délit.
Or, à cet égard, tout l'avantage est du côté de
l'emprisonnement solitaire.

Les peines aiguës, comme le fouet, pendant
qu'on les inflige, ne laissent point de place à la
réflexion. La douleur actuelle absorbe l'attention entière. S'il se mêloit quelque émotion
mentale aux sensations physiques, ce seroit plus
que tout autre, celle du ressentiment contre le dé-
nonciateur, l'exécuteur ou le Juge. Aussitôt que
les tourmens cessent, et que le patient est libre,
il cherche avec avidité tout ce qui peut lui faire
oublier ce qu'il a souffert ; et tout ce qui l'entoure
contribue à écarter ces réflexions salutaires dont
dépend sa réformation. Enfin, la peine est passée

et cette idée est accompagnée d'un sentiment de vive joie peu favorable à la pénitence.

Mais dans un état de solitude, l'homme laissé à lui-même n'éprouve point ces émotions d'amitié ou d'inimitié que la société fait naître : il n'a plus cette variété d'idées qui résultent de la conversation de ses semblables, de la vue des objets extérieurs, de la poursuite des affaires ou des plaisirs :

Par la privation de la lumière, le nombre des impressions est encore considérablement diminué : l'âme du prisonnier est comme réduite à un état de vide, à une obscurité interne qui lui ôte tous les appuis de ses passions, et lui fait sentir vivement sa foiblesse. L'abstinence, qui ne doit jamais être poussée jusqu'à l'inanition, l'abstinence modérée achève d'amortir cette activité fougueuse des tempéramens violens, et produit une langueur favorable au moral. En effet, cette peine n'est pas assez aiguë pour occuper son esprit tout entier, et lui ôter le pouvoir de réfléchir : au contraire, il sent plus que jamais le besoin d'appeller à son secours toutes les idées que sa situation lui présente : et la plus naturelle de toutes est de se rétracer les événemens, les mauvais conseils, les premières fautes, par lesquelles il a été conduit à ce crime dont il subit le châtiment ; ce crime dont tous les plaisirs sont passés, pour ne laisser après eux que de suites funestes. Il se rappelle encore ces jours d'innocence et de sécurité dont il a joui autrefois, et qui prennent à ses yeux un nouvel éclat par le contraste de sa misère actuelle. Ses regrets se portent d'eux-mêmes sur les erreurs de sa conduite; et s'il a une femme, des enfans, des parens proches, les sentimens d'affection à leur égard, peuvent renaître dans son cœur, avec les remords de tous les maux qu'il leur a causés.

Un autre avantage de cette situation, c'est d'être singulièrement favorable à l'influence de la sanction religieuse. Dans cette absence totale de plaisirs et d'impressions externes, les pensées de la religion viennent prendre sur lui un nouvel empire. Encore tout frappé de son malheur, et des événemens singuliers, ou peu connus qui ont conduit à la découverte de son délit, plus il les combine, plus il croit sentir une Providence qui l'a mené par des routes secrettes, et qui a fait échouer toutes ses précautions. Si c'est Dieu qui le punit, Dieu veut le sauver, et dès-lors il commence à s'occuper avec plus d'intérêt de ses promesses et de ses menaces, promesses qui ouvrent une perspective de bonheur éternel au repentir, menaces qui semblent déjà se réaliser pour lui dans cette région ténébreuse où il est plongé. Il faudroit avoir été jeté dans un autre moule que le commun des mortels pour refuser tout accès, dans une position si triste, aux sollicitations de la religion. Les ténèbres seules ont déjà une force particulière pour disposer les hommes à concevoir et, pour ainsi dire, à sentir la présence des êtres invisibles. Quelqu'en soit la raison, le fait est notoire, et n'est pas contesté. Quand la faculté sensitive est sans action, l'imagination travaille, et va jusqu'à produire des fantômes. Les premières superstitions de l'enfance, les esprits, les spectres renaissent dans la solitude. C'est là même une raison très-forte pour ne pas prolonger un état qui peut bouleverser le cerveau et produire une mélancolie incurable. Mais les premières impressions seront toutes bonnes.

Si un ministre de la religion, habile à se prévaloir de cette situation propice, vient porter le baume des instructions religieuses au coupable humilié et abattu, le succès est d'autant plus sûr que dans cet état d'abandon, il se présente comme le seul ami du malheureux, et ne se montre jamais que comme son bienfaiteur.

Ce cours de discipline, ainsi composé de solitude, de ténèbres et d'abstinence est un état trop violent, comme je viens de le dire, pour devoir être d'une longue durée: s'il étoit prolongé, il ne sauroit manquer de produire la démence, le désespoir ou plus communément, une stupide apathie. Ce n'est pas ici le moment d'en fixer le terme ; il doit varier selon la nature des délits—le degré de perversité qu'a montré le délinquant—et les marques de son repentir. Ce que j'ai dit, suffit pour montrer que ce groupe de peines cumulées est un moyen de réformation dont on ne doit pas séparer les rigueurs : elles s'entr'aident toutes : et même il faut ajouter que la nourriture, réduite au simple nécessaire, doit être rendue amère au goût pour opérer son effet pénal : autrement, dans un sujet jeune et robuste, le plaisir d'un appétit matériel deviendroit comme le supplément de tous les autres.

Cette discipline, ainsi réduite quant à la durée, ne risqueroit pas d'être impopulaire : elle seroit même approuvée généralement par sa ressemblance avec la discipline domestique ; et par son but correctionnel, le même que se propose l'indulgence d'un père quand il châtie ses enfans. Or, on ne sauroit représenter le Souverain sous un caractère plus respectable et plus propre à concilier l'affection que sous celui d'un père qui consulte le bonheur d'un enfant coupable, jusques dans les peines qu'il lui inflige.

L'effet produit par l'emprisonnement solitaire, n'est pas une simple théorie : il y a des preuves de fait, appuyées sur de bonnes autorités.

M. Howard (p. 132), parlant des cellules de Newgate, ajoute ceci : " J'ai été informé par ceux qui en avoient été les témoins pendant long-temps, que des criminels qui avoient affecté l'air le plus intrépide, pendant l'instruction du procès, et n'avoient montré aucune sensibilité à l'ouïe de la sentence de mort, avoient été frappés d'horreur, et avoient répandu des larmes, en entrant dans ces sombres et solitaires donjons."

Mr. Hanway (p. 74), rapporte d'après

un Magistrat qui avoit présidé aux prisons de Clerkenwell, que tous les prisonniers renfermés dans les appartemens solitaires, avoient donné *en peu de jours* des signes extraordinaires de repentance."

Passons maintenant à examiner une circonstance de l'emprisonnement afflictif d'une nature bien différente: je veux parler du *mélange de tous les prisonniers*, ou de l'entassement d'un grand nombre dans une même chambre.

La peine qui en résulte n'est pas l'objet d'une intention directe de la part du Gouvernement : c'est un mal qu'on a reconnu, et qu'on a laissé subsister presque partout, en le déplorant. Il n'y a eu d'autre raison que l'économie. Il en coûtoit moins d'entasser ces prisonniers dans une salle que d'avoir des appartemens séparés pour les isoler ou les distribuer par classes (1).

Ce rassemblement, considéré comme partie de la peine, n'a point d'effet pénal sur les prisonniers les plus audacieux et les plus pervers. Au contraire, par rapport à eux, c'est un adoucissement, parce que le tumulte de cette société les étourdit sur leur situation, et les distrait d'eux-mêmes. Ce sera donc un mal d'autant plus sévère pour un prisonnier qu'il aura plus de sensibilité et de délicatesse. C'est une peine évidemment

---

(1) Il faut convenir que cette difficulté étoit fort grande, avant le plan d'Inspection centrale.

incertaine, inégale, inexemplaire, improfitable :
produisant une variété de souffrances dont on ne
sauroit, à moins de les avoir éprouvées, se faire
aucune idée passablement juste.

Mais l'objection décisive contre cet entassement, c'est qu'il est en opposition directe avec un
des objets principaux de l'emprisonnement, *la réformation* des coupables. Ce mélange de prisonniers, loin de les rendre meilleurs, a une tendance évidente à les dépraver. L'effet qui en résulte nécessairement, c'est d'oblitérer en eux le
sens de la honte, ou en d'autres termes, de
les rendre insensibles à la force de la sanction
morale.

Ce malheureux résultat d'une association
confuse, est trop manifeste pour n'avoir pas frappés les observateurs les plus superficiels. Les
criminels renfermés dans un espace étroit se *corrompent* les uns les autres. Telle est l'expression
commune. On la représente sous une grande
variété de formes, et ordinairement on y ajoute
une abondance de métaphores. Le mot de *corruption* est malheureusement comme la plupart
des mots qui composent le vocabulaire moral,
moins propre à donner des idées précises, qu'à
exprimer un sentiment de désapprobation : il faut
donc, pour sortir du genre déclamatoire, examiner
les maux particuliers, les habitudes nuisibles, qui
naissent de ce mélange de société, et nous faire

ainsi une idée nette de ce qu'on peut appeler *cor-ruption.*

Les conséquences nuisibles de cette association peuvent se ranger sous trois chefs :

1°. Renforcement des motifs qui poussent à commettre des délits.

2°. Affoiblissement des considérations qui tendent à réprimer les délits.

3°. Instruction acquise dans l'art de les exé-cuter.

On voit qu'ici tout se rapporte à des délits : or, les noms des délits presentent des idées précises, définies ou susceptibles de l'être ; ce sont des maux d'un certain genre. Les motifs séducteurs et les motifs tutélaires sont également des peines et des plaisirs. Ainsi tous les termes sur lesquels roule cet examen sont clairs : et il n'y a point là de métaphore pour obscurcir les idées.

I.—Par rapport aux *motifs* qui incitent au crime, il suffit de parler ici du plus commun, la *rapacité :* les délits qu'elle fait naître sont de beaucoup les plus nombreux. Dans la classe pauvre, le produit d'un petit larcin va plus loin pour se procurer des plaisirs que le gain légitime du travail d'un jour, et ces plaisirs sont de ceux qui s'achètent à un prix modique,—des alimens plus délicats, des liqueurs fortes, des habillemens, des billets de lotterie, des spectacles, et pour cou-ronner le tout, des femmes. Voilà le fond de la conversation parmi les prisonniers, et la source intarissable de forfanteries, de la part de ceux qui, par leur talent ou leur succès, ont acquis de la célébrité. Autour d'eux se forme un cercle avide d'humbles auditeurs qui écoutent avec envie, avec admiration les prouesses du héros. L'imagination s'enflamme à ces récits qui, pour une telle audience, ont tout le mérite et tout le charme des romans, l'intrigue, les dangers, le courage, la gloire, et les récompenses ; plus la réunion est nombreuse, plus les aventures seront variées : et qu'y a-t-il de plus naturel, de plus intéressant pour eux que de s'occuper des exploits qui les ont conduits à vivre ensemble ?

II.—Tandis que d'une part toutes les passions vicieuses sont nourries et fortifiées, de l'autre toutes les considérations tendantes à réprimer le crime sont combattues et affoiblies. Ces considérations appartiennent à l'une ou à l'autre des trois Sanctions—politique—morale—religieuse.

La *Sanction politique* dérive sa force des peines de la loi ; et en particulier de la peine imposée à tous ces délinquans réunis, celle qu'ils souffrent, ou celle qu'ils sont appelés à souffrir. Or, le premier objet de tous les associés est de traiter les lois avec mépris, et de braver leurs menaces. Chacun d'eux par orgueil affecte de l'indifférence sur la peine qu'il éprouve ou qu'il craint, dissimule le mal, exagère le bien, et se pique, selon l'expression proverbiale, de faire bonne mine à

mauvais jeu. Ainsi, le plus intrépide, le plus
fier devient le modèle de tous les autres : il
monte leur sensibilité au ton de la sienne ; ils
auroient honte de se montrer plus foibles que lui.
Ne fût-ce que par sympathie, plusieurs d'entr'eux
s'efforceroient d'adoucir les souffrances de leurs
associés de malheurs, de les consoler, par les
témoignages de leur affection.   On dira peut-être
que supposer entr'eux des affections et de la bienveillance, c'est leur prêter des vertus qu'ils ne
sauroient avoir : mais croire que les hommes
soient absolument bons ou absolument méchans,
c'est une erreur : le crime qui a soumis des coupables à la loi peut laisser dans leur cœur des qualités estimables, et surtout de la commisération.
Voilà ce que prouve l'expérience ; il faut craindre
de calomnier le vice même.

La *Sanction morale* est fondée sur les jugemens du tribunal public : elle tire sa force des
peines et des plaisirs, résultant de l'estime ou du
mépris de ceux avec lesquels nous vivons le plus
habituellement.   Tant qu'un homme reste dans
la société générale, n'eût-il que la probité la
plus douteuse, il sera obligé de se gêner dans
ses actions, il sera en garde contre lui-même
pour ne pas se rendre trop suspect ou trop méprisable.   Mais ici cette société générale n'existe
plus.   Celle qui compose une prison a des intérêts
et des principes tout différens de la première.
Les habitudes, les actions qui seroient nuisibles

dans le monde et par conséquent odieuses, cessent
d'avoir ce caractère dans une prison où elles ne
nuisent plus. Le larcin n'est pas odieux à des
hommes qui n'ont rien à perdre, et qui le considèrent comme un moyen ordinaire de profit. La
probité, vertu à laquelle il seroit ridicule entr'eux
de prétendre, sera dépréciée par un commun et
tacite accord. Des qualités mixtes, comme la patience, le courage, l'adresse, l'activité, la fidélité,
généralement utiles, mais capables de servir au vice
comme à la vertu, seront exaltées parmi eux, au
préjudice de la probité. Ainsi un homme sera
applaudi—pour sa patience, employée à épier le
moment propice du crime—pour son courage,
manifesté dans l'agression d'un domicile paisible,
ou dans la résistance aux Officiers de la Justice—
pour son activité, déployée dans la poursuite d'un
voyageur—pour son adresse, appliquée à duper un
bienfaiteur compatissant—pour sa fidélité, mise
à l'épreuve envers ses complices dans les interro-
gatoires de son Juge. Voilà les vertus célébrées
dans un tel séjour : c'est ainsi qu'ils satisfont ce
besoin d'estime et d'applaudissement auquel les
hommes réunis ne cessent jamais d'être sensibles.

La probité qui pourroit être en honneur au
milieu d'eux ne seroit pas la probité utile au genre
humain : car il est possible d'en observer stricte-
ment les règles par rapport à une société dont on
dépend immédiatement, et de les enfreindre sans
scrupule au préjudice d'une autre avec laquelle on

n'a pas les mêmes liaisons d'intérêt. Les Arabes qui vivent de pillage, sont d'une intégrité remarquable envers leur tribu. Et c'est ainsi que la *foi des voleurs* entr'eux est devenue, pour ainsi dire, proverbiale (1).

La *Sanction réligieuse*, consiste dans l'appréhension des peines dénoncées de la part de Dieu, soit dans cette vie, soit dans une existence future. Or, comme dans le Christianisme, les délits condamnés par les lois humaines, le sont aussi par les lois divines, la sanction religieuse, d'autant plus qu'elle s'étend jusqu'aux actions secrettes, est un frein particulièrement nécessaire à cette classe d'hommes. Dans la plupart des malfaiteurs, et surtout des malfaiteurs novices, la religion est plutôt oubliée que détruite : mais

---

(1) *Probité de voleurs :* combien il y en auroit d'exemples à citer dans le monde, je veux dire, dans le monde brillant, dans le monde honnête, dans le monde qui se croit moral et respectable! Il faut partir de l'intérêt le plus général pour avoir une idée juste du vice et de la vertu. La même action est louée ou blâmée, suivant qu'elle est utile ou nuisible à une société particulière. Tel Politique sera exalté dans son bourg comme un grand patriote, pour avoir obtenu en faveur de ce bourg quelque privilége, nuisible à la nation en général. On a vu autrefois deux savantes Corporations soumettre leurs Gradués au serment de ne jamais professer hors de ces Universités : quel étoit l'objet de cette mesure ?---de s'assurer le monopole exclusif de l'enseignement des sciences ;---et l'inventeur de ce serment fut honoré par ses Collègues comme l'auteur du service le plus méritoire.

les impressions qu'ils en ont reçue sont foibles
et faciles à effacer : que deviendront elles dans
une prison ? toute la force de l'opinion y sera
dirigée contre les notions religieuses. Ce n'est
pas à dire que dans un tel Lycée, il s'établisse
des controverses et des disputes philosophiques
sur l'idée d'un Dieu, sur la vérité de la révélation,
sur l'authenticité des témoignages qui lui servent
de base. Il n'y aura pas là des Manichéens, des
Hobbistes, des Spinosistes, des professeurs dog-
matiques d'incrédulité. Il n'y aura pas des disciples subtils de Boulanger, de Bayle et de Fréret.
Mais les argumens n'en feront que plus d'effet
pour être assortis à la capacité de l'audience : les
bouffonneries d'un plaisant seront une logique
suffisante pour ses camarades : la satire des Ministres de la religion sera une réfutation complette
de la religion même : et le brave qui soutiendra
hautement qu'il n'y a que des lâches qui se laissent
intimider par les menaces d'une autre vie, est sûr
de toucher la fibre la plus sensible d'un tel audi-
toire.

III.—Enfin, cette association de criminels
leur fournit le moyen le plus sûr de se perfectionner dans la science, dans la pratique, dans tout le
mystère du crime.

Leur conversation, comme nous l'avons déjà
dit, dirigée par la vanité des parleurs et par l'intérêt des écouteurs, tourne naturellement sur leurs
exploits criminels. Chacun se plaît à entrer dans

le détail des moyens ingénieux, des fraudes, des impostures, auxquels il a dû son succès. C'est là qu'on communique tous les secrets du métier, les préparatifs, les moyens de déguisement et d'évasion, enfin les stratagèmes de cette guerre anti-sociale. Si ces anecdotes du crime ont un attrait de curiosité pour tout le monde, combien ne sont-elles pas plus intéressantes pour ceux dont elles flattent les penchans, et qu'elles instruisent des moyens de les satisfaire! ainsi se forme un dépôt d'expérience auquel chacun contribue : celui qui ne connoissoit qu'une branche de cette industrie malfaisante devient bientôt un adepte dans toutes les autres. Elle n'est donc que trop bien fondée cette expression commune, qu'une *prison est une école de perversité :* avec cette différence, que cette école de vice l'emporte de beaucoup sur les écoles proprement dites par la force des motifs qui opèrent sur les disciples, et par l'efficacité des moyens d'instruction. Dans les écoles proprement dites, le stimulant le plus ordinaire est la crainte, qui lutte contre l'inclination à l'oisiveté : dans ces écoles de vice, le stimulant est l'espérance, qui concourt avec les penchans habituels : dans les premières, la science n'est enseignée que par un maître plus ou moins habile : dans les autres, chacun contribue à l'instruction de tous ; dans l'école légitime, l'élève a des amusemens plus séduisans que ses occupations de commande : dans l'école du crime, cet enseignement vicieux devient la principale récréation d'un état de tristesse et de contrainte.

On dira peut être que les malhonnêtes gens cherchent toujours ceux qui leur ressemblent, et qu'en prison ou hors de prison, ils vivront toujours en mauvaise compagnie.

Observons d'abord, que cela n'est pas exactement vrai. Qu'un malhonnête homme vive de préférence avec de malhonnêtes gens, cela n'empêche pas que mille incidens ne le rapprochent des personnes probes, qui lui rappellent tout au moins les notions de justice et de vertu. Dans les conversations les plus communes, il entend les jugemens qu'on porte sur les actions déshonnêtes, il est témoin du mépris qu'on a pour les fripons. S'il ne va pas recueillir des leçons de morale à l'église, il en recevra dans la taverne du village.

Dans le monde, il y a un mélange de bien t de mal : mais dans une prison, toute la sociét est composée d'individus plus ou moins tarés. C'est donc pour l'homme le plus corrompu le séjour le plus dangereux. Que sera-ce pour cette classe de prisonniers qui ont été conduits là par un premier délit ? ils ont cédé à la tentation de l'indigence, ils ont été entraînés par un mauvais exemple ; ils sont encore dans cet âge flexible où le cœur n'est point endurci au mal. Un châtiment bien administré leur eût été salutaire. Si, au lieu de se réformer, ils deviennent plus vicieux, s'ils passent des petites fripponneries aux grands vols, s'ils arrivent jusqu'au brigandage et à l'assassinat—c'est l'éducation d'une prison qu'il faut en accuser.

CHAPITRE VI.

Des Frais de Prison.

Un autre abus qui existe en plusieurs pays, mais surtout en Angleterre, ce sont les frais qu'un prisonnier est obligé d'acquitter avant sa libération. (*Fees*). Ces frais n'ayant aucune liaison nécessaire avec l'emprisonnement, sont purement abusifs.

Ce mal est aussi ancien que les rudimens barbares de notre jurisprudence, lorsque le Magistrat n'avoit guère plus de notion de l'intérêt public que ceux qui vivoient de pillage ; dans ces temps de désordre universel, un des principaux revenus du Gouvernement consistoit dans les confiscations ; et le plus léger prétexte suffisoit pour couvrir la rapacité du masque de la justice.

L'abus se voile sous une équivoque——et cette équivoque est un sarcasme. " Puisque je vous ai fourni un logement, dit le geôlier au prisonnier, j'ai droit d'exiger que vous me le payez."—— Oui, sans doute, si cette prise de logement eût été de ma part un acte volontaire.—La circonstance qui manque en ce cas, fait toute la différence entre une demande légitime et une dérision amère.

Mais le geôlier, dira-t-on, doit être payé

comme tout autre serviteur public ; et qui doit le payer plutôt que l'homme par qui ce service est rendu nécessaire ? Qui doit le payer ? Vous—moi—ou tout autre plutôt que le prisonnier, si, contre toute justice, on veut qu'une seule personne supporte tous les frais d'une institution dont l'avantage est pour tous. Oui—vous—moi—ou tout autre, nous devons payer plutôt que le prisonnier, car chacun de nous retire un plus grand bénéfice de la punition des délits que le délinquant même. Cela seroit vrai, quand on ne tiendroit aucun compte des circonstances pécuniaires de celui qui a subi une prison. Mais cette considération jointe aux autres, est du plus grands poids. Prenez dix-neuf délinquans sur vingt, l'impossibilité de satisfaire à leurs dettes légitimes a été la cause et le motif de leur délit. Il y a donc certitude positive que, dans dix-neuf cas sur vingt, le délinquant sera hors d'état de payer par lui-même les frais d'une prison subie (1).

Telle est la force de l'habitude et des préjugés que les Juges du premier rang et les Magistrats des districts particuliers, n'ont cessé de donner à cet abus leur approbation ou leur appui. Cependant qu'un seul eût refusé son consente-

---

(1) Par l'ancienne loi, quand un district (*hundred*) devoit une somme d'argent, le Shériff se saisissoit du premier habitant de ce district qui lui tomboit sous la main, et le faisoit payer pour tous les autres. Cela même étoit un moins mauvais expédient pour acquitter une charge publique que celui dont nous parlons.

ment à cette vexation, et libéré le prisonnier sans frais, le geôlier eût été un moment privé de son salaire ; mais le système oppressif étoit renversé, la dépense eût été répartie sur le public, qui auroit dû la soutenir depuis le premier établissement des prisons (1).

Les apologistes de cet usage diront-ils qu'il fait partie de la peine du délinquant ? je réponds que cela est faux : puisque dans la plupart de nos prisons, sinon même dans toutes, chacun paye sans distinction, l'innocent comme le coupable. Le geôlier exige ses droits dans un moment où on ne sait pas encore si le détenu est innocent ou coupable, à son entrée dans la prison, lors même qu'il n'est envoyé là que pour sûre-garde. Ce n'est pas tout : ces droits sont exigés de ceux dont l'innocence a été reconnue. Ils sont même exigés d'un prisonnier, *parce* qu'il est reconnu innocent. La réparation qui lui est faite, après qu'il est absous, c'est une amende imposée au titre même de son absolution. Un détenu est-il accusé d'un meurtre et absous ? la somme exigée de lui, sous le nom d'*acquittement*, est égale à la dépense commune d'un journalier pour un quart de l'année : somme que très-peu d'hommes dans

---

(1) Ces *fees*, ces émolumens des geôliers, n'ont rien de commun avec les frais de justice auxquels le juge peut condamner le délinquant.

cette classe possèdent toute entière à la fois, pendant tout le cours de leur vie.

Mais ce n'est là qu'un exemple entre plusieurs des cas, où, dans notre loi, les charges publiques, au lieu d'être levées sur l'abondance, le sont sur la détresse. Les taxes sur les procédés judiciaires, levées sur les deux parties, avant qu'on sache quel est l'opprimé, quel est l'oppresseur, sont sujettes au même reproche.

CHAPITRE VII.

Plan général d'Emprisonnement.

Il doit y avoir trois sortes de prisons qui diffèrent dans leurs degrés respectifs de sévérité. La première, pour les débiteurs insolvables, dans le cas où il y aura preuve de témérité et de prodigalité ; la seconde pour des malfaiteurs condamnés à un emprisonnement temporaire ; la troisième, pour ceux dont l'emprisonnement est perpétuel.

I.

Quant aux débiteurs, ils doivent être considérés comme banqueroutiers, soumis sous des peines sévères à l'obligation de donner pleine connoissance de leurs propriétés. L'emprisonnement ordonné comme une mesure de routine est une rigueur bien superflue : il faudroit le réserver pour les cas où il y a témérité et prodigalité prouvées : mais on pourroit, en première instance, présumer la témérité et la prodigalité, en laissant au débiteur à se disculper par l'examen de sa conduite.

Le même lieu de détention peut servir pour tous ceux qui, pendant le cours des procédures, doivent être tenus sous la main de la Justice, avant qu'elle ait prononcé sur leur sort. Cet emprisonnement n'est que de précaution : il n'a pour objet que la sûre-garde, il ne doit pas aller au delà : point de rigueur, ni apparente, ni réelle.

II.

La seconde espèce de prison, celle des malfaiteurs condamnés pour un temps limité, est destinée à la correction et à l'exemple. Il faut donc que la peine réelle et la peine apparente soient sur un pied d'égalité. Le travail doit être joint à la détention.

La fin de leur séjour, la dernière semaine ou le dernier mois doit être marqué par une diète de pénitence—la solitude, les ténèbres, le pain d'amertume. Il importe que la dernière impression soit de tristesse et de douleur. Une marque infamante est convenable dans cette prison, mais seulement une marque temporaire, consistant dans un costume particulier. Elle sera bonne à deux fins—l'*exemple*, comme ajoutant beaucoup à la peine apparente—la *sûreté*, comme tendant à prévenir l'évasion.

III.

La troisième espèce de prison, celle des malfaiteurs condamnés à vie, est destinée à l'exemple seulement, puisque les délinquans de cette classe ne doivent jamais être rendus à la société. Il faut de même leur imprimer une marque d'infamante, mais cette marque doit être perma: nente. La condition apparente du délinquant doit être aussi misérable que possible, sans trop exciter la pitié ; sa condition réelle doit être adoucie autant que la nature de la chose le permet. Là, l'homme d'un état plus élevé doit avoir le choix de ses occupations. Celui qui a un métier sera tenu de travailler pour son entretien, mais il faut lui donner une part dans le profit de son industrie.

Il existe plusieurs prisons en Europe où l'entretien des prisonniers est fondé sur des bénéficences privées. Ces bénéficences sont une preuve authentique de la négligence la plus coupable de la part du Gouvernement. Abandonner des prisonniers aux charités publiques, c'est les livrer à la mort, si ces charités sont insuffisantes. Le nécessaire doit leur être donné par l'Etat ; au delà de ce *nécessaire*, il ne faut rien. Le déficit est affreux, le superflu est nuisible.

Par la même raison, toute donation casuelle à des délinquans particuliers doit être interdite : non qu'on doive défendre de leur faire des dons en argent, mais il faut empêcher que ces libéralités ne soient consumées en bonne chère et en liqueurs fortes. Les donations ainsi restreintes favoriseroient la restitution.

Il règne un grand désordre à cet égard dans toutes les prisons. Les délits les plus nombreux

sont ceux de rapacité ; mais plus le délinquant a
été coupable, c'est-à-dire, plus il s'est approprié
du bien d'autrui, plus il a d'aisance et de jouissance dans sa prison. Ses vols deviennent sa récompense. Il est rare que tout le produit de son
crime soit trouvé entre ses mains. Il sera en
dépôt chez son complice, chez sa femme ou sa
maîtresse, qui en disposeront à sa volonté, pour
le prodiguer en débauches, ou payer des procu-
reurs qui l'aident à entraver le cours de la Justice.

Quand ce bien mal acquis ne pourra plus
servir au vice, le détenu sera plus porté à restituer.
La gêne imposée aux inclinations déréglées, sera
favorable aux mouvemens secrets de la conscience.

Tout ce qui est trouvé sur la personne d'un
détenu, ou dans sa possession, doit être aussitôt
consigné entre les mains du gouverneur de la prison, et inventorié. Mais pour prévenir des abus
trop communs, tous les effets de quelque valeur
doivent être placés dans un dépôt, sous le sceau
du Magistrat; et une copie de l'inventaire doit
être remise à la personne détenue.

On peut objecter qu'un traitement égal en
fait de nourriture est une peine disproportionnée.
Ceux qui ont été accoutumés au bien-être sont
punis plus que ceux dont les privations sont le
lot habituel. D'un autre côté, permettre à des
hommes détenus pour des délits de rapacité de
consommer en bonne chère le produit de leur

délit, c'est donner une récompense au crime; c'est leur accorder des jouissances aux dépends de ceux qu'ils ont lésé. Delà doit naître une distinction dans le traitement des prisonniers. Les détenus pour des crimes de rapacité ne doivent avoir aucune indulgence de cette nature avant la pleine restitution. Les détenus pour d'autres délits, seront libres de proportionner leur dépense à leurs moyens.

La restitution exige une précaution de plus. Une personne arrêtée pour un délit est souvent coupable de plusieurs autres. Avant d'accorder au malfaiteur les droits de jouir de sa fortune, il faut non-seulement qu'il ait restitué à celui qui l'a fait arrêter, mais encore qu'on se soit assuré qu'il n'y a pas d'autres réclamations à satisfaire.

Revenons aux différentes prisons. Il faut que la diversité de leur caractère soit prononcée très-fortement—dans leur apparence externe— dans le costume—dans la dénomination.

Les murs de la première seront de couleur blanche : ceux de la seconde de couleur grise : la troisième sera peinte en noir.

A celle-ci on ajoutera divers emblêmes du crime. Un tigre, un serpent, une fouine, représentant les instincts malfaisans, seroient certainement une décoration plus convenable à l'entrée de la prison noire que les deux statues de la Folie et de la Mélancolie à celle de l'hôpital de Bedlam. Le vestibule devroit avoir une apparence lugubre : on pourroit y placer deux grands tableaux ; dans l'un on verroit un Juge assis sur son tribunal, tenant le livre de la loi, et prononçant la Sentence d'un criminel ; dans l'autre, l'ange qui sonne la trompette du Jugement dernier. Dans l'intérieur deux squelettes suspendus à côté d'une porte de fer frapperoient vivement l'imagination. On croiroit voir le séjour effrayant de la mort. Celui qui auroit une fois dans sa jeunesse visité cette prison, ne l'oublieroit jamais. Je sais que les beaux-esprits rient de toutes ces idées emblématiques : ils les admirent dans la poésie, ils les méprisent dans la réalité. Mais il est plus aisé de les attaquer par des railleries que par des raisons.(1)

La diversité de dénomination n'est rien moins qu'une précaution vaine. C'est un égard de justice et d'humanité pour des débiteurs et des détenus innocens auxquels il faut épargner jusqu'à l'appréhension d'être confondus avec des criminels par la circonstance du nom commun de prison. Si ce sentiment d'honneur n'existoit pas, il faudroit chercher à le faire naître ; mais il existe, et les hommes les plus estimables sont ceux qui souffrent le plus de cette dénomination injurieuse.

_____

(1) Sur l'importance des *Signes*, et pour frapper l'imagination sur l'usage qu'en a fait le Clergé Romain, à l'exemple de l'ancienne Rome, voyez *Emile* Tom. IV.

La diversité de lieu et de nom est encore un moyen d'agraver la partie de la peine qui se rapporte à l'objet le plus important, l'exemple.

La première prison s'appelera simplement *maison de sûreté* ou *custodie*.

La seconde, *maison de pénitence.*

La troisième, *prison noire.*

La première de ces dénominations n'implique pas même l'idée d'une faute.—La seconde l'implique, mais elle tourne l'esprit vers l'idée favorable d'amendement.—La troisième inspire l'effroi.

Dans la maison de pénitence, on aura deux objets, celui d'attacher l'infamie au crime, et de l'épargner au criminel. Puisqu'il est destiné à rentrer dans la société, il ne faut pas le livrer à une ignominie qui le signale, et le rende incapable de s'y représenter. Ces deux objets s'accompliront par le même moyen. Le délinquant peut être soumis à porter un masque ou une portion de masque, qui, en dérobant ses traits à ceux qui viennent visiter les prisons, augmente en même temps l'impression qu'il est important de produire. Ce masque mystérieux est un soulagement pour celui qui le porte, et une agravation de la peine aux yeux des spectateurs.

CHAPITRE VIII.

Autres Espèces du Confinement territorial.—
Quasi-Emprisonnement.—Rélégation.—
Bannissement.

Il y a *quasi-emprisonnement*, quand l'individu est confiné dans le district de sa résidence ordinaire.

Il y a *rélégation*, lorsqu'il est envoyé hors de sa résidence ordinaire, et confiné dans un certain district du domaine de l'Etat.

Il y a *bannissement*, lorsqu'il lui est enjoint de sortir du domaine de l'Etat, et défendu d'y rentrer : ces trois peines sont temporaires, ou perpétuelles. (1)

La rélégation et le bannissement sont des peines inconnues dans la Loi angloise. La déportation, comme nous le verrons bientôt, est d'une nature toute différente.

La condition des individus qui jouissent des *libertés* d'une prison répond, il est vrai, à l'idée du confinement territorial. Mais ce n'est pas une

_____

(1) L'*interdiction locale* se rapporte naturellement à ce chef ···mais comme elle se borne ordinairement à la privation de quelques jouissances, il en sera porté sous celui des *Peines simplement restrictives.*

peine ordonnée par la loi. La peine légale est l'emprisonnement. Le prisonnier, moyennant une somme d'argent obtient du geôlier, qui répond de lui, la permission de vivre librement dans un certain district autour de la prison, sans en sortir (1).

Il y a encore plusieurs districts priviligiés, dans lesquels on ne peut pas être arrêté pour dettes: c'est une scène de confinement territorial demi-volontaire par rapport aux débiteurs qui viennent s'y réfugier.

Les exemples de rélégation n'étoient pas rares en France. Il étoit enjoint à un individu de se confiner dans ses terres ou dans tel autre lieu qui lui étoit désigné. Cette peine ne tomboit guères que sur des personnes d'un rang supérieur: et c'étoit plutôt l'expression d'un mécontentement personnel de la part du Souverain qu'une peine régulière, infligée dans le cours ordinaire de la Justice. C'étoit assez communément le lot d'un Ministre disgrâcié. Plus d'une fois même, un Parlement entier a été *rélégué* pour quelque résistance à l'enrégistrement d'un édit. Il est vrai que l'objet qu'on avoit en vue n'étoit pas précisément d'infliger une peine, mais d'éloigner les individus

(1) Il existe en Angleterre six prisons qui ont des *libertés* (*Rules*): deux à Londres, la *Fleet et le Banc du Roi*: deux dans le Comté de Carmarthen: une dans le Cornouaille: une à Newcastle sur le Tyne.

pour prévenir des intrigues. Ainsi un coup d'autorité étoit, à proprement parler, un signe de crainte et de foiblesse.

Le bannissement hors du domaine de l'Etat peut être *défini* ou *indéfini* :—indéfini quand l'individu peut aller où bon lui semble :—défini, quand il lui est prescrit d'habiter quelque district particulier.

Au premier coup-d'œil, on jugeroit qu'un bannissement défini est impraticable. Car quelle prise vous reste-t-il sur un individu que vous faites sortir de votre juridiction? Mais, dans le fait, il est plusieurs cas où l'Etat conserve sur lui un pouvoir suffisant, et des moyens de le punir, s'il se met en contravention ; 1°. dans le cas où le bannissement n'est que temporaire ; 2°. lorsqu'il laisse dans le pays dont il est banni des propriétés actuelles ou futures : 3° lorsque l'Etat étranger dont il est exclus par la sentence, est disposé à coopérer, pour en maintenir l'exécution.

Au reste, le bannissement défini ne peut avoir lieu que dans des circonstances très-particulières ; en général, quand on bannit un malfaiteur, c'est pour se débarrasser de lui, et on ne se soucie guère de ce qu'il devient.

Les inconvéniens du confinement territorial, soit rélégation, soit bannissement, sont de la même nature que ceux du *simple emprisonnement* ; la plupart dans un degré inférieur.

Cependant le confinement territorial est tellement susceptible de diversité, soit par la nature des lieux, soit par l'étendue du district assigné, soit par les circonstances du délinquant, qu'il est comme impossible d'en rien dire d'applicable à tous les cas.

Dans un état de *rélégation*, la faculté de jouir des beautés de la nature ou des arts, de voir ses amis, de les servir et d'avancer sa fortune, est plus ou moins sujette à diminution.

La liberté d'exercer des emplois publics, de faire des voyages de santé ou de plaisir, est sujette à être entièrement perdue.

La faculté de continuer ses affaires, c'est-à-dire, les affaires dont dépendent les moyens de subsistence, sera plus ou moins diminuée, selon leur nature : et même il est tel genre de commerce ou d'occupation qui peut être incompatible avec cet état.

Les inconvéniens du *bannissement* sont tous si différens, en quantité comme en qualité pour divers individus, qu'on ne peut faire aucune proposition généralement vraie sur la nature de cette peine.

Les maux les plus communs qu'elle entraîne se rangent sous les chefs suivans:

Séparation d'avec ses amis, ses parens, et ses concitoyens.

Privation des objets de goût, d'amusement et d'affection auxquels on étoit accoutumé; — les beautés naturelles du pays—les spectacles—les jouissances des arts.

Perte des espérances d'avancement dans la carrière où l'on étoit entré—les magistratures—les promotions militaires—les emplois publics.

Pertes sous le rapport de la fortune, dérangement des affaires, soit dans le commerce, soit dans les professions lucratives. Un ouvrier n'est-il exercé que dans un seul procédé d'une manufacture complexe ? il perd tous ses moyens de subsistance, s'il ne trouve ailleurs la même espèce de manufacture. Un homme de Loi, transplanté hors de son pays, peut trouver toute sa science réduite à une parfaite inutilité. Un Ecclésiastique sera sans emploi partout où sa religion n'est pas établie.

Une des rigueurs du bannissement est d'avoir à vivre parmi des peuples dont on ignore la langue. Cet inconvénient diffère beaucoup pour divers individus, et même pour diverses nations. Pour un François, ce mal est à son moindre terme, la langue françoise étant répandue chez toutes les nations de l'Europe. Un Allemand banni de son pays peut vivre chez d'autres peuples Allemands. Un Anglois retrouve sa langue en Amérique. Un Suédois, un Danois, un Russe sont plus mal partagés. Nous ne parlons pas des classes supérieures chez qui l'étude des langues étrangères est une partie de l'éducation, mais partout le peuple est réduit à sa propre langue.

Tout est difficulté quand ce premier moyen de communication est en défaut. Si on acquiert les rudimens du langage pour les premiers besoins de la vie, on ne parvient que rarement à la posséder assez bien pour les jouissances de la conversation. On se sent condamné à une infériorité continuelle, et ce désavantage s'étend à toutes les entreprises lucratives.

Une autre circonstance qui constitue les peines du bannissement, c'est la différence des *mœurs et des coutumes*. Ces deux termes embrassent tous les détails de la vie : les objets physiques, la nourriture, la manière de se loger et de se vêtir, les goûts habituels, les amusemens et la tournure des idées, et tout ce qui tient à la différence des Gouvernemens et des Religions. Ce dernier objet à une grande influence sur les sympathies et les antipathies des individus.

Les peuples d'Europe ont assez de conformité dans les mœurs, surtout parmi les classes supérieures. Mais un Gentou banni de son pays seroit extrêmement malheureux surtout par la circonstance de la religion.

La diversité des climats ne doit pas être oubliée dans la liste des maux. Le changement peut être en mieux ; mais la plupart des hommes par l'effet d'une longue habitude, se prêtent difficilement à un climat différent de leur climat natal ; et les plaintes des personnes expatriées portent le plus souvent sur les altérations de santé qu'ils attribuent à cette cause.

De toutes ces peines attachées au bannissement, il n'en est pas une qui soit absolue et certaine : elles peuvent être ou n'être pas, elles peuvent varier dans des degrés infinis, et il se peut encore que la balance des effets, au lieu d'être en mal, soit en bien (1).

Examen du Confinement Territorial.

1°. Sous le rapport de l'*économie*, ces peines valent mieux que l'emprisonnement (j'entends toujours l'emprisonnement oisif du système actuel).

Un prisonnier doit être nourri et entretenu. Dans une estimation moyenne, sa valeur pour l'Etat est négative. Un homme libre est un profit : il produit plus qu'il ne consomme ; sans cela, il n'y auroit pas ce surplus qui constitue la richesse. Un homme banni n'est ni gain ni perte : sa valeur pour l'état est zéro.

2°. En fait d'*égalité*, ces trois peines sont pres-

---

(1) " Gallio ayant été envoyé en exil dans l'île de Lesbos,
" on fut averti à Rome, qu'il s'y donnoit du bon temps, et que ce
" qu'on lui avoit enjoint pour peine lui tournoit à commodité ;
" par quoi ils se ravisèrent de le rappeler près de sa femme et
" en sa maison, et lui ordonnèrent de s'y tenir pour accommo-
" der leur punition à son ressentiment," (à sa manière de sentir.)

Essais de Montagne, Liv. 1. c. 2.

Voilà l'auteur françois : voici Tacite---

" *Italiâ exactus : et quia incusabatur, facile toleraturus exi-*
" *lium, delectâ Lesbo, insulâ nobili et amœnâ, retrahitur in urbem,*
" *custoditurque domibus magistratuum.*"---Ann. Liv. vi. c. 3.

que également défectueuses—et le bannissement plus que les deux autres.

Etre confiné dans un circuit étroit, est une peine à peu près certaine pour tous, quoiqu'elle varie selon les individus. Etre confiné dans une province, ou un district hors de sa résidence ordinaire, est une peine très-sévère pour un manufacturier—très-petite pour un journalier d'agriculture—nulle pour d'autres.

Le bannissement est le plus pénal : mais cependant toutes ces peines sont très-incertaines, très-inégales ; dans certains cas, absolument nulles : —dans d'autres cas excessives. Elles portent toutes sur des suppositions, dont aucune peut n'exister (1).

3°. Ces peines sont très-*divisibles* quant à leur durée : mais par rapport aux divers inconvéniens qu'elles entraînent, ils sont tels qu'il n'est pas au pouvoir du Juge de les mitiger, et d'en fixer la quantité, d'après les circonstances du délit. Qu'un délinquant soit banni, et que ce bannisse-

---

(1) Voyez la tragique histoire d'un jeune noble Vénitien, rélégué dans l'île de Candie.—*A View of the Society and Manners in Italy, by Moore.*—*T.* 1. *Lett.* xiv.

Dans l'espoir de revoir les murs de sa patrie, d'embrasser une dernière fois ses amis et son vieux père, il commit un nouveau crime, irrémissible par les lois de l'Etat, il entra en correspondance avec un Prince étranger, sachant bien que pour ce délit il devoit être ramené à Venise, pour y subir sa condamnation et sa mort ! Que de douleurs dans un tel exil !

ment le prive de tous ses moyens de subsistence, il n'est pas au pouvoir du Juge de le préserver de ce mal : et la sentence ajoute à l'exil une peine accidentelle d'indigence ou de mort.

4°. Sous le rapport de *l'exemple*, le bannissement est très-défectueux. Ce qu'il a d'exemplaire appartient entièrement à sa description : les orateurs et les poëtes l'ont peint des couleurs les plus lugubres, et y ont attaché une sorte de terreur nominale. Mais son caractère essentiel étant de soustraire celui qui le souffre à l'observation de ses compatriotes, ses peines ignorées sont perdues pour l'exemple. La rélégation laisse l'individu sous les yeux d'une partie de ses co-sujets : mais le mal attaché à cet état n'est pas apparent : l'empreinte du châtiment n'y est pas marquée : on n'y voit que des infortunes accidentelles.

5°. Pour *leur tendance réformatrice,* ces trois espèces diffèrent beaucoup.

Le quasi-emprisonnement peut être nuisible. Laissez le délinquant dans le lieu de son domicile ordinaire, s'il est habitué à de mauvaises compagnies, il continuera à les fréquenter ; le danger n'est pas à beaucoup près le même que dans une prison, où il est forcé de vivre dans une société corrompue : mais ce danger existe encore par son propre choix.

La rélégation, dans le même cas, seroit probablement utile. Elle suspendroit le cours de ses liaisons dangereuses ; elle donneroit une autre direction à ses habitudes, il y a un intervalle pendant lequel il ne peut s'y livrer ; il est surveillé, il lui faut du temps pour trouver des complices, et il y a du péril à en chercher. Jeté dans une société nouvelle, il a un intérêt sensible à s'y recommander par une bonne conduite. Les bons effets de ce moyen sont si bien connus, qu'il entre souvent dans le gouvernement domestique.

Le bannissement à cet égard sera plus efficace que la rélégation. Si le délinquant est encore dans cet âge favorable à de nouvelles habitudes, s'il n'est pas insensible à l'avantage d'une bonne réputation, son dépaysement lui est d'autant plus utile qu'il le jette dans une société où il n'y a pas des préjugés établis contre lui. Le même découragement n'existe plus à un grand éloignement de ceux qui ont été les témoins de son déshonneur. Mais eût-il porté dans son bannissement ses dispositions vicieuses, il n'auroit pas la même facilité à les mettre en œuvre ; surtout si le langage de ce pays étranger n'est pas le sien : de là résulte une grande difficulté à se lier avec des complices. D'ailleurs, des lois qu'il ne connoît pas, un mode de Justice avec lequel il n'est pas familiarisé, peuvent lui inspirer plus de respect et de crainte que les lois et les tribunaux de son pays. Son caractère même d'étranger, qui l'expose plus facilement aux soupçons, l'oblige à se tenir sur ses gardes, et de plus, lui rend le vol et les acquisitions frauduleuses plus difficiles.

Toutes ces considérations peuvent le déterminer à embrasser la ressource du travail honnête, comme la seule qui lui reste encore.

Il s'ensuit de cet examen qu'on trouvera peu de cas où le bannissement soit convenable. Dans certains délits politiques, d'une nature assez douteuse, on pourroit l'employer comme un moyen de rompre les liaisons d'un délinquant, et de l'éloigner de la scène des intrigues et des factions. Il faudroit même en ce cas lui laisser l'espoir du retour, comme un gage de sa bonne conduite durant son éloignement.

Toutes ces réfléxions ont échappé à Beccaria. Il semble qu'il ait voulu que le bannissement fût une peine universelle pour tous les délits (1).

_____

(1) *Traité des Délits et des Peines*, ch. xvii.

CHAPITRE IX.

Des Peines simplement restrictives.

Après avoir parlé des peines qui restreignent la
faculté loco-motive, disons un mot de celles qui
restreignent les occupations diverses auxqu'elles
un homme peut se livrer par choix. J'appelle
simplement restrictives les peines qui consistent
dans une *simple* défense de faire.

Rappelons ici une distinction qui a été expliquée dans le premier chapitre. Toutes les restreintes ne sont pas des peines. Le Code civil,
le Code de police sont pleins de lois restrictives
qui ne sont nullement des peines. On défend de
vendre des poisons : on défend aux cabaretiers de
tenir leur cabaret ouvert au delà de telle heure :
on défend d'exercer la médecine ou la loi sans
avoir passé par certains grades. Toutes ces in-
terdictions sont des moyens indirects, bons ou
mauvais, contre des délits ou des calamités.

Les peines simplement restrictives consistent
dans la défense faite à un individu de jouir d'un
droit commun, ou d'un droit qu'il avoit auparavant. Si l'interdiction porte sur des occupations
lucratives, si, par exemple, on ôte sa licence à un
cabaretier ou à un cocher de louage, ce sont des
peines pécuniaires, des peines très-inégales, très-

Y 2

peu économiques. Si un homme perd son gagne-
pain, que deviendra-t-il ? Est-il établi dans une
paroisse et chargé d'enfans ? c'est la paroisse qui
est mise à l'amende.

Les occupations autres que lucratives sont
celles du genre agréable ; leur variété est infinie :
mais il y a un point dans lequel elles s'accordent
toutes, et qui peut nous dispenser de les soumettre
à une discussion détaillée. Il n'en est aucune ou
peut-être aucune qui fournisse par sa privation
une somme de peine assez forte pour qu'on puisse
s'y fier.

En fait de plaisirs, l'esprit de l'homme possède une heureuse flexibilité. Une source d'a-
musement est-elle fermée pour lui? il essaye
bientôt d'en ouvrir une autre, et réussit presque
toujours. Une nouvelle habitude se forme assez
facilement : le goût se prête à de nouveaux objets,
et s'assortit à une grande variété de situations.
Cette ductilité de l'esprit, cette aptitude à s'accom-
moder aux circonstances peut varier beaucoup
d'individu à individu: mais d'avance, il n'est pas
possible d'en juger ; ni d'estimer combien de
temps la vieille habitude gardera son empire, au
point que la privation soit une véritable peine. .

Ce n'est pas tout. Ces lois restrictives seroient très-difficiles à faire exécuter. Il faudroit
toujours une peine subsidiaire dont l'effet seroit
très-incertain. Défendrez-vous à un individu le
jeu, le dessin, le vin, la musique ? vous voilà dans

la nécessité d'attacher un inspecteur à toutes ses démarches pour vous assurer que la défense est observée.—En un mot, les peines de cette sorte sont sujettes à ce dilemme : l'attachement à la chose défendue sera fort ou foible : fort, la défense sera éludée : foible, le but est manqué.

Voilà ce qui rend raison du peu d'emploi qu'on a fait de ces peines. Elles sont trop incertaines, trop faciles à éluder pour servir de sanction à une loi générale. Il est vrai qu'un Juge qui est à portée de connoître le caractère et les circonstances des individus, pourroit se servir de ces peines avec plus de justesse, et même quelquefois avec avantage. Mais il reste une autre objection : elles sont peu exemplaires : la privation qui en résulte n'est pas de nature à frapper : elle mortifie en secret ; elle est nulle aux yeux du public.

Ce genre de peines convient au gouvernement domestique : il n'est aucun plaisir dont un père ou un instituteur ne puisse se servir par manière de récompense en le permettant, ou par manière de peine en le défendant.

Mais quoiqu'une restreinte de cette nature, c'est-à-dire, l'interdiction de quelque occupation agréable, ne puisse pas constituer à elle seule une peine sûre, il y a des cas particuliers où elle sera convenable en l'ajoutant à quelque autre peine. L'analogie peut recommander une telle mesure : le délit a-t-il consisté en irrégularités commises dans un spectacle ? il sera bon d'interdire les spectacles au délinquant pour un certain temps.

Entre les peines simplement restrictives, il en est une dont on trouve peu d'exemples, et qui n'a point encore de nom. Je l'appelle, *bannissement de la présence*. J'entends par là l'obligation imposée à l'offenseur de se retirer immédiatement de chaque lieu où il se rencontre avec l'offensé. La simple présence de l'un est un signal qui doit faire disparoître l'autre. Silius, partie lésée, entre-t-il dans un bal, un concert, une assemblée de plaisir, une promenade publique? Titius, le délinquant, est obligé de faire retraite à l'instant même. Cette peine me paroît admirablement adaptée à des insultes personnelles, à des injures contre l'honneur, à des calomnies, en un mot, à tous les délits qui rendent particulièrement la présence du coupable un objet désagréable, une mortification pour l'offensé.

Il ne faut pas que le bannissement de la présence s'étende à des lieux que le délinquant est appelé à fréquenter pour suivre ses occupations habituelles, ou pour s'acquitter d'un devoir. Les Églises, les Cours de Justice, les Marchés publics, les Assemblées politiques se présentent d'abord comme des exceptions nécessaires.

On trouve quelques exemples de cette peine dans les arrêts des Parlemens de France : je citerai en particulier celui qui fut rendu contre un nommé Aujay, qui avoit insulté une Dame d'une manière outrageante. Il lui fut enjoint, entr'autres peines, de se retirer de tous les lieux où elle se trouvera et de sortir aussitôt qu'il la verra, sous peine de punition corporelle (1).

On trouve dans *l'Intrigue du Cabinet* le récit d'une querelle entre Madame de Montbason et la Princesse de Condé, où la première avoit eu des procédés fort injurieux—la Reine Anne d'Autriche lui défendit de se trouver dans tous les lieux d'assemblée où seroit la Princesse (2).

Les Lois angloises nous offrent quelques exemples de restrictions imposées à des personnes qui ne sont pas considérées comme des délinquans. Il n'est pas permis aux Catholiques d'exercer les professions de la loi et de la médecine. Toutes personnes refusant de prendre les sacremens selon les cérémonies de l'Eglise anglicaine sont exclues de tous les offices publics.

Je parle de la loi, je ne parle pas du fait : car dans le fait, plusieurs personnes qui n'appartiennent point à l'Eglise anglicaine ont des emplois civils ou militaires, et les exercent au moyen d'un bill d'indemnité qui se renouvelle d'année en année. C'est une sécurité précaire dans le droit, mais sur laquelle les usages d'un siècle ne laissent pas d'inquiétude.

Ces sortes de restrictions ne sont pas établies comme des peines : on les envisage comme des

---

(1) *Causes célèbres.*—Tom. IV. p. 307.
(2) D'Anquetil, Tom. III.

précautions pour empêcher des individus d'une certaine persuasion d'occuper des emplois dans lesquels on a craint qu'ils ne fussent dangereux. Voilà du moins la raison qu'on assigne politiquement. L'animosité religieuse en étoit la véritable cause, c'étoient des actes d'antipathie.

Un autre motif est dans l'intérêt. L'exclusion des uns est une faveur pour les autres : ceux qui ont le droit l'exploitent plus avantageusement à leur profit : ainsi, les lois restrictives établies par la haine religieuse sont maintenues par l'injustice : une conscience erronée commence la persecution, un intérêt de gain et d'avarice la soutient encore quand le premier motif n'existe plus. C'est exactement le cas de l'Irlande. On y maintient encore des lois restrictives contre les Catholiques pour le bénéfice des Protestans : c'est un million d'hommes qui exercent un monopole de pouvoir et de places lucratives sur une population de quatre millions. Quand les lois persécutrices sont devenues des priviléges pour les persécuteurs, il est bien difficile qu'elles soient abolies. La cupidité se couvre long-temps du masque de la religion.

Quoique ces restrictions ne soient point établies comme peines, et qu'une loi générale n'ait rien d'offensant pour chaque individu pris en particulier, il en résulte toutefois une distinction injurieuse pour une classe de personnes ; nécessairement injurieuse puisqu'elle les suppose dangereux et mal affectionnés. C'est un signalement auquel le préjugé public s'attache; et le Législateur qui prononce ces incapacités, en ne faisant souvent qu'acquiescer malgré lui à une haine passagère, la fortifie et la rend permanente. Ce sont les restes d'une maladie qui a été universelle et qui même après la guérison, laisse des cicatrices profondes.

CHAPITRE X.

Peines actives, ou Travaux forcés.

LES Peines actives consistent dans l'obligation imposée aux délinquans de faire un acte ou une suite d'actes qui leur répugnent.

Ce mode de punir est distingué de tous les autres par une circonstance remarquable. Le châtiment n'est pas infligé par une main étrangère : le délinquant se punit lui-même : il faut le concours de sa volonté : mais ce qui détermine sa volonté, c'est une plus grande peine dont il est menacé, et qu'il n'évite qu'en se soumettant à la première (1).

Une *occupation* est une suite d'actes de la même espèce ou tendant à la même fin.

Une occupation, considérée en elle-même, sera en première instance pénible, agréable ou indifférente. Mais continuée au delà d'un certain temps, elle deviendra toujours désagréable. Cela est vrai de toutes sans exception : et de plus celles qui dans l'origine, donnent du plaisir, deviennent par leur continuité plus pénibles que celles qui naturellement sont indifférentes (2).

---

(1) Voyez *Peines Subsidiaires*, ch. xv.

(2) Manger des raisins, sera généralement parlant, une oc-

Pour rendre agréable la somme de ses occupations, tout homme doit donc être libre de passer de l'une à l'autre selon son goût ; toute occupation contrainte constitue par conséquent une peine.

Les peines actives peuvent donc embrasser tous les travaux possibles ; mais il a fallu choisir ceux que tous les délinquans avoient la faculté physique de subir : ceux qui ne demandoient qu'un déployement des forces musculaires, ou une dextérité facilement acquise. On les a choisi de nature à produire un profit : bénéfice collatéral, en addition à celui qu'on attend de la peine comme telle.

Entre les occupations pénales, l'une des plus usitées a été celle de ramer : cet exercice ne demande que la force des bras et un peu d'habitude. Des vaisseaux assez grands pour la pleine mer sont construits de manière à se mouvoir par des rames, même sans le secours des voiles. Ce travail est plus désagréable en lui-même que celui des matelots, en ce qu'il a moins de variété ; outre que les rameurs, assis sur un banc, sont ordinairement enchaînés. Ces vaisseaux sont nommés galères, et les forçats galériens. Cette

---

...pation agréable : les cueillir en sera une indifférente. La première après une heure ou deux, deviendroit insupportable ; la seconde, après plusieurs heures, pourroit être encore indifférente.

peine n'est pas usitée en Angleterre : elle l'est principalement sur les côtes des mers peu orageuses, la Méditerranée, l'Adriatique.

En plusieurs pays, on a appliqué les malfaiteurs à différens travaux publics—le nettoiement des ports ou des villes—la construction des routes—les fortifications—les mines.

Le travail des mines est une peine légale en Russie et en Hongrie. Les mines de Hongrie sont de vif-argent. Les mauvais effets de ce métal sur les personnes exposées long-temps à ses émanations, sont une raison pour y vouer des criminels.

Battre le chanvre est un des emplois les plus communs pour les délinquans des deux sexes dans les *Bridewells* d'Angleterre.

La servitude est de deux sortes, l'une indéterminée, l'autre spécifique : j'appelle *indéterminée,* celle qui n'est limitée ni pour le temps, ni pour la quantité du travail ou sa qualité ; celle qui soumet toutes les facultés de l'individu à un maître, et approprie à celui-ci tout le profit du travail. J'appelle *spécifique* une servitude limitée pour le temps, pour la quantité ou la qualité du travail, et pour la nature des peines subsidiaires pour lesquelles le maître peut contraindre le serviteur de travailler. Il est des cas mixtes, où la servitude est indéterminée à certains égards et spécifique à d'autres.

Il existe à Varsovie, si les choses n'ont pas

changé depuis les dernières révolutions, une maison de force dans laquelle les prisonniers sont assujettis à des travaux particuliers, déterminés par les lois ou par l'usage. Cependant toute personne peut demander aux Directeurs un certain nombre de ces prisonniers qui lui sont accordés pour un temps convenu moyennant un prix stipulé, en donnant caution de les représenter au terme fixe. On les employe généralement à des travaux grossiers, comme de creuser des fossés, de transporter des terres : ils sont sous la garde d'un ou de plusieurs soldats pendant ce travail.

Le même usage est établi en Russie (1).

Cette distinction entre la servitude indéterminée et la servitude spécifique peut être éclairée par deux exemples, tirés de la Loi d'Angleterre.

L'exemple de servitude spécifique est celui des malfaiteurs condamnés aux travaux de la Tamise. Le Statut détermine l'espèce de ces travaux, qui ont pour objet de faciliter la navigation de ce fleuve ; et il détermine encore la peine subsidiaire, qui est le fouet.

---

(1) Voyez les *Voyages de l'Abbé Chappe.* L'Abbé eut une raison particulière de s'en souvenir. Ayant eu besoin pour quelque expérience de faire creuser la terre à une certaine profondeur, on lui prêta une douzaine de ces pauvres prisonniers. Leur ayant donné quelque argent pour boire, ils l'employèrent à enivrer leurs gardes et prirent la fuite.—Vol. I. p. 149.

L'exemple de servitude indéterminée est celui de la déportation à *Botany-Bay :* cette servitude limitée, au moins en plusieurs cas, quant à la durée, est sans limitation et sans restriction par rapport à la nature des services exigibles, et des peines subsidiaires.

Les peines actives ne sont pas seulement une contrainte de faire ce qu'on ne veut pas ; c'est encore un empêchement de faire ce qu'on veut : ces deux parties de la peine sont inséparables. La valeur nette du plaisir que perd un individu par une occupation forcée, est égale à la somme de tous les plaisirs qu'il auroit pu se procurer sans cet état de contrainte.

Les peines actives exigent que l'individu soit confiné dans un lieu circonscrit où le travail doit être fait : il faut qu'il soit   non ailleurs. Dans les travaux des ports, des routes, des fortifications, c'est quasi-emprisonnement. Dans celui des galères, des mines, des occupations sédentaires, la peine de l'emprisonnement est jointe à la servitude laborieuse. Mais nous verrons que la peine ainsi composée peut être un moindre mal que la peine simple. *Bina venena juvant.*

SECONDE SECTION.

Examen des Peines actives.

Les peines actives possèdent les qualités désirables dans un mode de punir, à un plus haut degré qu'aucune autre peine prise séparément.

1°. La peine active est *convertible en profit.* Le travail est en effet la source même du profit ; non toutefois que son pouvoir en ceci s'étende aussi loin que celui de la peine pécuniaire : car le produit se borne au travail d'un individu, toujours assez limité ; tandis que d'une seule peine pécuniaire on peut tirer un profit égal à la valeur du travail de plusieurs centaines d'hommes. Mais l'argent est un fonds casuel, le travail est un fonds certain : les riches sont le petit nombre, et commettent rarement des crimes : les pauvres sont la multitude, et les délits les plus fréquens sont ceux d'indigence.

Sous le rapport des frais de l'Etat, les peines laborieuses sont moins *économiques* que divers autres modes de punition ; non en elles-mêmes, puisqu'elles donnent un profit, mais parce qu'é-tant combinées avec l'emprisonnement, elles entraînent les dépenses nécessaires d'entretien et d'inspection. Cependant, ce travail bien dirigé peut donner un bénéfice qui balance, et même surpasse ces dépenses.

2°. Ces peines sont assez exemptes d'objection sous le rapport de l'*égalité*. La restreinte qu'elles imposent s'applique à tous les individus : chacun d'eux éprouve le même empêchement à suivre ses occupations favorites. L'obligation du travail, il est vrai, pèsera très-inégalement sur les divers individus, selon les habitudes antérieures, selon les différences d'âge et de sexe, de force et de santé. Mais cet inconvénient peut être obvié par l'attention du Juge à ces circonstances individuelles.

3°. Elles sont *divisibles* dans leur durée, et dans leur intensité, de manière à se proportionner aux délits : cependant, c'est une de leurs imperfections de ne pouvoir pas descendre au-dessous d'un certain degré, à raison de l'ignominie, qui en est inséparable. L'Empereur Joseph II ne fit rien de plus odieux que de condamner aux travaux publics des personnes d'un rang distingué. Tous les Protestans de France se regardoient comme insultés dans la personne des ministres de leur religion envoyés aux galères pour le seul fait de l'exercice public de leur culte

4°. Ces peines considérées en elles-mêmes seroient peu *exemplaires* : elles n'ont point de marque de souffrance qui leur appartienne en propre : la seule circonstance qui distingue le travail pénal du travail volontaire, n'est qu'une circonstance interne,—l'idée de contrainte qui opère sur l'esprit du travailleur. Mais cette contrainte, combinée avec l'emprisonnement, devient manifeste : le signe de la servitude est empreint sur ce travail ; et il peut l'être sur la personne du prisonnier par un habillement qui le signale. La peine ainsi caractérisée est éminemment exemplaire.

5°. Je n'insisterai pas sur un avantage particulier de ces peines, leur *tendance réformatrice* ; c'est un point essentiel qui sera bientôt traité plus amplement. Une réunion de malfaiteurs oisifs est une école de perversité : une réunion de malfaiteurs occupés n'a pas les mêmes dangers—leur attention est engagée—ils sont comme isolés par le travail—l'occupation présente leur permet moins de se livrer à ces souvenirs du passé, ou à ces projets de l'avenir qui corrompent des imaginations désœuvrées. D'ailleurs, la nature de ces travaux exige la présence d'un inspecteur, qui impose un frein aux conversations licentieuses, et encourage naturellement ceux qui montrent de bonnes dispositions. Mais le fruit principal de cette discipline est l'acquisition d'une habitude salutaire—la plus salutaire en particulier pour cette classe de malfaiteurs que l'aversion pour le travail a poussés au crime.

6° Ce mode de punir n'est pas tout à fait destitué *d'analogie* ; au moins pour les délits les plus fréquens, ceux pour lesquels on manque le plus d'une peine efficace : je veux dire, les délits d'indigence et de rapacité, résultats ordinaires du vagabondage et de la fainéantise. L'ennemi du travail est forcé au travail ; le vagabond a perdu sa liberté. Plus cette peine est contraire au penchant des individus, plus elle est propre, vue en perspective, à effrayer leur imagination.

Après avoir parlé de ces peines en général, arrêtons-nous un moment à considérer l'espèce de travaux auxquels on doit donner la préférence.

La principale distinction est celle des *travaux publics* et des *travaux sédentaires.*

Dans les travaux publics, l'infamie de la publicité tend plus à dépraver les individus que l'habitude du travail ne tend à les réformer. A Berne il y a deux classes de forçats, les uns employés à nettoyer les rues et à d'autres ouvrages publics ; les autres occupés dans l'intérieur d'une prison. Les derniers, après leur libération, retombent rarement sous les mains de la Justice : les autres, à peine élargis, signalent leur liberté par de nouveaux crimes. Cette différence s'expliquoit à Berne par l'impudence que ceux-ci contractoient dans un service dont l'ignominie se renouveloit tous les jours. Il est probable qu'après la notoriété de cette flétrissure, personne dans le pays ne vouloit avoir de communication avec eux, ni les employer.

Les travaux rudes et pénibles qu'on choisit d'ordinaire pour ce genre de punition ne me paroissent point lui convenir. Comment mesurer la force des individus ? comment distinguer la foiblesse réelle de la foiblesse simulée ? Il faut que les peines subsidiaires soient en proportion de la difficulté du travail, et de la répugnance du travailleur ; et le pouvoir dont un inspecteur doit être armé, est sujet aux plus grands abus. Se fier à sa pitié, même à sa justice, dans un emploi qui endurcit le cœur, c'est connoître bien mal la nature humaine. Dès qu'il faut infliger des peines corporelles, l'individu qui en est chargé sera dégradé dans l'opinion ; et il se vengera de sa bassesse par l'abus de son autorité.

Nam nil asperius humili qui surgit in altum. (1)

Les travaux qui exigent de grands efforts doivent être faits par des hommes libres. Ce qu'on arrache par l'effet de la crainte n'est jamais égal à ce qu'on peut obtenir par l'attrait de la récompense. Le travail contraint est toujours inférieur au travail volontaire, non-seulement parce que l'esclave est intéressé à cacher ses forces, mais parce qu'il lui manque l'énergie de l'âme dont la vigueur musculaire dépend à beaucoup d'égards. C'est là, pour le dire en passant, un principe bien fécond dans ses conséquences. Que les Souverains dont les peuples sont encore dans un état d'esclavage, calculent ce qu'ils perdent par cette infériorité générale du travail; ils sentiront bientôt que des opération graduelles d'affranchissement seroient pour eux la plus belle des conquêtes.—Me voilà bien loin de mon sujet : j'y reviens.

---

(1) Claudian.

Les travaux des mines, excepté dans des circonstances particulières, sont peu convenables pour des malfaiteurs, en partie par la raison que je viens de donner, en partie par le danger d'avilir ces occupations. On y associeroit bientôt les idées de crime et de honte : mineur et criminel deviendroient peu-à-peu synonymes. Ce ne seroit pas un inconvénient, si le nombre des malfaiteurs étoit suffisant pour l'exploitation des mines ; mais dans le cas contraire, on s'exposeroit à manquer d'ouvriers, en inspirant de l'aversion pour ce travail à ceux qui l'exercent volontairement, ou à ceux qui sont encore libres de choisir.

CHAPITRE XI.

De la Déportation à Botany-Bay.

ENTRE les avantages que l'indépendance a procuré aux Anglo-Américains, il en est un qui a dû frapper tous ceux qui étoient sensibles à l'honneur national : elle les a affranchis de l'humiliante obligation de recevoir chaque année le rebut de la population britannique, de servir d'égoût aux prisons de la mère-patrie et de laisser infecter la pureté des mœurs d'un peuple naissant par le mélange de toutes les dépravations possibles. L'Amérique Septentrionale a été délivrée de ce fléau qui avoit duré plus d'un siècle, mais peut-on dire jusqu'où s'étendront les conséquences morales de cette imprégnation de tous les vices ?

Je reviendrai sur cette considération importante lorsqu'en parlant des progrès de la nouvelle Zélande et de la population qui s'y forme, j'aurai à montrer les inconvéniens d'y envoyer des essaims périodiques de malfaiteurs. Mon objet, à présent, est de faire voir que la déportation, telle qu'elle est aujourd'hui, n'est plus ce qu'elle étoit autrefois, et que le changement de lieu a changé à plusieurs égards la nature de la peine : en bien, sous certains rapports ; en mal, sous plusieurs autres.

Par la déportation en Amérique, les *convicts*(1) sortoient des mains du Gouvernement. Ils étoient livrés à des Capitaines de vaisseaux qui les transportoient à leurs frais et les vendoient, à leur profit, aux colons Américains. Cette vente n'avoit lieu que pour ceux qui n'avoient pas en de quoi payer leur passage. Ceux qui payoient se trouvoient libres en arrivant au premier port. La peine se bornoit, pour eux, au simple bannissement. Ils échappoient à sa partie la plus rigoureuse, la servitude jointe au travail. Ainsi, les plus coupables, ceux qui avoient su se ménager les profits du crime, étoient les moins punis. Les petits voleurs, les malfaiteurs novices ou maladroits qui n'avoient rien gagné, portoient la double chaîne du bannissement et de l'esclavage.

Dans la déportation à Botany-Bay, le Gouvernement fait tous les frais : le Gouverneur de la colonie conserve sur tous les *convicts* l'autorité de maître : il est chargé de pourvoir à leur logement, à leur nourriture, à leurs occupations ; il a toute la surveillance de leur conduite ; il peut à son choix les appliquer aux travaux publics ou particuliers. L'obligation du travail forcé est pour tous. Aucun d'eux ne peut s'en racheter

---

(1) *Convicts,* c'est le mot anglois pour désigner les malfaiteurs, après la conviction du délit, pendant la durée de leur emprisonnement ou bannissement.

à prix d'argent. Sous ce rapport, la peine est plus certaine, et par conséquent plus efficace.

L'Amérique avoit un autre inconvénient. Elle offroit trop de facilités pour le retour des convicts. Un grand nombre d'entr'eux, profitant des communications toujours ouvertes, ne tardoient guères à rapporter dans la métropole leur fatale industrie aiguisée par l'expérience. La distance de Botany-Bay, colonie aux antipodes de l'Angleterre, et la rareté du commerce, surtout du commerce avec les autres nations, diminue le danger des retours illégaux. Cette circonstance, comme la précédente, rendant la peine plus certaine, la rend aussi plus efficace.

Considérée dans son état actuel, la déportation est une peine *complexe* ; elle est composée, 1°. du bannissement, et 2°. de la servitude laborieuse—le bannissement, peine éminemment défectueuse, surtout par son extrême inégalité : la servitude laborieuse, peine éminemment salutaire, mais qui, étant combinée avec le bannissement, perd tous ses bons effets, et en produit une foule de mauvais.

Pour établir cette assertion par des raisonnemens déduits des faits, je vais reprendre les différens buts que le Législateur doit se proposer dans l'institution pénale, et je ferai voir que la déportation, celle de Botany-Bay en particulier, n'en remplit aucun d'une manière satisfaisante.

I. Quel est le premier but des peines, le but principal ? *L'exemple.* La déportation n'a rie. d'exemplaire. Voilà son vice radical. Elle ne montre pas le châtiment, elle le cache, elle le soustrait à la vue de ceux auxquels il devroit servir de leçon. Une scène pénale, qui se passe dans un monde si éloigné, si étranger, avec lequel nous avons si peu de rapports, ne peut faire sur les esprits qu'une impression foible et fugitive. " Le peuple," dit un auteur qui avoit bien étudié les effets de l'imagination, " le peuple ne met au-
" cune différence entre ce qui est à mille ans de
" lui, et ce qui en est à mille lieues (1)". Je l'ai déjà dit : mais il est bon de le répéter. Ce n'est pas la souffrance du criminel qui est utile au public comme exemple ; c'est la partie manifeste de ses souffrances, celle qui frappe les yeux, celle qui se grave dans la pensée, celle qui laisse une empreinte assez forte pour combattre la tentation d'un crime. Dans la déportation, les souffrances réelles sont excessives :—cette détention qui la précède dans les prisons ou dans les galères de la Tamise—cette navigation de cinq ou six mois tout au moins, supplice continuel par l'entassement des prisonniers et par la contrainte nécessaire où il faut les tenir—le danger des tempêtes,

(1) Racine, Préface de Bajazet.

—celui des maladies contagieuses, porté au plus haut degré, souvent réalisé de la manière la plus funeste : voilà le simple prélude d'une captivité de plusieurs années, dans un continent aride et sauvage, où les subsistances ont été long-temps précaires, et où le retard d'un vaisseau a fait souvent éprouver à toute la colonie les horreurs de la famine. Ce n'est là qu'une foible esquisse des malheurs de cet exil. On ne sauroit imaginer de situation plus déplorable; et il faut ajouter que le terme assigné par la loi à sa durée, est prolongé soit arbitrairement, soit par des circonstances locales. Cependant, cette prodigalité de maux, comparée à son effet pour l'exemple, est presque en pure perte. Le fleuve de l'oubli coule entre ce monde et le nôtre. Il n'y a pas la centième, pas la millième partie de ces peines qui fasse impression sur les habitans de la mère-patrie, sur cette classe du peuple qui ne lit point, qui réfléchit peu, et dont l'imagination n'est émue que par la présence des objets. Je dis plus : la déportation renferme des circonstances décevantes, des illusions qui supplantent les idées tristes, et les remplacent fréquemment par des espérances flatteuses. Certes, il faudroit bien peu connoître les hommes, bien peu connoître la jeunesse, et surtout la jeunesse angloise, pour ne pas sentir qu'un voyage lointain, un nouveau pays, des compagnons nombreux, un établissement, et des aventures, auront un charme suffisant pour détourner l'esprit du tableau sinistre, et le fixer de préférence sur des images licentieuses et des perspectives séduisantes (1).

II. Second but des peines. *Correction, réformation* des individus. Consultons les faits, remontons aux causes ; nous verrons que l'établissement de Botany-Bay a été très-infructueux, et le sera toujours sous ce rapport.

Dans la déportation aux colonies Américaines, il y avoit deux circonstances favorables à la réformation des *convicts*—leur admission dans les familles du pays—leur séparation les uns des autres.

Dès qu'un convict étoit entré au service d'un fermier, tous les membres de la famille devenoient des inspecteurs intéressés de la conduite du nouveau-venu. Occupé de son travail, sous les yeux d'un maître, il n'avoit plus ni les mêmes tentations ni les mêmes moyens de se livrer à ses inclinations vicieuses. La dépendance de son sort lui donnoit un interet s. il le à regagner l'estime de ceux qui avoient tant de pouvoir sur lui ; et s'il

---

(1) Il y a quelques années que deux jeunes gens, l'un de 14 ans, l'autre de 16, étoient condamnés, pour vol, à être transportés. A c' le Sentence imprévue, le plus jeune se mit à pleurer. " .ibécille !" lui dit son compagnon d'un air de triomphe, " comment pleure-t-on d'avoir un grand voyage à faire ?" Je tiens ce fait d'un témoin qui en fut vivement frappé.

lui restoit le germe de quelque sentiment honnête, il ne pouvoit que se développer par l'influence des bons exemples domestiques.

Ces circonstances propices n'existent pas à Botany-Bay. Point de familles pour recevoir les convicts : point d'arrangement praticable pour les tenir séparés : point de surveillance assidue. Comme leur principale occupation est l'agriculture, il faut nécessairement qu'ils soient distribués sur un grand espace, et isolés dans leurs habitations. Il est vrai que des Officiers de police vont faire leur ronde, pour maintenir, autant qu'on le peut, l'ordre et le travail : mais qu'attendre d'une inspection accidentelle, interrompue, imparfaite à tous égards, aussi désagréable aux inspecteurs qu'aux inspectés ? Est-ce là un préservatif bien efficace contre l'aversion pour le travail, la passion du jeu, l'ivrognerie, l'incontinence, l'insouciance de l'avenir, l'absence de tout sentiment d'honneur ? L'inspecteur s'éloigne, et tous les désordres que sa présence avoit suspendus, recommencent aussitôt. Qu'on se représente combien l'autorité a peu de ressources avec des hommes entre lesquels la complicité est toute établie, et qui se font un triomphe, un jeu malin de s'entr'aider à déjouer toute surveillance !

Le public est en possession d'un document bien précieux ; c'est une histoire complette des seize premières années de cette colonie : histoire qui ne laisse rien à désirer pour la fidélité des faits, et qui les raconte, sous la forme d'un journal, avec toutes les circonstances nécessaires. Pour comble de sûreté, l'historiographe de l'Etablissement en est le panégyriste : il en occupoit la première Magistrature civile; et s'il a peint une scène continuelle de dépravation, c'est une preuve que la candeur de l'Ecrivain l'a emporté sur tout intérêt personnel ou politique (1).

L'impression générale qui résulte de la lecture de cet ouvrage est un sentiment amer de tristesse et de dégoût : c'est l'histoire la plus honteuse de l'humanité, un calendrier monotone de crimes et de châtimens. Les hommes toujours unis contre le Gouvernement, toujours en conspiration pour désobeir à leurs Chefs et pour les tromper, ne forment entr'eux qu'une société hostile et perfide, une société de renards et de loups. Les femmes qui sont partout la meilleure moitié de l'espèce humaine, font à Botany-Bay une singulière exception. L'historien répète en plusieurs endroits qu'elles sont pires que les hommes, qu'il ne se passe pas une transaction infame où elles n'aient leur part. Voilà les mères de la colonie ! les dépositaires des mœurs de la génération naissante !

Les reproches d'immoralité sont vagues, et susceptibles d'exagération : les délits sont des faits constants. Ceux qui se commettent à Botany-Bay,

---

(1) Collin's Account of Botany Bay, &c.

malgré la présence immédiate du Gouvernement et la promptitude des opérations de la Justice, surpassent tout ce qu'on auroit pu imaginer : il y a peu de pages qui ne contiennent le récit de quelque violence ou de quelque vol, tantôt des déprédations sur le fonds commun des subsistences : tantôt des invasions sur les propriétés particulières. La fureur du jeu et la débauche produisent des provocations continuelles ; les assassinats et les meurtres sont dans une proportion effrayante. Le crime le plus dangereux, l'incendiat, n'a été nulle part aussi fréquent que dans cette colonie naissante. Toute la force des lois n'a pu prévenir les aggressions de ces sauvages d'Europe contre les paisibles indigènes qu'on auroit gagnés par de bons traitemens, et dont on a fait des ennemis redoutables.

Loin de s'amender dans cet établissement, plus les individus y prolongent leur séjour, plus leur dépravation s'accroît. Quel que soit le degré de vice que l'historien attribue aux convicts durant leur servitude, ils paroissent dans son récit demi-honnêtes, demi-sobres, demi-rangés, en comparaison de ceux qui, après avoir achevé leur terme de captivité, sont affranchis, et s'établissent dans la colonie. C'est eux qui sont les grands moteurs des désordres, la source principale des embarras du Gouvernement.

L'auteur allègue à cet égard une observation probante : pendant les cinq premières années, où

cette classe d'affranchis n'existoit pas encore, la
conduite des convicts étoit beaucoup plus soumise,
et donnoit des espérances; mais à mesure que, par
l'expiration des termes, le nombre des colons
émancipés s'est accru, tous les freins de la loi se
sont affoiblis : non-seulement ces nouveaux libres
se sont abandonnés à toutes sortes d'excès, comme
pour se dédommager de la contrainte passée, mais
ils ont encouragé au mal les convicts mêmes : ceux-
ci ayant trouvé parmi leurs anciens camarades des
réceleurs pour le vol, des protecteurs pour le crime,
qui les accueillent dans leur fuite, qui les cachent
dans leur retraite, sont devenus plus insolens et
plus réfractaires, et n'aspirent qu'au moment de
reprendre cette sauvage indépendance.

Quelle digue élever contre un torrent dont la
force s'accroît sans cesse ? Tous les moyens employés jusqu'à présent ont été inefficaces, et il est aisé
de démontrer qu'ils le seront toujours. Les instructions morales et religieuses demeurent sans effet :
la Police et la Justice trouvent des obstacles in-
vincibles dans la nature même de la population :
et la cause principale de tous les désordres, la circulation des liqueurs fortes est tellement favorisée
par les circonstances locales qu'il est impossible de
la prévenir. Entrons dans quelques détails sur
ces différens points.

Je ne dirai qu'un mot sur les instructions religieuses. Que peut-on attendre de deux ou trois
Chapelains dispersés entre les divers établissemens

de la colonie? Quel sera le résultat d'une heure ou deux de service religieux un jour de la semaine? et ce service, comment est-il écouté par des hommes qui n'y assistent que par contrainte, qu'il faut y conduire par des ordres, et y assujettir par des punitions? L'Eglise qui n'étoit pour eux qu'un séjour d'ennui, devint l'objet d'un complot. On a pu les forcer à reconstruire, dans leurs moments de loisir, l'édifice qu'ils avoient brûlé: mais on ne les forcera pas à prêter une oreille attentive et un cœur docile à des instructions de commande. Les femmes mêmes, dit l'historien, ont toujours des prétextes, des mensonges tout prêts, pour se dispenser de la simple formalité de ce devoir: en sorte que la religion dans cette colonie est bien moins un moyen de réformation qu'une occasion de nouveaux délits.

Quant à la police, elle est affoiblie à Botany-Bay par la corruption des fonctionnaires subalternes. Dans une population que justifie si bien la défiance du Gouvernement, il a fallu gêner les communications réciproques. Tous les habitans, excepté les officiers, ont été soumis à l'obligation d'avoir un passeport pour aller d'un district à l'autre: mais les constables, chargés de viser ces passeports, sont, pour la plupart, des hommes timides ou corrompus, qui craignent de faire leur devoir, ou trouvent du profit à ne pas le faire. Il règne d'ailleurs, parmi les colons affranchis, une disposition constante et universelle à ne souffrir l'établissement d'aucune règle ; et à donner asile à tous les ennemis du Gouvernement.

Quant aux délits si fréquens dans cette colonie, il y a une cause qui désarme souvent la justice, un principe d'impunité qui paraît sans remède. L'historien, qui étoit Juge, en fait le sujet le plus ordinaire de ses plaintes. On ne peut presque, dit-il, punir que les criminels pris en flagrant délit : comme s'il y avoit une ligue, un accord tacite entre la pluralité des habitans pour annuller la Justice par le refus de témoigner. Il parle de cinq meurtres commis dans le cours d'une seule année en 1796, qu'il fallut laisser impunis, malgré une abondance de présomptions, parce qu'il ne se présenta pas de témoins, quoiqu'on eut promis des récompenses extraordinaires. Après un tel fait, il est inutile d'en citer beaucoup d'autres du même genre.

La cause immédiate de presque tous les désordres, est la passion immodérée des liqueurs fortes : elle anime à son tour la fureur du jeu et l'incontinence des mœurs : elle débauche les domestiques, les soldats, les ouvriers, les femmes, les jeunes gens, les prisonniers, et ceux qui les gardent : elle va au point, dit l'historien, que nombre de colons affranchis vendent leur récolte toute entière, au moment de la moisson, pour se procurer leur liqueur favorite. Cette passion ne peut recevoir aucun frein de la part du Gouvernement : sa politique a varié à cet égard selon les circonstances :

tantôt il a permis le commerce des liqueurs spiritueuses, tantôt il l'a défendu. Mais quoi qu'il fasse, il ne sauroit empêcher ce poison de circuler librement dans toutes les veines de la colonie. Plus les habitations se multiplient et s'éloignent du centre, plus il est aisé d'établir des distilleries privées, et de les soustraire à toute inspection. Et la contrebande—l'empêchera-t-on sur une vaste étendue de côtes que toute la marine anglaise ne suffirait pas à garder? Si on n'a pas pu réprimer ce mal quand la colonie était renfermée dans un seul hameau, et n'avoit qu'un seul port, réussira-t-on mieux à présent qu'elle est disséminée sur un grand espace, et que tous les vaisseaux qui s'y rendent sont toujours abondamment pourvus de l'article de commerce dont la vente est la plus assurée et la plus lucrative ?

Tel est l'état de la réformation des convicts dans cet établissement—Aucun succès dans le passé—aucun espoir pour l'avenir. J'ai peut-être insisté trop long-temps sur ce point: heureusement, ceux qui me restent à traiter n'exigent pas la même étendue.

III.—Le troisième but des Peines est *d'ôter* aux délinquans le *pouvoir* de commettre des crimes.

La déportation remplit ce but relativement à un certain lieu: les convicts transportés à Botany-Bay ne commettront pas des crimes en Angleterre ; et la distance de cet établissement offre un degré considérable de sûreté contre leur retour illégal : voilà l'avantage.

Mais, si les convicts pendant leur séjour à Botany-Bay ne sont plus à craindre dans la Grande-Bretagne, ils le sont beaucoup à Botany-Bay même : or, les crimes étant aussi nuisibles dans cette colonie que dans la mère-patrie, il ne faut pas attribuer à cette peine un avantage qu'elle n'a point. Qu'un habitant de Londres soit satisfait par l'éloignement de ces hommes dangereux, je le comprends, son intérêt seul le touche : mais le Législateur, doit-il s'applaudir du choix d'une peine qui, sans diminuer le nombre des crimes, n'a fait que changer le lieu où ils sont commis ?

La sûreté même contre les retours illégaux n'est pas telle qu'on se l'étoit promise. D'après une table de l'émigration des convicts, de 1790 jusqu'en 1796, on trouve que 86 convicts, dont le terme avoit expiré, sont revenus avec la permission du Gouverneur, et que 76 convicts, avant la fin de leur terme, se sont échappés de la colonie, malgré toutes les précautions possibles.

Les évasions doivent se multiplier encore, à mesure que le commerce s'étend, et que les convicts plus nombreux ont plus de moyens pour en tenter l'entreprise.

Il ne faut pas même un vaisseau pour ce voyage. Sept ou huit convicts des plus déterminés se sont embarqués sur un petit bateau de pêcheurs, et ont traversé l'immense intervalle entre Botany-Bay et Timour. Les îles voisines leur offriront des retraites plus assurées. Donnez du temps à cette funeste population, elle formera des nids de pirates, et l'on aura fondé une nouvelle Alger dans les mers du Sud.

IV. Le quatrième but est de fournir une *compensation* aux parties lésées.

Il n'y a qu'un mot à dire : la déportation est absolument nulle sous ce rapport. Cette objection, il est vrai, n'a de force que par comparaison avec un genre de peine qui assureroit quelque dédommagement à la partie lésée, pris sur le travail de l'auteur du délit.

V. Le cinquième but qu'on doit avoir en vue est *l'économie* pour l'Etat.

S'il s'agissoit d'un établissement pénal bon à tous autres égards, un certain surplus de dépense seroit une foible objection : mais le système le plus défectueux en lui-même est en même temps le plus dispendieux.

Les rapports du Comité des Finances laissent peu de chose à désirer sur ce chef. On voit que les frais de Botany-Bay pour dix ou onze ans, jusqu'au 10e Mai 1798, montoient à un million trente-sept mille livres sterlings. En divisant cette somme par le nombre des convicts, on trouve qu'ils ont coûté par tête dans les différens voyages de trente-trois à quarante-six livres sterling, à quoi il faut ajouter toute la valeur de leur travail, puisqu'on peut la considérer comme ayant été déduite de leur dépense.

Considérez Botany-Bay comme une manufacture : le maître manufacturier, déduction faite de ses profits, trouve une balance de perte d'environ trente-huit livres sterling par tête d'ouvrier.

Ce qui rend cette manufacture plus dispendieuse qu'elle ne le seroit dans la métropole, c'est premièrement les frais nécessaires pour transporter les ouvriers à une distance de deux ou trois mille lieues—2°. L'entretien d'un état civil, Gouverneurs, Juges, Inspecteurs, Officiers de police, etc. 3°. L'entretien d'un état militaire, qui n'a d'autre objet que de maintenir la subordination et la sûreté dans la manufacture—4°. La dispersion des ouvriers, leur infidélité, leurs vices favorisés par les circonstances locales, et le peu de valeur d'un travail arraché par contrainte à des hommes qui n'ont aucun intérêt dans le produit.—5°. L'accroissement de prix pour tous les articles dont la manufacture a besoin, et qu'il faut porter d'Europe avec tous les risques d'une longue navigation.

S'il n'y a pas un commis de Manchester ou de Liverpool qui n'eût fait entrer toutes ces considérations dans son calcul, s'il n'y a pas un individu sensé qui eût voulu se charger d'une telle entreprise, il faut donc que l'arithmétique soit toute différente pour ceux qui exposent leur propre fortune, et pour ceux qui ne hasardent que la fortune publique.

On peut faire d'autres objections et de bien graves contre l'établissement de Botany-Bay d'après les lois constitutionnelles de la Grande-Bretagne (1). Je n'entre point dans cet examen, il seroit étranger à mon sujet : mais il est une dernière considération qui devroit toute seule faire abandonner ce système.

La peine de déportation, est sujette à recevoir un grand nombre d'agravations accidentelles qui ne sont point dénoncées par la loi, qui n'entroient point dans l'intention du Législateur.

Quand le Législateur ordonne une peine, il est censé la choisir comme la plus convenable au délit : il veut cette peine telle qu'elle est : il la croit suffisante : il n'en veut ni une plus foible ni une plus rigoureuse : il sait que la peine dénoncée par la loi produit un effet, mais qu'une autre peine qui s'y joint par accident, ou par négligence ou par intérêt de la part des agens, allant plus loin que la loi, est une injustice, et qu'étant nulle pour l'exemple, elle est un mal à pure perte.

La peine de déportation qui, dans l'intention de la loi, est une peine modérée, presque toujours

---

(1) Voyez l'ouvrage de Mr. Bentham.---*A Plea for the Constitution. Shewing the enormities committed, etc., etc., in New South Wales.*

limitée à sept ans ou à quatorze, est souvent commuée dans le fait en peine capitale. Il y a plus : il est à présumer que cette terrible agravation tombera principalement sur les plus foibles, les moins coupables, ceux qui, par leur sensibilité, leurs habitudes antérieures, leur sexe, leur âge, sont le moins en état de résister à toutes les causes de mortalité qui agissent sur eux dans ce funeste trajet. Les faits, à cet égard, sont aussi authentiques qu'effrayans.

Dans un espace de huit ans et demi, depuis le 8 Mai 1787 jusqu'au 31 Décembre 1795, sur cinq mille cent quatre-vingt-seize convicts embarqués, cinq cent vingt-deux périrent dans le passage ; et ce n'est pas tout : car cette table n'est pas complète. Sur vingt-huit vaisseaux, il y a une omission de cinq dont la mortalité reste inconnue.

Une navigation, quelque longue qu'elle soit, n'est point défavorable à la vie humaine : le capitaine Cook a fait le tour du monde sans perdre un seul homme. Il faut donc qu'il y ait des circonstances particulières pour rendre compte d'une mortalité qui va au point de décimer les hommes dans le passage à Botany-Bay. Ces circonstances meurtrières se trouvent dans l'espèce des prisonniers, et dans le mode de leur traitement. Leur accorde-t-on de la liberté ? on a tout à craindre de leur esprit d'insubordination. Les tient-on renfermés ? ils contractent des maladies mortelles. Des hommes durs et cupides sont-ils chargés de l'entreprise? les provisions sont insuffisantes, et d'une mauvaise qualité. Un seul prisonnier a-t-il apporté des prisons ou des galères le germe d'une maladie putride? la contagion devient d'abord générale Un vaisseau qui transportoit des convicts en 1799, (*le Hillsborough*) sur trois cents passagers, en perdit 101. Ce n'est pas, dit *Mr. Collins*, qu'on eût négligé aucune des précautions nécessaires, mais la fièvre des prisons qui avoit infecté l'habillement d'un des convicts, causa tous ces ravages.

Qu'on multiplie les réglemens tant qu'on voudra, il ne faut qu'une négligence, qu'un accident pour faire entrer la mort sous ses formes les plus hideuses dans ces prisons flottantes, qui ont à traverser la moitié du globe avec la contagion dans leur sein, avant de pouvoir séparer les pestiférés et les mourans d'avec ceux qui n'ont échappé aux maladies que pour traîner une existence débile dans un état de servitude et d'exil.

Peut-on reconnoître l'intention de la loi dans cette accumulation de rigueurs imprévues? Le Législateur paroît-il savoir ce qu'il fait, quand il ordonne une peine qui, dans son exécution, ne dépend plus de lui—qui est soumise à une infinité d'accidens—qui change de nature dès qu'elle est prononcée—et devient toute autre dans le fait qu'elle n'était dans sa volonté? La Justice dont le plus beau caractère est la certitude et la précision, la Justice qui doit tout pèser dans la balance, parce qu'elle distribue des maux, ne devient-elle pas, dans ce système pénal, une sorte de lotterie dont on ne sauroit prédire l'événement ? Qu'on essaye de traduire en sentence judiciaire ces hasards compliqués :—" Je te condamne, dira le Juge, mais je ne sais à quoi—peut être aux tempêtes et aux naufrages—peut-être à la contagion—peut-être à la famine—peut-être au massacre par la main des sauvages—peut-être aux bêtes féroces. Vas, prends ta chance, péris ou prospère, souffre ou jouis, je t'éloigne de mes yeux, le vaisseau qui t'emporte me dérobe l'aspect de tes misères, je ne m'inquiète plus de toi."

Cet établissement, dira-t-on peut-être, quoique très-défectueux sous le rapport pénal, produira des avantages politiques : c'est le berceau d'une colonie, il s'y formera peu à peu une population considérable ; les générations futures vaudront mieux que les fondateurs, et l'on aura enfin après des siècles une possession britannique d'une importance majeure.

Je répondrois d'abord, s'il faut répondre à tout, que de tous les moyens qu'on pouvoit prendre pour fonder une colonie dans ce nouveau continent, le plus coûteux et le moins favorable au succès, étoit d'y envoyer comme fondateurs, des hommes flétris et dépravés. S'il est une situation qui demande de la patience, de la sobriété, de l'industrie, c'est celle de colons transplantés loin

de chez eux, exposés à toutes sortes de privations, qui ont tout à créer, et qui dans un
établissement nouveau, ont à se ménager avec des
habitans sauvages et farouches, justement jaloux
d'une invasion qui menace leur propriété. Des
hommes vicieux, des malfaiteurs ont toutes les
passions destructives qui anéantiroient la société
la mieux établie, si on ne les réprimoit pas ; ils
n'ont aucune des qualités morales et industrielles
qui servent à former une communauté naissante,
et à surmonter les obstacles nombreux que leur
oppose la nature dans son état brut et inculte.

Etudiez l'histoire des colonies qui ont pros-
péré. Ce sont des *Quakers* bienfaisans et paisibles, des émigrés religieux qui se transportoient
dans un autre monde pour y trouver la liberté de
conscience, des cultivateurs pauvres et honnêtes,
qui savoient vivre de peu, et supporter de grandes
fatigues.

Les Flibustiers, enrichis du pillage des nations, et qui, par leur nombre et par leurs riches-
ses, auroient dû fonder des Etats, se sont anéan-
tis par leurs vices, et n'ont laissé que dans l'histoire une trace de leur existence.

S'il étoit conforme à la saine politique de
fonder une colonie dans la nouvelle Zélande, il
falloit donc y envoyer de bons laboureurs, d'in-
dustrieux ouvriers, d'honnêtes familles ; et il falloit apporter les plus grands soins à en écarter les
malfaiteurs qui portent avec eux la semence de

tous les désordres, et qui doivent détourner d'un pareil Etablissement tous ceux qu'on auroit dû y inviter de préférence.

Il est ridicule, au moins dans l'état actuel de cette colonie, d'en parler comme d'un objet de commerce. Loin de produire un surplus échangeable, elle ne produit pas assez pour ses besoins. Elle a beaucoup à acheter, et presque rien à vendre. Son seul moyen de commerce est le numéraire ; ce numéraire envoyé par la Métropole pour l'entretien civil et militaire du Gouvernement, passe tout entier aux marchands nationaux ou étrangers qui vont vendre leurs denrées à Botany-Bay, à cinq cent pour cent de bénéfice. Faute de numéraire, le Gouvernement a déjà été réduit à créer un papier monnoye, c'est-à-dire, à fonder une dette coloniale.

En voilà sans doute assez pour montrer que l'objet politique n'est pas mieux rempli par cet établissement que l'objet pénal.

CHAPITRE XII.

Maison de Pénitence.—Panoptique.

J'AI inséré dans le troisième volume des *Traités de Législation*, article *Panoptique*, un résumé de tout ce que Mr. Bentham avoit publié sur ce sujet. Je dois y renvoyer mes lecteurs, mais pour l'éclaircissement de ce chapitre, je vais rappeler en peu de mots les trois idées fondamentales de son plan.

·1°. Un *bâtiment circulaire* ou polygone, avec des cellules à la circonférence sur plusieurs étages: au centre, une loge pour l'Inspecteur, d'où il puisse voir tous les prisonniers, même sans être vu, et leur faire passer toutes ses directions, sans quitter son poste.

2°. *Administration par contrat.* Un Entrepreneur se charge à prix fait pour chaque prisonnier de l'entretien total, se réservant le profit du travail dont le choix lui est laissé sans restriction.

Ce système porte au plus haut degré la réunion de l'intérêt du Gouverneur avec tous ses devoirs. Plus ses prisonniers seront réguliers et laborieux, plus ses profits seront grands. C'est à lui à les instruire dans les divers métiers lucratifs, et à leur donner une part dans les bénéfices pour les exciter au travail. Il est tout ensemble Magistrat, Instituteur, Chef d'atelier et de famille. Il a le plus pressant de tous les motifs à remplir les obligations de ces différens titres.

3°. *Responsabilité de l'Administrateur.* Il est chargé d'une assurance sur les vies. D'après le calcul moyen des âges, on lui alloue une somme fixe pour chacun de ceux qui doivent mourir dans le courant d'une année : mais à la fin de l'année, il doit payer la même somme pour chacun de ceux qu'il aura perdu par la mort ou par évasion. Le voilà donc constitué assureur de la vie et de la garde des prisonniers ; mais assurer leur vie, c'est en même temps assurer une multitude de soins dont dépendent leur santé et leur bien-être.

La publicité est le préservatif le plus efficace contre les abus : les prisons ordinaires sont couvertes d'un voile ténébreux ; le Panoptique est pour ainsi dire transparent. Il doit être ouvert à toute heure à tous les Magistrats : il doit l'être à tout le public à certaines heures ou à certains jours. Les spectateurs, introduits dans la loge centrale, auront à la fois sous les yeux toute la scène de l'intérieur : autant de témoins, autant de juges de la tenue et de l'état des prisonniers.

J'ai vu en France des personnes qui se piquoient d'une profonde sensibilité, convertir en objection contre le plan de Mr. Bentham, ce qui fait son mérite particulier, *l'inspection continuelle.* C'étoit à leurs yeux une gêne qui équivaloit à toutes les tyrannies ensemble : une maison de ce genre leur présentoit l'image de l'enfer. Ces hommes si sensibles oublioient sans doute l'état des prisons communes, où les prisonniers toujours entassés n'ont de tranquillité ni jour ni nuit. L'inspection continuelle est le moyen d'admettre dans une prison plus d'aisance et de liberté, de supprimer les fers et les cachots, de faciliter la formation des petites sociétés par cellules, de prévenir les querelles, le tumulte et le bruit, (ces sources amères de vexation,) de protéger les prisonniers contre les caprices des geôliers et la brutalité de leurs compagnons, de les mettre à l'abri des négligences si fréquentes et si cruelles, en leur donnant un appel facile dans tous leurs besoins, un recours direct à l'autorité du Chef. Combien d'avantages réels ! mais la sensibilité fantastique ne raisonne pas ainsi.

Supposons maintenant cette maison de pénitence toute établie, et voyons comment elle répond aux divers buts de la peine.

Premier But.—*L'Exemple.*

La scène pénale est dans le voisinage d'une métropole, le lieu qui contient le plus grand nombre d'hommes réunis, et de ceux qui ont besoin qu'on mette sous leurs yeux le châtiment du crime. L'aspect de l'édifice, la singularité de sa forme, les murs et les fossés qui l'entourent, la garde qui veille à ses portes, tout retrace l'idée de malfaiteurs enfermés et punis : la facilité de l'admission ne sauroit manquer d'attirer un grand nombre de visiteurs. Que verra-t-on ? des hommes privés de la liberté dont ils ont abusé, soumis au travail qui étoit l'objet de leur aversion, punis de leur intempérance par un régime austère ; les plus criminels couverts d'un signalement particulier qui rend sensible l'infamie du crime. Quel drame plus frappant pour la classe la plus nombreuse des spectateurs! Qu'elle source de conversations, d'allusions, de leçons domestiques, de récits utiles! Quelle comparaison se fait plus naturellement à cet aspect que celle d'un travail libre, et des jouissances de l'homme innocent, avec les rigueurs d'une captivité forcée! Et cependant la peine réelle est moins grande que la peine apparente : les spectateurs qui n'ont qu'un moment à donner à ce coup-d'œil mélancolique ne peuvent pas sentir tout ce qui tempère effectivement cette situation. Les peines sont visibles, et l'imagination les exagère : les adoucissemens sont cachés, et il n'y a point de mal en pure perte. La plupart même de ces prisonniers, tirés des classes souffrantes et malheureuses, sont comparativement dans un état de bien-être. Le travail les garantit du fléau rongeur des prisons,—l'ennui.

SECOND BUT.—*Réformation.*

Oisiveté—intempérance—liaisons vicieuses; voilà les trois causes principales de corruption dans les classes pauvres. Lorsque ces habitudes sont devenues assez fortes pour surmonter les motifs tutélaires, et pour produire des crimes, on ne peut espérer de les corriger que par une éducation nouvelle ; éducation qui consiste à placer les individus dans des circonstances où il leur soit impossible de se livrer à leur penchans, et où tout concourre à faire naître des habitudes opposées. Le premier moyen de succès, c'est la surveillance.———Les délinquans sont une classe particulière d'hommes qui ont besoin d'une inspection continuelle. Leur foiblesse est de ne savoir pas résister aux séductions du moment ; ce sont des esprits dérangés et infirmes, dont la maladie n'est pas aussi incurable ni aussi manifeste que celle des idiots et des lunatiques ; mais il faut, comme ceux-ci, les tenir en tutelle : on ne sauroit sans imprudence les confier à eux-mêmes.

Sous la sauvegarde de cette inspection non interrompue, sans laquelle il n'y a point de bien à espérer, la maison de pénitence que je décris renferme toutes les causes qui peuvent détruire le germe des vices, et reproduire celui des vertus.

1°. *Le travail.*—Je conviens que la contrainte, loin d'en inspirer le goût, peut en augmenter l'aversion. Mais il faut considérer qu'ici le travail est l'unique ressource contre l'ennui, qu'étant imposé à tous, il est encouragé par l'exemple, et rendu plus agréable par une société suivie avec les mêmes personnes ; de plus, il est animé par une récompense immédiate, par ce quart de profit qui lui ôte le caractère de la servitude, et associe le travailleur à l'entrepreneur. Ceux qui n'avoient aucun talent lucratif reçoivent dans cette éducation de nouvelles facultés et de nouvelles jouissances ; et à l'époque de leur élargissement, ils auront acquis une industrie plus profitable que les gains précaires de la rapine et de la fraude.

2°.—*La tempérance.*—Nous avons vu que les désordres de Botany-Bay sont tous causés ou entretenus par la passion des liqueurs fortes, et qu'il n'y a aucun moyen d'en empêcher la circulation. Ici, le mal est arrêté dans sa source ; pas une goutte de ce poison ne peut entrer en contre-bande ; les transgressions sont impossibles. Il est dans la nature de l'homme de se plier à la nécessité. Les difficultés enflamment ses désirs, mais l'impuissance absolue de les satisfaire éteint bientôt ceux qui ne tiennent qu'à des habitudes. Il y a de l'humanité dans une règle stricte qui prévient non-seulement les fautes et les châtimens, mais les tentations mêmes.

3°. *La séparation des classes.*—Le Panoptique est le seul plan qui permette de former les

prisonniers en petites sociétés, de les assortir en
évitant de placer ensemble ceux dont les vices
seroient le plus contagieux. Ces associations ne
peuvent manquer de produire entr'eux des services
réciproques, des affections, et d'autres habitudes
favorables au caractère. Il y aura bientôt parmi
eux des maîtres et des disciples, des récompenses
pour enseigner, de l'émulation pour apprendre ; un
sentiment d'honneur et d'estime de soi-même sera
le premier fruit de l'application. Les idées d'instruction et de profit légitime remplaceront peu-à-
peu celles de licence et de gains frauduleux. Tout
cela découle de la nature de l'établissement.

Pourquoi ne laisseroit-on pas aux prisonniers
célibataires des deux sexes la faculté de se marier ?
ce seroit un aiguillon puissant pour ceux qui
aspireroient à cette récompense et qui ne pourroient
l'obtenir que par leur bonne conduite et leur industrie.

Ces petites sociétés présenteroient une sûreté
de plus : celle de la responsabilité mutuelle. Il est
aussi juste que naturel de leur dire: " Vous vivez
ensemble, vous agissez de concert, vous avez pu
prévenir le délit, et si vous ne l'avez pas fait, vous
en êtes complices." Voilà donc les prisonniers
convertis en gardiens et en inspecteurs. Chaque
cellule est intéressée à la bonne conduite de tous
ses membres. S'il y en avoit une qui fût remarquable par le bon ordre, il conviendroit de
lui accorder quelque distinction, quelque em-

blême d'approbation extérieure et visible à tous. Avec un tel art, on feroit peut-être rentrer le sentiment de l'honneur dans le séjour même de l'ignominie.

4°. *Les instructions.*—Indigence, ignorance et crime ont une étroite parenté. Instruire les prisonniers qui n'ont pas passé l'âge docile, c'est faire plusieurs biens à la fois : l'instruction est d'un grand secours pour changer les habitudes de l'esprit par un nouveau fonds d'idées, et pour relever à leurs propres yeux des êtres dégradés par l'infériorité de leur éducation. Les diverses études peuvent remplir utilement les loisirs de ce jour dans lequel des travaux mécaniques sont suspendus, et qu'on ne peut pas employer tout entier au service religieux. Il y a de la prudence et de l'humanité à remplir ainsi tous les intervalles de cette journée, sans abandonner à eux-mêmes des esprits vides pour qui l'oisiveté est un fardeau difficile à porter. Mais l'objet va plus loin encore, surtout pour les jeunes gens qui sont toujours en grande proportion dans le nombre total. Il faut que leur prison soit leur école, pour les mettre en état d'en sortir sans y rentrer.

Le service religieux doit être rendu attrayant pour être efficace ; il doit s'accomplir dans l'intérieur de la maison, sans que les prisonniers quittent leur cellule. La loge centrale s'ouvre, le public est admis, le culte est approprié à la nature de l'Etablissement : une musique grave ajoute à l'im-

pression des solennités religieuses : les instructions
sont adaptées aux besoins de ceux qui doivent les
recevoir. Le Chapelain chargé du service n'est
pas un étranger pour eux : c'est un bienfaiteur
qui leur donne des soins journaliers, qui suit les
progrès de leur amendement, qui est leur inter-
prète et leur témoin auprès de leurs Chefs. Comme
protecteur, comme instituteur, comme ami qui les
console et qui les éclaire, il réunit tous les titres
qui peuvent le rendre un objet de respect et d'affection. Combien d'hommes sensibles et vertueux,
postuleroient une place qui offre à la religion des
conquêtes plus intéressantes que les régions sauvages de l'Afrique et du Canada !

J'avoue toutefois qu'une connoissance appro-
fondie du cœur humain inspire une grande défiance sur la réformation des criminels. L'expérience ne justifie que trop souvent cette maxime
d'un poëte :

> L'honneur est comme une île escarpée et sans bords :
> On n'y peut plus rentrer dès qu'on en est dehors.

Mais les hommes les plus défians, les plus
incrédules pour le bien, accorderont du moins
qu'à cet égard il y a une grande différence à faire
selon l'âge des délinquans et la nature des délits.
La jeunesse est une cire molle qui se laisse façon-
ner. L'âge mûr, inflexible, résiste à de nouvelles
impressions. Quantité de méfaits n'ont point de
racines profondes dans le cœur, mais tiennent à

des positions, des séductions, des exemples, et surtout à l'indigence, *malesuada fames !* Des actes d'une vengeance soudaine ou d'un emportement subit ne supposent pas de la perversité. Ces distinctions sont justes ; on ne les conteste pas, et l'on doit convenir que le régime pénitentiel que nous avons décrit, présente les moyens les plus efficaces pour amender ceux qui ont conservé quelque principe sain et honnête. Je citerai bientôt une preuve de fait à l'appui de cette théorie.

TROISIÈME BUT.— *Suppression du Pouvoir de nuire.*

Quoiqu'il en soit de la réformation interne qui corrige la volonté même, le Panoptique possède toutes les conditions requises pour ôter le pouvoir de commettre de nouveaux délits.

Sous ce chef, il faut considérer les prisonniers dans deux époques—celle de leur emprisonnement —celle qui est postérieure à leur libération.

Pendant la première, supposez-les aussi méchans que vous voudrez, quels crimes pourront-ils commettre sous le principe d'une inspection non-interrompue, divisés par cellules, jamais assez forts pour une révolte, ne pouvant s'unir et conspirer sans être aperçus, responsables les uns pour les autres, privés de toute communication au dehors, sevrés de liqueurs fortes, (ces stimulans de toutes les entreprises hardies,) et sous la main d'un Gouverneur qui peut aussitôt isoler l'homme dangereux ? La seule énumération de ces circonstances inspire une sécurité complette. Qu'on se rappelle le tableau de Botany-Bay. Le contraste est aussi frappant qu'il puisse l'être.

La prévention des crimes de la part des délinquans prisonniers est encore en raison de la difficulté de leur évasion : et quel système donne à cet égard une sûreté comparable à celle du Panoptique ?

Par rapport aux prisonniers élargis, la seule garantie absolue est dans leur réformation.

Indépendamment de cet heureux effet sur lequel on peut compter dans ce plan plus que dans tout autre, les prisonniers libérés auront pour la plupart acquis, par les économies qu'on aura faites pour eux sur le quart de profit de leur travail, un pécule qui les mettroit à l'abri des tentations immédiates, et leur donneroit le temps de faire valoir les ressources de l'industrie qu'ils ont acquise durant leur captivité.

Ce n'est pas tout. J'ai réservé pour cet article la mention d'un moyen très-ingénieux dont l'auteur du Panoptique a fait le supplément de cette mesure pénale. Il a donné une attention particulière à la position dangereuse, à l'état critique des prisonniers libérés, rentrant dans le monde après une détention de plusieurs années, sans amis pour les recevoir, sans réputation pour les protéger, sous la défaveur d'un caractère suspect, et plusieurs, peut-être, dans les premiers

transports de joie de leur liberté recouvrée, aussi
peu capables d'en user avec discrétion que des esclaves qui viennent de rompre leurs fers. C'est
par là que l'auteur a été conduit à l'idée d'un établissement auxiliaire, où les prisonniers élargis
passeroient, au sortir du Panoptique, pour y faire
un séjour plus ou moins long, d'après la nature de
leur délit, et leur conduite antérieure. Le détail
de l'exécution n'est pas de mon sujet. Il me suffit de dire que dans cette clôture privilégiée, ils
auroient divers degrés de liberté, des occupations
de leur choix, le salaire entier de leurs travaux,
avec un prix fixe et modique pour leur entretien,
le droit d'aller et venir en consignant une somme
pour caution — plus d'uniforme de prisonnier
—plus de marque humiliante. La plupart, dans
ce premier moment d'embarras où ils n'ont
point encore d'objet assuré, choisiroient d'eux-
mêmes une retraite si convenable à leur situation;
mais il sera bon d'en faire une loi. Ce séjour
passager, ce noviciat serviroit à les conduire par
degrés à leur liberté entière, à former la nuance
entre l'état de captivité et l'indépendance, à fournir une épreuve de la sincérité de leur amendement. C'est là une juste précaution contre des
individus auxquels on ne peut pas accorder sans
danger une confiance immédiate et absolue.

QUATRIÈME BUT. — *Compensation à la Partie lésée.*

Dans nos systêmes de jurisprudence, quand un délinquant est puni corporellement, il est censé avoir satisfait à la Justice : on n'exige pas, en général, qu'il fasse compensation à la partie lésée.

Il est vrai que dans le plus grand nombre de cas, cette compensation seroit inexigible. Les délinquans sont ordinairement de la classe indigente, *ex nihilo, nihil fit.*

Si leur emprisonnement est oiseux, loin de pouvoir satisfaire à la partie lésée, ils continuent à être une charge pour la société.

Si on les condamne aux travaux publics, ces travaux rarement assez lucratifs pour couvrir les frais de leur entretien, ne fourniront pas à un surplus.

Il n'y a qu'un plan comme celui du Panoptique dans lequel, par la combinaison des travaux et l'économie de l'administration, on puisse obtenir un bénéfice assez grand pour offrir au moins quelque portion d'indemnité aux parties lésées. Mr. Bentham avoit pris à cet égard des engagemens dans le contrat passé avec le ministère. Dans les prisons de Philadelphie, on prélève sur la part de profit qu'on alloue aux prisonniers, les frais de la poursuite et de la procédure. Un pas de plus, et l'on arrive jusqu'à l'indemnité des parties lésées.

Cinquième But.—*Economie.*

Dire qu'à mérite égal entre deux plans, le plus économique doit être préféré, c'est avancer une proposition qui paroîtra bien triviale à tous ceux qui ne savent pas que la dépense d'une entreprise en est souvent la recommendation secrète, et que dans les Etats riches, l'épargne est une vertu contre laquelle il existe une conspiration générale.

Dans le contrat pour le Panoptique, mille convicts devoient coûter à l'Etat £12 par tête, sans y comprendre les frais de construction qui, étant portés à £20,000, et ceux du terrain évalués à £10,000, (prenant l'intérêt à cinq pour cent,) ajoutoient £1 10*s.* pour chacun d'eux : dépense totale par individu, £13 10*s.*

Il faut se rappeler que, dans le même temps, la dépense moyenne de chaque convict, dans la nouvelle Zélande, étoit de £37, presque le triple. De plus, l'auteur du Panoptique assuroit

1°. Une indemnité aux parties lésées.

2°. Il allouoit un quart du profit aux prisonniers.

3°. Il devoit y avoir une réduction future dans les frais du Gouvernement.

Une nouvelle entreprise comme celle du Panoptique, destinée à embrasser plusieurs branches d'industrie, ne donne pas d'abord ses plus grands bénéfices : elle peut être onéreuse dans l'origine et ne devenir fructueuse que par degrés. Il faut du temps pour établir les travaux, pour mettre en culture les terreins appliqués à l'entretien de la maison, pour former des élèves, pour régler les habitudes, pour perfectionner, en un mot, tout le système économique. Mr. Bentham avoit fait une condition expresse de la publicité de tous ses comptes ; et si les bénéfices, comme on avoit lieu de le croire, devenoient considérables, le Gouvernement auroit pu s'en prévaloir dans les contrats subséquens, pour obtenir des termes plus favorables. Mr. Bentham, d'après les calculs sur lesquels il avoit consulté des personnes expérimentées, présumoit qu'en peu de temps les convicts ne coûteroient plus rien à l'Etat.

Laissant à part tout ce qu'il peut y avoir d'hypothétique dans ce résultat, il est évident qu'une maison de pénitence domestique doit être moins coûteuse qu'un établissement colonial. J'en ai dit les raisons sous le même chef en parlant de Botany-Bay.

Je viens de montrer la convenance de ce plan par rapport à tous les buts de la peine : il me reste à observer qu'il atteint son objet sans produire aucun de ces inconvéniens collatéraux qui abondent dans la déportation coloniale—point de séjour prolongé dans les galères avant le départ—point de hasards d'une longue navigation—point d'entassement d'hommes dans les vaisseaux ni de

mortalité contagieuse—point de danger de famine
—point de guerre intestine avec des sauvages—
point de rébellions—point d'abus d'autorité de
la part des chefs—en un mot, absence entière
de ces maux accessoires et accidentels dont
chaque page offre un exemple dans l'histoire de la
colonie pénale. Quelle immense économie dans
l'emploi de la peine ! Elle ne va plus se dissémi-
ner et se perdre sur des rochers arides et dans des
déserts lointains, elle conserve toujours sa nature
de peine légale, de peine juste et méritée, sans se
convertir en maux de toute espèce qui n'excitent
plus que la pitié : elle est toute en vue : elle est
toute en service : elle ne dépend plus du hasard ;
son exécution n'est plus abandonnée à des soins
subalternes, à des mains mercenaires ; le Législateur qui l'ordonne, en surveille incessamment
l'administration.

Le succès qu'on peut obtenir d'une maison
de pénitence bien ordonnée, n'est plus aujourd'hui
une simple probabilité, fondée sur des raisonnemens : l'expérience est faite : elle a réussi, même
au-delà de ce qu'on avoit espéré. Les Quakers de
Pensylvanie en ont eu l'honneur ; c'est un des plus
beaux fleurons de cette couronne d'humanité qui
les distingue entre toutes les sociétés chrétiennes.
Ils ont eu long-temps à lutter contre les obstacles ordinaires—la force des préjugés, l'indifférence du public, la routine des tribunaux, et la
repoussante incrédulité des froids raisonneurs.

Sur la maison de pénitence de Philadelphie, outre les rapports officiels du Directeur, nous avons deux relations de voyageurs désintéressés, dont l'accord fait preuve d'autant plus qu'ils ne portoient dans cet examen ni les mêmes préjugés ni les mêmes vues : l'un est un Français, le Duc de Liancourt, très-versé dans le régime des hôpitaux et des prisons : l'autre est un Anglois, le capitaine Turnbull, plus occupé des sciences maritimes que des objets politiques.

Tous deux nous représentent l'intérieur de cette prison comme une scène d'activité paisible et régulière. On n'y voit ni hauteur ni rigueur de la part des geôliers, ni insolence ni bassesse de la part des prisonniers. La parole est douce avec eux : on ne se permet pas même une expression blessante. Si quelque faute est commise, la seule peine du coupable est une clôture solitaire de quelques jours, et l'enrégistrement de sa faute sur un livre où chacun d'eux a un compte ouvert pour le mal comme pour le bien. La santé, la décence et la propreté régnent partout. Rien qui offense les sens les plus délicats. Point de bruit, point de chants, point de conversation tumultueuse. Chacun, appliqué à son ouvrage, craint d'interrompre celui des autres ; on maintient avec soin cette paix extérieure comme favorable à la réflexion et au travail, et très-propre à prévenir cet état d'irritation si commun ailleurs entre les gardiens et les captifs.

" Je fus surpris, dit le capitaine Turnbull, de trouver une femme exerçant les fonctions de geôlier : ce fait ayant excité ma curiosité, je fus informé que son mari avoit eu le même emploi avant elle. Au milieu des soins qu'il avoit donné à sa fille, attaquée de la fièvre jaune en 1793, il prit la même maladie et en mourut, laissant aux prisonniers le regret d'avoir perdu un ami et un protecteur. En considération de ses services, sa veuve fut choisie pour lui succéder. Elle s'acquitte de tous ses devoirs avec autant d'attention que d'humanité."

S'attendoit-on à trouver de pareils traits dans les régistres d'une prison ? et ne rappellent-ils pas plutôt cette peinture d'un âge d'or à venir, tracé par la main d'un prophète ; " Le loup habitera avec l'agneau, et un enfant sera leur guide ?"

Je ne puis me refuser à transcrire deux autres faits qui n'ont pas besoin de commentaire. " Pendant la fièvre jaune en 1793, on eut bien de la peine à trouver des gardes pour les malades à l'hôpital de Bush-Hill. On eut recours à la prison. La demande fut faite, et le danger du service fut expliqué aux convicts. Il s'en offrit autant qu'on en avoit besoin. Ils furent fidèles à leurs fonctions jusqu'à la conclusion de cette scène tragique, aucun d'eux ne demanda de salaire jusqu'à l'époque de l'élargissement."

" Les femmes donnèrent une autre preuve

de bonne conduite pendant le cours de la conta
gion. On les pria de céder leur bois de lit pour
l'usage des malades à l'hôpital. Elles offrirent
de bon cœur les lits mêmes.

O vertu, où vas-tu te cacher ! s'écrioit un
philosophe, (1) témoin d'un acte de probité de la
part d'un mendiant. Eût-il été moins surpris
d'une bienfaisance héroïque dans une prison criminelle ?

Quelle différence entre ces femmes, émules
des Sœurs de la Charité, et celles de la Nouvelle
Zélande, pires que les hommes ! Quelle différence entre ces hommes qui vont servir des malades au péril de leur vie, et ceux de Botany-
Bay, qui mettent le feu aux hôpitaux et aux prisons, remplis de leur compagnons d'infortune !

Cette bonne conduite des prisonniers, ne
fût elle qu'une simple suspension de vices et de
délits, seroit déjà un grand point gagné. Voyons
maintenant si la réforme va plus loin.

" De tous les convicts condamnés pendant
les cinq dernières années, dit Turnbull, il n'y
en a pas cinq sur cent qui aient été remis en prison pour de nouveaux délits." (p. 48.)

A New-York, quoique le résultat ait été
moins favorable, il démontre encore les bons
effets de ce système. " Durant les cinq ans qui

(1) Le philosophe dont je parle est l'auteur du *Mysan-*
trope.

expirent en 1801," dit le principal Administrateur
de la maison de pénitence (M. Eddy) dans le
compte rendu à ses concitoyens, " de 349 prisonniers qui ont été élargis par l'expiration de leur sentence ou par un pardon, vingt neuf seulement ont
été convaincus de nouveaux délits ; et de ces vingt-
neuf, seize étoient étrangers. De quatre-vingt-six
pardonnés, huit ont été resaisis pour de nouvelles
offenses, et de ces huit, cinq étoient étrangers.

Il faut observer toutefois, pour se tenir en
garde contre toute exagération, que de ces prisonniers libérés, plusieurs ont pu se dépayser, et
commettre des crimes dans les provinces voisines ;
ne voulant pas s'exposer à l'austère emprisonnement de New-York ou de Philadelphie : car on
a des preuves de fait qu'un risque de mort est
moins effrayant pour les hommes de cette trempe
qu'une captivité laborieuse.

Le succès de ces établissemens a tenu sans
doute en grande partie au zèle éclairé des fondateurs et des inspecteurs ; mais il a des causes permanentes—la sobriété—l'industrie—les récompenses données à la bonne conduite.

La règle essentielle de sobriété a été l'exclusion des liqueurs fortes : on ne permet aucun
breuvage fermenté, pas même la petite bière.
L'abstinence a paru plus facile que la modération.
L'expérience a prouvé que le stimulant des liqueurs fortes n'a qu'un effet passager, et qu'une
nourriture abondante et simple, avec l'eau pour

toute boisson, rend les hommes plus propres à des travaux soutenus. "Plusieurs de ceux qui viennent dans la prison de New-York (Eddy. p. 49.) avec une constitution affoiblie par l'intempérance et la débauche, ont repris en peu de temps, sous ce régime, leur santé et leur vigueur."

MM. de Liancourt et Turnbull sont entrés dans des détails plus précis. Nous apprenons d'eux que, depuis l'adoption de ce système, le compte du médecin qui montoit annuellement à douze cents dollars et au delà, s'est réduit à cent soixante. Le dernier donne une preuve encore plus forte de la salubrité de cette prison.

"Pendant l'automne de 1793," (dit-il, p. 20.) " quand la fièvre jaune étendoit ses ravages sur la cité de Philadelphie et ses environs, de deux cents prisonniers, il n'y en eut que six attaqués de la maladie, et envoyés à l'hôpital."

Cet exposé, dans lequel j'omets beaucoup de circonstances favorables, sans en supprimer aucune d'un genre opposé, paroît suffisant pour démontrer la supériorité des maisons de pénitence sur le système de la déportation. Si les résultats ont été si avantageux en Amérique, pourquoi le seroient-ils moins en Angleterre? Les hommes y sont-ils d'une autre nature? Les caractères pervers y sont-ils plus opiniâtres? Les motifs employés sur eux seront-ils moins puissans? Le mode nouveau, proposé par l'auteur du Panoptique, offre un perfectionnement sensible de la méthode des

Américains : l'inspection est plus complette, l'instruction plus étendue, les évasions plus difficiles ;
la publicité est augmentée sous tous les rapports ;
la distribution des prisonniers par cellules et par
classes obvie à l'inconvénient du mélange qui
subsiste encore dans la maison de pénitence de
Philadelphie. Mais ce qui vaut plus que tout le
reste, c'est que la responsabilité de l'Administrateur, est liée dans le système du Panoptique,
avec son intérêt personnel, au point qu'il ne peut
négliger aucun de ses devoirs sans être le premier
à en souffrir, et que tout le bien qu'il fait à ses
prisonniers, il se le fait à lui-même. La religion
et l'humanité ont animé les fondateurs des maisons de pénitence en Amérique : mais ces principes genéreux seront-ils moins forts quand ils
seront réunis à l'intérêt de la réputation et de la
fortune? réputation, fortune, les deux grandes
sauvegardes de tout établissement public — les
seules peut-être à qui la politique puisse se fier
constamment—les seules dont l'action ne soit pas
sujette à se ralentir—les seules qui, pouvant toujours être d'accord avec la vertu, peuvent encore
faire son œuvre, et la remplacer quand elle manque.

CHAPITRE XIII.

Des Peines capitales.

La peine *capitale* se divise en deux espèces, la mort *simple* et la mort *afflictive :* j'appelle simple, celle qui n'est accompagnée d'aucune peine au delà de ce qui paroît nécessaire pour l'accomplir : afflictive, celle qui est accompagnée d'autres peines.

Si nous avions à comparer les divers procédés par lesquels on peut produire la mort simple, ce seroit pour découvrir le mode qui peut mériter la préférence comme plus prompt dans son effet ou plus exemplaire.

Celui qui est usité en Angleterre n'est peut-être pas le meilleur. Dans l'étranglement par suspension, le poids du corps est rarement suffisant pour faire cesser subitement la respiration. Si le patient est laissé à lui-même, on aperçoit pendant quelques instans des agitations convulsives. Aussi voit-on souvent les spectateurs, par pure compassion, saisir le mourant par les pieds et ajouter tout leur poids au sien, pour abréger sa souffrance. L'étranglement par le lacet, tel qu'il est pratiqué en Turquie pour les Musulmans (1), peut paroître plus rigoureux,

---

(1) C'est chez eux la peine d'honneur, comme la décapitation parmi nous.

soit à raison de nos préjugés contre les usages
d'un Gouvernement despotique, soit parce que
l'exécuteur, dans ce genre de mort, a plus de part
à l'opération que dans l'autre; mais il est certain
que ce mode est plus prompt. La force est appliquée directement pour couper la respiration, au
lieu que dans la suspension, elle n'agit qu'oblique-
ment; et de plus, la force de deux hommes qui
agissent de concert pour serrer le nœud, est supérieure à celle du poids d'un seul.

Cependant il est connu par le rapport de
plusieurs personnes secourues à temps, que dans
l'étranglement par suspension la faculté de sentir
est bientôt arrêtée. On croit que le sentiment
cesse avant que les convulsions soient terminées,
et que la peine est plus grande en apparence qu'en
réalité.

Par rapport à la décapitation, il y a des raisons de soupçonner que la sensibilité peut durer
au delà de l'opération: elle peut se conserver dans
le prolongement de la moëlle épinière ou dans le
cerveau. On voit du moins quantité d'insectes
continuer à se mouvoir après que la tête a été séparée du tronc.

II.—*Peines capitales afflictives.*

Pour épuiser le sujet, il faudroit passer en
revue les régistres criminels de toutes les nations;
mais quelle découverte utile à l'humanité pour-

rions-nous espérer d'une telle recherche, capable d'en compenser le dégoût ? Nous nous dispensons de cette étude et de ces descriptions d'autant plus volontiers, que tous les supplices afflictifs ont disparu des codes les plus récens de l'Europe, et que là où ils ne sont pas formellement abolis, ils ne sont plus exécutés. Jouissons de cet heureux effet du progrès des lumières ; il y a peu d'occasions où la philosophie puisse offrir aux Gouvernemens des félicitations plus justes et plus honorables. L'importance du sujet ne nous permet pas toutefois de n'en faire aucune mention. Cette jurisprudence a régné trop long-temps, elle a eu trop d'apologistes, elle peut citer trop de grands noms à son appui pour devoir être entièrement omise dans un ouvrage expressément écrit sur les peines. Il est bon de montrer que la raison s'accorde avec l'humanité pour condamner ces supplices non-seulement comme inutiles, mais comme produisant des effets contraires à l'intention du Législateur.

Si l'on considère ces supplices afflictifs, tant ceux qui ont été abolis depuis long-temps, tels que la crucifixion (1), l'exposition aux bêtes fé-

_____

(1) Chacun sait la raison qui a fait abolir ce genre de mort parmi les nations chrétiennes. *Felix culpa*, dirions-nous avec un Père de l'Eglise, dans un autre sens, si la même raison eût fait abolir tous les autres supplices cruels. L'exposition aux bêtes féroces est bien un de ceux que l'esprit de l'Evangile

roces, ou ceux qui ont prévalu plus ou moins chez diverses nations modernes de l'Europe, tels que le feu, l'empalement, l'écartèlement, la roue, on voit que dans tous, la circonstance la plus afflictive, c'est leur *durée* : mais cette circonstance n'est pas de nature à produire l'effet qu'on en attend.

Dans la description de la loi, ce qui frappe le plus vivement, c'est l'*intensité* de la peine : la circonstance de sa *durée* fait beaucoup moins d'impression. Une légère différence dans la rigueur apparente du genre de mort frappe l'imagination avec une grande force : l'idée de la durée est presque entièrement absorbée dans celle de la mort.

Dans la description légale du supplice, la circonstance de la durée n'est jamais mise en évidence ; on n'en dit rien, parce qu'elle est naturellement incertaine ; elle dépend de la force physique de l'individu et de divers accidents particuliers. Il n'y a donc rien qui attire l'attention et qui la fixe sur ce point principal : cette circons-

devoit détruire. Il subsista toutefois sous les Empereurs chrétiens. Valentinien faisoit jeter les criminels dans le charnier de deux ourses auxquelles, par une dérision barbare, il donnoit le nom de *Miette d'or* et d'*Innocence* : et même pour récompenser les services d'un de ces animaux dont il s'étoit plu souvent à contempler l'appétit féroce, il le fit remettre en liberté dans les forêts. *Gibbon. Tome IV. ch. xxv.*

tance sera comme nulle pour ceux qui ne savent pas réfléchir : elle sera bien loin de se présenter dans toute sa force à ceux qui sont le plus capables de réflexion.

Il est vrai que la loi pourroit énoncer le terme de la durée du supplice, elle pourroit marquer le nombre de minutes ou le nombre d'heures, pendant lesquels il peut être prolongé. Ce seroit là, sans doute, un moyen de forcer l'attention sur cette circonstance : mais ce moyen même seroit très-imparfait pour son but principal ; car par la nature de l'esprit humain, l'idée de la durée est toujours foiblement conçue : elle donne peu de prise à l'imagination. Au moyen d'un tableau, on peut rendre sensible l'intensité du supplice ; on ne peut pas représenter la durée. On peut peindre le feu, la roue, l'agonie et les convulsions d'un mourant à demi consumé ou déchiré : les momens ne sauroient se peindre. Une peine de deux heures ne peut pas paroître plus grande, dans le tableau, qu'une peine d'un quart d'heure. L'imagination va plus loin que l'art imitatif, mais elle reste toujours fort au dessous de la réalité.

Il est vrai qu'à la vue de l'exécution, la circonstance de la durée acquiert plus de poids. Mais il faut observer qu'après un certain temps, la prolongation du supplice a épuisé son effet : et alors il s'élève dans l'âme des spectateurs un sentiment bien opposé à celui qu'on devroit désirer de produire. La pitié succède, le cœur se révolte, le cri de l'humanité blessée se fait entendre. Des accidens graves, des défaillances, des avortemens, des convulsions mortelles signalent ces scènes tragiques (1). Ces sanglantes exécutions et les récits effrayans qui s'en répandent, sont le vrai principe de cette sourde antipathie qui se forme contre les lois et leurs ministres : antipathie qui tend à la multiplication des crimes en favorisant l'impunité des coupables.

Un Gouvernement qui veut maintenir ces peines atroces n'en peut donner qu'une seule raison ; c'est qu'il a rendu la condition habituelle du

---

(1) Voici un fait cité par Mallebranche. (*Recherche de la Vérité*, Liv. II. ch. 7.)

" Il y a environ sept ou huit ans que l'on voyoit, aux Incurables, un jeune homme qui étoit né fou, et dont le corps étoit rompu aux mêmes endroits dans lesquels on rompt les criminels. Il a vécu près de vingt ans dans cet état : plusieurs personnes l'y ont vu, et la feue Reine-Mère, étant allée visiter cet hôpital, eut la curiosité de le voir, et même de toucher les bras et les jambes de ce jeune homme aux endroits où étoit la fracture. Selon les principes que je viens d'établir, la cause de cet accident funeste fut que sa mère ayant su qu'on alloit rompre un criminel, l'alla voir exécuter. Tous les coups que l'on donna à ce misérable frappèrent avec force l'imagination de cette mère, et par contre-coup le cerveau tendre et délicat de son enfant, etc."

peuple si malheureuse, qu'on ne peut plus le contenir par des peines modérées.

. Se commet-il plus de forfaits dans les pays
où de tels supplices sont ignorés ? Non : les brigands les plus cruels se sont formés sous les lois
les plus terribles, et il ne faut pas s'en étonner.
Le sort dont ils sont menacés les endurcit pour les
autres comme pour eux-mêmes. Ce sont des ennemis à outrance, et ils considèrent leurs actes de
barbarie comme des représailles.

Montaigne avoit devancé son siècle sur ce
point comme sur tant d'autres. "Tout ce qui est
au delà de la mort simple," dit-il, " me semble pure
cruauté. Notre justice ne peut espérer que celui que
la crainte de mourir et d'être décapité et pendu,
ne gardera de faillir, en soit empêché par l'imagination d'un feu languissant, ou des tenailles, ou
de la roue. Et je ne sais cependant si nous ne
les jetons au désespoir, etc. (1)

L'Assemblée Constituante de France avoit
aboli les supplices afflictifs : le Code Napoléon
n'admet d'autre peine de mort que la décapitation;
et ce n'est que dans le cas du parricide et de l'attentat sur la vie du Souverain qu'il ajoute à la

---

(1) Liv. II. ch. 27. *Couardise, mère de la cruauté.*

Et lupus et turpes instant morientibus ursi,
Et quæcunque minor nobilitate fera est.
                                              OVID.

mort simple une peine afflictive caractéristique, la main coupée.

En Angleterre, il n'y a point de peine capitale afflictive, excepté dans le cas de haute trahison. D'après la loi, le délinquant doit être 1°. traîné à la queue d'un cheval, depuis la prison jusqu'à la place de l'exécution ; 2°. il doit être pendu par le cou, mais non de manière à produire la mort ; 3°. les entrailles doivent être arrachées et brûlées pendant qu'il est encore en vie ; 4°. il doit être décapité ; 5°. ses membres doivent être séparés ; 6°. la tête et les membres doivent être exposés dans un lieu public.

Cette peine ne s'exécute plus. Le Roi la commue en simple peine de mort. Mais la loi existe.

Je voudrois avoir fini sur ce sujet : malheureusement il me reste à parler d'un supplice afflictif, plus hideux, plus affreux que tous ceux dont nous avons fait mention, et qui n'est pas encore aboli. Ce n'est pas en Europe qu'il existe, c'est dans les colonies européennes, dans les îles occidentales. En voici une description abrégée.

L'homme supplicié est attaché à une potence par un crochet qui le prend sous l'épaule, ou sous l'os de la poitrine. Il est défendu, sous des peines sévères, de lui procurer aucun soulagement. Là il reste exposé pendant le jour, sous un ciel sans nuage, aux rayons brûlans d'un soleil presque vertical ; et pendant la nuit, aux froides et humides vapeurs de ce climat. La peau qui se déchire attire une multitude d'insectes qui viennent se nourrir de son sang ; et il expire lentement dans les tourmens de la faim et de la soif.

A considérer cette complication de souffrances, leur intensité qui surpasse tout ce que l'imagination peut concevoir, et leur durée, non de plusieurs heures, mais de plusieurs jours, on jugera qu'en fait de supplice, l'invention humaine n'a jamais été au delà.

Les personnes à qui ce supplice a été approprié jusqu'à présent sont les esclaves noirs, pour punir un crime qui s'appelle rébellion, parce qu'ils sont les plus foibles, et qui seroit un acte innocent de défense personnelle, s'ils étoient les plus forts. Ces infortunés Africains ont une constitution si robuste que plusieurs d'eux peuvent languir dix ou douze jours dans ces affreux tourmens avant que la mort les termine.

Cette peine, nous dit-on, est un frein nécessaire : c'est-à-dire, nécessaire pour contenir ces esclaves dans leur état de servitude : leur condition en général est si misérable que la simple peine de mort n'auroit point de terreur pour eux.

Il y a peut-être quelque vérité dans cette assertion : il est certain que les peines pour être efficaces, doivent avoir une proportion avec l'état moyen de jouissance des individus. Mais voyez où cela mène. Le nombre des esclaves

dans ces colonies est à celui des blancs environ de
six à un. Supposons trois cent mille noirs et
trente mille blancs. Voilà donc trois cent mille
personnes tenues dans un état, où, à tout prendre, l'existence est pire que la mort : et toute cette
création de misère a pour objet de maintenir trente
mille personnes dans une condition qui n'a rien de
plus heureux que celle de trente mille individus,
pris au hasard, dans le pays où il n'y a point d'esclavage. Je ne veux pas nier que le sucre, le café
et les autres productions des îles n'ajoutent beaucoup aux jouissances des peuples de l'Europe.
Mais s'il faut les acheter à ce prix, si on ne peut
les obtenir qu'en retenant trois cent mille hommes
dans une servitude telle qu'elle requierre la terreur de ces horribles exécutions, y a-t-il quelque
considération de luxe et de jouissance qui puisse
contrebalancer de tels maux ?

Je suis toutefois bien convaincu que les
défenseurs de ces supplices exagèrent pour les
justifier, les misères de la servitude, et l'indifférence des esclaves pour la vie. Si ces derniers en étoient à ce degré de malheur qui peut
nécessiter des lois si atroces, ces lois mêmes seroient impuissantes pour les contenir. N'ayant
rien à perdre, ils n'auroient rien à ménager. On
ne verroit parmi eux que soulèvemens et mas-
sacres. Le désespoir produiroit tous les jours
des scènes affreuses. Mais si l'existence n'est pas

dépouillée pour eux de toutes ses douceurs, le seul argument en faveur de cette loi tombe de lui-même.   Que les colons y réfléchissent. Si un tel Code est nécessaire, les colonies sont la honte et le fléau de l'humanité : s'il ne l'est pas, il est la honte des colons eux-mêmes.

CHAPITRE XIV.

Examen de la Peine de Mort.

VOICI le plan de cet examen. Nous considérons d'abord les propriétés avantageuses de la peine capitale : Nous passons ensuite à celles qui paroissent avoir une tendance désavantageuse, c'est-à-dire, contraire aux fins de la Justice.

Nous présenterons en dernier lieu des effets collatéraux résultant de la peine de mort, effets plus éloignés, moins manifestes, mais peut être plus graves que les plus immédiats et les plus sensibles.

Cependant ne perdons pas de vue que pour l'objet pratique, l'examen d'une peine seroit un travail stérile si on ne la considéroit pas par rapport à une autre peine avec laquelle on peut la comparer pour établir une préférence. Il en est d'une peine comme d'un impôt : montrer qu'un certain impôt est un mal, c'est semer un germe de mécontentement, et rien de plus : pour être vraiment utile, il faut accompagner cette révélation nuisible de l'indication d'un autre moyen, qui, avec moins d'inconvéniens, donne un produit égal.

§ I.—*Qualités avantageuses de la Peine de Mort.*

1°. La première qualité de la peine capitale, qualité qu'elle possède pleinement, c'est *d'ôter le pouvoir de nuire*. Tout ce qu'on peut appréhender d'un criminel, soit par la violence de ses dispositions, soit par l'artifice de sa conduite, s'évanouit au même instant. La société obtient une délivrance prompte et complette d'un sujet d'alarme.

2°. Elle est *analogue* au délit dans le cas du meurtre : mais son analogie se borne là.

3°. Dans ce même cas, elle est *populaire*.

4°. Elle est *exemplaire* ; elle l'est même plus que toute autre, et dans les lieux où elle est rarement administrée, elle laisse une longue impression de terreur.

Beccaria pense que la *durée* de la peine fait plus d'impression sur les hommes que son intensité : " Notre sensibilité", dit-il, " est plus facilement et plus durablement affectée par des impressions foibles mais répétées, que par un mouvement violent mais passager.—La mort d'un scélérat sera par cette raison un frein moins puissant du crime que le long et durable exemple d'un homme privé de sa liberté et devenu un animal de service, pour réparer, par les travaux de toute sa vie, le dommage qu'il a fait à la société." (1)

_____

(1) *Des Délits et des Peines,* ch. xvi.

Quelque respectable que soit l'autorité de ce philosophe, je suis disposé à croire qu'il se trompe et je me fonde sur deux observations : 1°. Relativement à la mort en général, il paroît que les hommes la regardent comme le plus grand des maux, et qu'on se soumet à tout pour y échapper. 2°. Relativement à la mort pénale, la disposition universelle est de l'accuser d'un excès de sévérité. Aussi voit-on fréquemment en Angleterre les Jurés solliciter, comme acte de merci, la substitution de toute autre peine, quelque sévère qu'elle soit en durée. Il paroît donc qu'il y a dans l'esprit humain une idée confuse et exagérée de l'intensité des peines d'une mort violente, tellement que ce supplice, quoique si prompt dans son effet, produit une impression plus vive sur la multitude que les peines les plus durables. Je me rangerai bien à l'opinion de Beccaria quand il sera question de comparer la peine de mort à celle des travaux forcés par rapport aux malfaiteurs : mais pour la généralité des hommes, pour la classe où l'on trouve tous les motifs d'attachement à la vie, l'honneur, les affections, les jouissances, les espérances, je crois la peine capitale plus exemplaire que toute autre.

5°. Quoique la peine *apparente* soit la plus grande qu'il y ait, la souffrance *réelle* est moindre que dans la plupart des peines afflictives. Celles-ci, outre leur intensité et leur durée, entraînent souvent des suites qui altèrent la constitution, et font du reste de la vie un tissu de douleurs. Dans la peine capitale, la souffrance est momentanée, le mal se réduit à une privation absolue.

A ne considérer que le dernier période, la mort pénale, plus douce que la mort naturelle, loin d'être un mal, offriroit une balance en bien. Pour voir ce qui constitue la peine, il faut remonter à un période antérieur. Cette peine est toute en *appréhension :* l'appréhension commence à l'heure même où le délinquant a commis le crime, Elle ne lui laisse aucun repos pendant la poursuite, elle redouble quand il est arrêté, elle s'accroît par degrés à mesure que l'instruction du procès rend sa condamnation plus certaine, elle est à son comble dans l'intervalle de la sentence à l'exécution.

Pour justifier la peine de mort, l'argument le plus solide est celui qui résulte de ces deux considérations réunies : d'une part, c'est la peine la plus grande en apparence, la plus frappante, la plus exemplaire pour la société en général :— d'une autre part, c'est une peine réellement moins rigoureuse qu'elle ne paroît l'être pour la classe abjecte qui fournit les grands scélérats ; elle ne fait que donner une prompte issue à une existence inquiète, malheureuse, déshonorée, dénuée de toute véritable valeur. *Heu ! Heu ! quam male extra legem viventibus* (1).

_____

(1) Petron. Satyr.

§ II.—*Qualités pénales qui manquent dans la Peine de Mort.*

1°. La peine capitale n'est pas *convertible en profit* : elle ne donne point de dédommagement à la partie lésée : elle en détruit même la source ; le délinquant par son travail pourroit réparer une partie du mal qu'il a fait ; sa mort ne répare rien.

2°. Loin d'être convertible en profit, cette peine est une *perte*, une *dépense* dans ce qui fait la force et la richesse d'une nation, le nombre des hommes.

Il est vrai qu'on ne peut pas estimer la valeur d'un malfaiteur comme égale à la valeur moyenne de tout autre individu pris au hasard. Un homme ne vaut que par son industrie et son travail ; or, le défaut d'une industrie honnête et l'aversion pour le travail sont les causes des délits les plus fréquens. Les voleurs de profession sont les frêlons de la ruche : aussi leur mort n'est une perte que par comparaison avec une peine, telle que l'emprisonnement laborieux, qui peut les réformer et les rendre utiles.

3°. Un chef plus important sous lequel cette peine est éminemment défectueuse, c'est l'*égalité.* Elle est très-inégale, par conséquent très-incertaine dans son opération préventive.

Prenez la généralité des hommes, la mort est une peine très-forte, quoiqu'il y ait bien des degrés dans ses terreurs. Prenez la classe des grands criminels, pour les uns, la mort sera une peine excessive : pour d'autres, elle sera presque nulle : pour d'autres encore, elle sera un objet de désir.

La mort est l'absence de tous les biens ; mais, elle est aussi l'absence de tous les maux. Un homme éprouve-t-il la tentation de commettre un crime punissable de mort ? sa détermination est le résultat du calcul suivant.—Il considère d'une part tout le bonheur dont il peut jouir en s'abstenant du crime : de l'autre, tout l'avantage qu'il se promet en le commettant, y compris la chance de la peine qui peut en abréger la jouissance.

Mais par rapport à la première branche du calcul, si, au lieu d'avoir du bonheur à perdre, il est dans un état de malheur positif, la force qui le retient est nulle : la tentation qui le pousse n'est combattue par rien. La chance d'une mort violente qui lui ôtera tout le profit du délit, est une soustraction à faire : mais quand elle est faite la balance penche encore en faveur de ce délit.

Or, telle est la situation du plus grand nombre des malfaiteurs, leur existence n'est qu'un composé déplorable de plusieurs espèces de misères : ils sont dans une fièvre continuelle entre la crainte des lois et des besoins toujours renaissans; leur vie, ainsi dépouillée de tout ce qui pourroit lui donner du prix, ne vaudroit pas la peine d'être conservée, si ce n'étoit pour la jouissance de quelques plaisirs furtifs auxquels ils ne peuvent plus arriver que par des crimes.

Le calcul pour et contre, se fait-il par les malfaiteurs avec la méthode et la précision que je lui ai donnée? Non, mais il se fait toujours, et il faut bien qu'il se fasse, puisqu'un malfaiteur, ainsi que tout autre homme, n'agit que d'après un motif.

Dans tous les cas où le crime est commis, la peine de mort a été inefficace: Pourquoi l'a-t-elle été? C'est qu'elle porte sur la supposition d'un grand attachement à la vie; et que cet attachement n'existe pas, ou du moins n'est pas en proportion avec la force des motifs séducteurs.

Mais, dira-t-on, toute autre peine seroit également inutile: car, pour atteindre le but, il faudroit que cette autre peine fût de nature à ôter au criminel l'inclination ou le pouvoir de commettre des crimes. Or, qu'on le réduise à un état qui lui rende la mort désirable, la mort est une ressource qui ne sauroit lui manquer.

Cette conclusion seroit juste si un homme se déterminoit à se donner la mort aussi aisément qu'il peut se soumettre à la recevoir.

D'abord, celui qui brave la mort juridique peut avoir des espérances d'impunité; il n'ignore pas les chances qui le favorisent: la passion même les lui exagère : c'est d'ailleurs un événement éloigné, la distance en affoiblit l'impression ; et quand il envisageroit son état comme un métier périlleux, ne voit-on pas les métiers les plus périlleux embrassés par des hommes qui ont tous les motifs possibles d'attachement à la vie ? Manque-t-on d'ouvriers dans les manufactures de poudre à canon dont les explosions sont si fréquentes ? Il y a donc bien de la différence entre s'exposer à la mort, ou se la donner volontairement.

De plus, il ne faut pour la recevoir qu'un seul acte de résignation : dans tout le reste, l'individu est simplement passif : le bandeau sur les yeux, l'esprit distrait par diverses pensées, par la multitude des spectateurs, par la voix d'un consolateur religieux, il arrive insensiblement au moment fatal, et la catastrophe se consomme presque à son insçu. Celui qui veut mourir de sa propre main est dans un cas bien différent. Il faut une première volonté, il en faut une seconde, une troisième, une suite d'actes réitérés et soutenus, pour amener l'événement à sa conclusion. Aux premières atteintes de la douleur, il faut que l'âme, déjà ébranlée, redouble ses efforts pour l'augmenter encore et la rendre fatale. Aussi combien de suicides commencés et non consommés ! La première tentative a épuisé le courage.

On a souvent vu des hommes réduits aux dernières extrémités, bien déterminés à mourir, et

des guerriers même, invoquer, quand ils l'ont pu,
le secours d'une main amie. Saül se fit donner
la mort par son écuyer ; Tibérius Gracchius, par
son affranchi ; Néron, par un de ses satellites.

Il y a encore loin d'un suicide résolu, à un
suicide exécuté. On a même observé que ceux
qui avoient pris leur résolution devenoient plus
calmes, et différoient son accomplissement d'un
temps à un autre. C'est qu'il y a une disposition
naturelle dans tous les hommes à rester satisfaits,
quand ils ont obtenu un certain pouvoir, sans
procéder immédiatement à s'en servir. L'avarice
en est bien la preuve.

Cette disposition sera celle du malfaiteur
condamné à d'autres peines que la mort. " Souffrir plutôt que mourir," sera sa devise. Forme-t-
il un projet de désespoir ? il ne l'accomplira pas
sur l'heure : un jour les moyens lui manqueront,
un autre jour, le courage sera en défaut : d'autres
incidens amèneront d'autres pensées. On observe
dans l'esprit humain de même que dans l'organi-
sation physique une étonnante aptitude à se prêter aux situations les plus fâcheuses. Qu'une
grande artère soit coupée ou obstruée, les petits
vaisseaux environnans se dilatent, ils prennent
sur eux les fonctions de celui qui n'agit plus, et
peu à peu, ils parviennent à le remplacer. La
perte de la vue perfectionne le sens du toucher.
La main gauche apprend en peu de temps à sup-

pléer à la droite, on a vu une partie inférieure du canal alimentaire acquérir la texture, et remplir les fonctions de l'estomac.

L'esprit n'a pas moins de souplesse et de docilité pour se conformer à des circonstances qui, au premier aspect, sembloient intolérables. Toutes les peines ont leurs momens de relâche, et par le seul effet du contraste ces adoucissemens passagers deviennent des plaisirs très-vifs. Combien d'hommes tombés du faîte des grandeurs dans un abîme de misères, ont sevré leur âme par degrés de toutes ces jouissances d'habitude, et se sont créés de nouvelles ressources ! L'araignée du Comte de Lauzun, les ouvrages de paille de Bicêtre, les petits chefs-dœuvre d'industrie et de patience des prisonniers de guerre français, et tant d'autres exemples connus de tout le monde, suffisent pour justifier cette observation.

Je résume. La peine de mort est défectueuse au plus haut degré par son *inégalité*: son opération est particulièrement incertaine et foible sur la classe la plus dépravée et la plus redoutable des malfaiteurs, celle des voleurs et des brigands de profession (1).

Quand on observe à Newgate le courage ou

_____

(1) " Ne savois-tu pas que nous étions sujets à une maladie de plus que les autres hommes," disoit un assassin sur la roue à son compagnon de supplice qui poussoit des cris.

Tableau de Paris, par Mercier.

la brutale indifférence de la plupart des malfaiteurs, à l'article de la mort, on ne sauroit douter qu'ils n'aient pris l'habitude d'envisager cette manière de finir leurs jours comme étant pour eux la mort naturelle, comme un accident qui ne doit pas plus les effrayer dans leurs entreprises que les naufrages et les boulets n'effrayent les matelots et les soldats.

IV. *La Peine de Mort n'est pas rémissible.*

La même objection s'applique à plusieurs peines afflictives, mais quoiqu'irrémissibles, elles ne sont pas irréparables. La mort seule ne laisse point de ressource.

Il n'y a pas d'homme un peu versé dans la procédure criminelle qui ne pense avec terreur à combien peu de chose tient la vie d'un homme sous le poids d'une accusation capitale, et qui ne se rappelle des exemples où un individu n'a dû son salut qu'à quelque circonstance extraordinaire qui a mis son innocence au jour, lorsqu'elle étoit prête à succomber. Les chances de danger sont sans doute très-différentes selon les différens systèmes de procédure. Ceux qui admettent la torture comme moyen d'arracher des aveux pour suppléer à des preuves incomplettes, ceux qui rendent l'instruction secrette, sont, pour ainsi dire, tout bordés de précipices. Mais y a-t-il des formes judiciaires qui puissent donner la certitude de se garantir toujours des pièges du mensonge et des illusions de l'erreur? Non. La sûreté absolue est un point de perfection dont on peut approcher plus qu'on ne l'a fait, sans pouvoir jamais y atteindre, car tout témoin peut être trompeur ou trompé, le nombre même de ceux qui déposent n'est pas une sauvegarde infaillible; et quant aux preuves qui se tirent des faits concomitans, les circonstances les plus concluantes en apparence, celles qui ne paroissent pouvoir s'expliquer que dans l'hypothèse du crime, peuvent être des effets du hasard ou des arrangemens préconcertés par des complices. La seule preuve qui paroisse opérer une conviction complette, la confession libre de l'accusé, outre qu'elle est rare, ne donne pas même une certitude absolue, puisqu'on a vu des hommes, comme dans le cas du sortilége, s'avouer coupables, lorsque le crime supposé n'étoit pas possible.

Ce ne sont pas là des alarmes imaginaires, déduites de simples possibilités: il n'est point d'archives criminelles qui ne présentent des exemples trop fameux de méprises funestes: et celles qui, par un concours d'événemens singuliers, ont eu de l'éclat, ne peuvent que faire soupçonner beaucoup de victimes ignorées.

Il faut même observer que les cas où le mot *évidence* est le plus prodigué, sont souvent ceux où les témoignages sont les plus douteux. Lorsque le délit présumé est du nombre de ceux qui excitent le plus d'antipathie ou qui échauffent l'esprit de parti, les témoins presque à leur insçu se convertissent en accusateurs ; ils ne sont plus que les échos de la clameur publique ; la fermentation s'accroît par elle-même, et le doute n'est plus admis. Ce fut un vertige de cette nature qui emporta d'abord le peuple, et bientôt les Juges, dans la malheureuse affaire des Calas.

Ces cas malheureux où les présomptions les plus fortes, les plus voisines de l'évidence s'accumulent sur la tête d'un accusé dont l'innocence est ensuite reconnue, portent leur justification avec eux-mêmes : ce ne sont point ces jeux cruels du hasard qui bouleversent la confiance publique. Il faut, pour produire cet effet, qu'on aperçoive dans ces jugemens erronés, des preuves de témérité, d'ignorance, de précipitation, d'une adhérence opiniâtre à des formes vicieuses, enfin de ces préventions systématiques qui se forment par état dans l'esprit des Juges. Un Juge qui a toujours sous ses yeux des scènes de perversité, témoin habituel des faux-fuyans et des mensonges auxquels les accusés coupables ont recours, exerçant continuellement sa sagacité à démasquer l'imposture, cesse peu à peu de croire à l'innocence des prévenus, et les regarde d'avance comme des criminels qui ne cherchent qu'à le tromper. Que ces préventions et cette dureté soient le caractère universel des Juges, je suis loin de le penser. Mais quand il s'agit d'armer des hommes d'un pouvoir aussi terrible que la peine capitale, il est

nécessaire de se rappeler qu'en mettant entre
leurs mains ce sceptre fatal, on ne les élève pas au
dessus des foiblesses de l'humanité, on n'agrandit
pas leur intelligence, on ne leur donne point de
privilège contre l'erreur.

Le danger de la peine capitale paroît encore
plus frappant dans les cas où elle a servi d'instrument aux passions des hommes puissans qui ont
trouvé des Juges faciles à intimider ou à cor-
rompre. Dans ces cas l'iniquité, couverte de
toutes les formes de la Justice, peut échapper,
sinon aux soupçons, du moins à toutes les preuves.
La peine capitale offre même au persécuteur
comme au Juge un avantage qui ne se trouveroit
dans aucune autre peine ; je veux dire, plus de sécurité dans le crime, en étouffant par la mort
toute réclamation future. Au lieu qu'un opprimé, quelque abattu qu'il puisse être, peut,
durant toute sa vie, trouver une circonstance
favorable pour mettre son innocence au jour, et
devenir son propre vengeur. Ainsi l'assassinat
juridique, justifié pour le public par une accusation calomnieuse, assure le triomphe de ceux qui
l'ont commis. Ils auroient en tout à craindre dans
un crime inférieur : le silence de la mort met
le sceau à leur sûreté.

Si l'on considère même ces événemens rares,
mais qui peuvent toujours renaître, ces époques
où un Gouvernement dégénère en anarchie ou en
tyrannie, on verra que la peine capitale, établie

par les lois, est une arme toute préparée, dont il est plus facile d'abuser que de toutes les autres peines. Un Gouvernement tyrannique pourroit toujours, il est vrai, rétablir la peine de mort, lorsqu'elle auroit été abolie par le Législateur. Mais une telle innovation n'est pas si facile ; elle met trop la violence à découvert, elle sonne le tocsin de l'alarme. La tyrannie est bien plus à son aise, quand elle peut s'exercer sous le voile des lois, quand elle paroit suivre le cours ordinaire de la Justice, et qu'elle trouve déjà les esprits accoutumés à ce genre de peine. Le Duc d'Albe, tout féroce qu'il étoit, n'eût jamais osé immoler tant de milliers de victimes dans les Pays-Bas, s'il n'eût été reçu dans les opinions du temps que l'hérésie étoit un délit punissable de mort Biren, non moins cruel que le Duc d'Albe, Biren, qui peupla d'exilés les déserts de la Sibérie, les faisoit mutiler, parce que la mutilation étoit une peine usitée ; il n'osa que rarement les faire mourir, parce que la peine de mort ne l'étoit point. Tel est l'empire des habitudes jusques sur les hommes les plus effrénés. Et voilà une grande raison de profiter des temps paisibles pour détruire ces armes trenchantes qu'on cesse de craindre quand la rouille les a couvertes, mais qu'il est trop facile d'aiguiser de nouveau, quand les passions veulent en faire usage.

On doit ranger sous le même chef un autre inconvénient résultant de la peine capitale dans l'administration de la justice : savoir, *la destruction d'une source de preuves testimoniales.* Les archives du crime sont en partie dans la mémoire des malfaiteurs. Avec eux périssent tous les renseignemens qu'eux seuls possèdent relativement à d'autres délits ou à leurs complices. C'est une impunité accordée à tous ceux qui ne pourroient être décélés ou convaincus que par le témoignage du mort : et l'innocence sera opprimée, ou le bon droit incapable de venir au jour par la soustraction d'un témoin nécessaire.

Pendant l'instruction d'un procès criminel, les complices de l'accusé se cachent ou s'éloignent: c'est un intervalle de tribulation et d'angoisse : le glaive est suspendu sur leur tête. Sa carrière est-elle finie ? c'est pour eux un acte de jubilé et de grâce; ils ont un nouveau bail de sécurité, ils marchent la tête levée. La fidélité du défunt pour ses compagnons est exaltée comme une vertu, et reçoit parmi eux, pour l'instruction de leurs jeunes disciples, toutes les louanges de l'héroïsme.

Dans la continuité d'une prison, cet héroïsme seroit soumis à une épreuve plus dangereuse que l'interrogatoire des tribunaux. Laissé à lui-même, séparé de ses complices, le délinquant cesseroit bientôt d'être sensible à cette espèce d'honneur qui l'unissoit avec eux. Il ne faudroit qu'un moment de repentir pour lui arracher des révélations: et même sans repentir, quoi de plus naturel qu'un désir de vengeance contre ceux qui l'ont conduit à la perte de sa liberté, et qui, aussi coupables que lui, continuent à jouir de la leur ! Il n'a même besoin que d'écouter son intérêt pour acheter au prix de quelque information utile, un adoucissement à ses peines (1).

L'objection tirée de la nature irrémissible de la peine capitale s'applique à tous les cas, et ne peut cesser que par son abolition complette. Toutefois il faut considérer que la sûreté a deux branches,—sûreté contre les erreurs et les transgressions de la justice—sûreté contre les délits. Si on ne peut obtenir cette dernière qu'aux dépends de l'autre, il n'y auroit pas à balancer. Pour les délits, qui avez-vous à craindre ? Tous ceux qui en sont capables, c'est-à-dire, tous les hommes, et dans tous les temps. Pour les erreurs et les tansgressions de la Justice, ce sont des exceptions, des cas accidentels et rares.

----

(1) Comme exemple de ces documens qu'on peut trouver dans une prison, je citerai un fait que j'ai entendu conter en France. Après un vol fort extraordinaire fait à Lyon en 1780, ou environ, la Police ne pouvant obtenir aucun renseignement sur l'auteur de ce délit, s'avisa d'envoyer à Bicêtre un Exempt déguisé en prisonnier : il joua bien son rôle ; il intéressa vivement son audience par le récit détaillé de cet exploit. Dans cette assemblée de connoisseurs en crimes, l'un d'eux s'écria : *Il n'y a que Philippe pour un si grand coup!* Ce fut le trait lumineux. Ce Philippe étoit le chef du complot ; mais il avoit pris ses mesures pour assurer sa fuite et sa proie.

5°. La Peine de mort n'est pas *populaire*; elle le devient moins de jour en jour, à mesure que les esprits s'éclairent, et que les mœurs s'adoucissent. Le peuple court à une exécution, mais cet empressement qui paroît d'abord si honteux à l'humanité, n'est pas le plaisir de contempler des malheureux à leur agonie; ce n'est que le besoin d'être ému fortement par un spectacle tragique. Il y a un cas toutefois où la peine capitale est populaire et même à un haut degré, celui du meurtre. L'approbation publique semble être fondée sur l'analogie de la peine avec le délit, sur le principe de vengeance, et peut-être encore sur la crainte qu'inspire le caractère du criminel. "Le sang demande du sang," et cet acte de représailles paroît conforme à la justice naturelle.

Dans les autres cas en général, la peine de mort est impopulaire, et cette impopularité produit différentes dispositions, toutes également contraires aux fins de la Justice.—Disposition dans les parties lésées à ne pas poursuivre les coupables par la répugnance de les conduire à l'échafaud—disposition dans le public à favoriser leur évasion —disposition dans les témoins à soustraire leur témoignage, ou à l'affoiblir—disposition dans les Juges à une prévarication miséricordieuse en faveur des accusés. Et toutes ces dispositions anti-légales répandent la plus grande incertitude sur l'exécution des lois: sans compter que le respect qu'on leur doit est comme perdu quand il paroît méritoire de les éluder.

§ III.—*Récapitulation et Comparaison de la Peine capitale avec les Peines qu'on peut lui substituer.*

La peine de mort possède, avons-nous dit, quatre qualités avantageuses.

1°. Elle est dans un cas analogue avec le délit.

2°. Dans le même cas elle est populaire.

3°. Elle a une efficacité certaine pour ôter le pouvoir de nuire.

4°. Elle est exemplaire, produisant une impression plus vive que toutes les autres peines.

Ces deux premières qualités qui se rencontrent dans la peine capitale appliquée au meurtre, sont-elles des raisons suffisantes pour la conserver ? Non, car chacune d'elle prise séparément a très-peu de force. L'analogie est bien une recommandation, ce n'est pas une justification. Une peine est-elle convenable d'ailleurs ? l'analogie est un mérite de plus—est-elle défectueuse à d'autres égards ? l'analogie seule ne suffit pas pour la rendre bonne. Outre cela, cette recommandation se réduit à rien, parce que dans le cas de meurtre, on peut trouver d'autres peines qui auront un degré suffisant d'analogie pour frapper l'imagination.

Les mêmes observations s'appliquent à la *popularité* de cette peine. Toute autre deviendra également populaire, et même plus, quand on aura éprouvé qu'elle a plus de force pour prévenir le délit. L'approbation publique se proportionnera naturellement à son degré d'efficacité.

Le troisième argument est plus spécieux : la peine capitale *ôte le pouvoir de nuire.* Plusieurs ont été jusqu'à soutenir qu'elle étoit nécessaire, c'est-à-dire, qu'il n'y avoit pas d'autre moyen de prévenir le danger dont on étoit menacé de la part de certains criminels.—Assertion très-exagérée, dont on peut démontrer la fausseté par rapport aux meurtriers les plus redoutables, ceux qui n'ayant d'autre motif que la cupidité, tiennent le glaive levé sur toutes les têtes : ils ne sont ni si dangereux que des fous furieux, ni si difficiles à contenir. Les premiers calculent : ils ne commettront le crime que dans le cas où il y a un profit à faire, et une probabilité d'évasion. Le mal à redouter de la part des fous furieux n'est point limité par ces deux circonstances : cependant, on n'a jamais cru nécessaire de les mettre à mort ; on se borne à les enfermer, et ce moyen remplit parfaitement son objet.

Il n'y a qu'un cas où cette peine puisse être justifiée par la nécessité : celui de haute-trahison ou de rébellion, et seulement dans certaines circonstances : c'est-à-dire, lorsqu'il s'agiroit d'un chef de parti dans la mort duquel on éteint le

principe d'une faction : ou lorsqu'on auroit à
craindre, d'après une disposition très-répandue
dans le peuple, que l'emprisonnement ne fût pas
un moyen sûr de garde, que les geôliers séduits
ou complices ne favorisassent l'évasion du prisonnier, ou que la prison ne fût forcée. Mais ce
sont là des cas extraordinaires, des cas d'exception.

Il faut même observer relativement à ces délits politiques, que si la mort délivre d'un homme
dangereux, c'est souvent en lui donnant des successeurs plus redoutables. C'est un mot à mé-
diter que celui d'un vieux Irlandois, qui, dans une
guerre civile, étoit tombé entre les mains de ses
ennemis : le bourreau venoit d'abattre une tête :
on la lui porte toute sanglante : " Regarde, malheureux, la tête de ton fils."—" Mon fils," répond-
il, " a plus d'une tête" (1).

Le quatrième argument est le plus fort. La
peine de mort est *exemplaire*, éminemment exemplaire : aucune ne fait une aussi forte impression.

Cette assertion, comme nous l'avons déjà
prouvé, est vraie par rapport à la généralité des
hommes ; elle ne l'est pas par rapport aux grands
criminels.

Il me paroit certain que l'emprisonnement

---

* *History of the Penal Laws against the Irish Catholics,* by
H. Parnell, Esq.

perpétuel et *laborieux* feroit une impression plus profonde sur leur esprit que la mort. Nous avons déjà vu qu'ils n'ont pas les mêmes raisons d'attachement à la vie que la partie innocente et industrieuse de la société. Ils sont dans l'habitude de la risquer; l'intempérance qui est presque une nécessité de leur état, enflamme leur brutal courage. Mais toutes les causes qui leur rendent la mort moins formidable, leur inspirent de l'aversion pour un assujettissement laborieux. Plus leur existence ordinaire est indépendante, vagabonde, ennemie du travail et de la régularité, plus ils seront effrayés d'un état de soumission passive et d'une captivité laborieuse: ce genre de vie leur présente un combat continuel contre leurs inclinations.

Après avoir pesé toutes ces considérations, il me paroît en résulter que la prodigalité de la peine de mort est une méprise des Législateurs, et que cette méprise est une erreur de situation. Ceux qui font les lois appartiennent à ces premières classes de la société, où la mort est envisagée comme un grand mal, et une mort infâme comme le plus grand de tous les maux: mais ils montrent peu de réflexion en l'appliquant à une classe d'hommes malheureux et dégradés qui n'attachent pas le même prix à la vie, qui redoutent l'indigence et le travail plus que la mort, et que l'infamie habituelle de leur état rend insensible à l'infamie du supplice.

Si, malgré ces raisons qui me paroissent concluantes, on vouloit conserver la peine de mort
in terrorem, il faudroit que ce fût seulement pour
des crimes qui portent l'horreur publique au plus
haut degré, pour des meurtres accompagnés de
circonstances atroces, et surtout par la destruction de plusieurs vies : et dans ce cas, il ne faudroit pas craindre de donner à la peine capitale
l'appareil le plus tragique, autant qu'on le peut
sans avoir recours à des tourmens compliqués.

§ IV.—*Mauvais Effets collatéraux de la Peine
capitale.*

[*Note.*]—Au moment où j'envoyois cet article à l'impression, je m'aperçois que le sujet
n'auroit plus le mérite de la nouveauté, et je me
borne à en exposer le contenu.   Il est tout relatif
à la Jurisprudence Britannique.

La peine de mort appliquée à des délits où
l'opinion publique lui est contraire, loin de prévenir ces délits, tend à les multiplier par l'espoir de
l'impunité ; c'est-à-dire que la peine la plus forte
opère moins qu'une peine inférieure. Cette proposition paroît d'abord paradoxale. Mais le paradoxe
s'évanouit quand on observe les différens effets produits par l'impopularité de la peine de mort. Le premier est de relâcher la procédure en matière criminelle ; le second, de fomenter trois principes vicieux :—1°. le parjure qui semble devenir méritoire
quand il a pour motif l'humanité ; 2°. le mépris des

lois, quand il est de notoriété publique qu'on ne les exécute plus ; 3°. l'arbitraire dans les jugemens et dans les pardons, palliatif nécessaire d'un système odieux, mais palliatif plein d'abus et de dangers.

Le relâchement de la procédure pénale est le résultat d'une série de transgressions de la part des différens fonctionnaires publics dont le concours est nécessaire pour l'exécution des lois. C'est ce que l'auteur met en évidence, en examinant dans le détail la conduite des principaux agens sur le théâtre de la Justice. Il fait voir comment chacun d'eux se permet d'altérer le rôle dont il est chargé, d'affoiblir ou de rompre quelque chaînon de la loi, de substituer sa volonté propre à la volonté du Législateur (1) ; et delà il ramène tout au point dont il est parti, savoir, que toutes ces causes d'incertitude qui dominent dans la loi criminelle, sont autant d'encouragemens pour les malfaiteurs.

C'est dans les mêmes principes, et à peu près sous le même point de vue, que Sir Samuel Romilly a envisagé ce sujet dans les Bills qu'il a pro-

---

(1) Je n'en donnerai qu'un exemple. " *Remarquez ce Juré en habit bleu,*" disoit un des Juges d'Old-Bayley au Juge Nares, " *le voyez-vous ?*----Oui.----*Eh ! bien, il n'y aura pas, aujourd'hui, une seule conviction à mort pour aucun délit capital.*" Et l'observation fut vérifiée. Ce Juge lui-même raconta ce fait à un Magistrat de Londres, peu de temps après, et c'est du dernier que l'auteur le tient.

posés relativement à certains délits mineurs, pour faire abolir la peine de mort : il a toujours insisté sur la *non-exécution* de la Loi comme la cause principale de la fréquence de ces délits. Il a montré que la Loi ne s'exécutoit point, parce qu'elle étoit réprouvée, non secrètement et par un petit nombre, mais ouvertement par tout le public; et qu'en conséquence de cette désapprobation, les parties lésées, les accusateurs, les témoins, les Jurés, les Juges, le Roi lui-même entroient tout à découvert dans ce plan de rémission; or, que peut-on imaginer de plus favorable aux délinquans, qu'un mode d'administrer la Justice qui leur offre à chaque pas de la procédure, autant de chances d'évasion que la Loi a de désapprobateurs. Mais je n'essayerai pas de retracer les argumens dont il s'est servi. Heureusement il a publié lui-même un écrit où il a résumé tous ses discours dans la Chambre des Communes (1), et qui contient, soit pour les principes, soit pour les faits, tout ce qui est nécessaire à l'éclaircissement de la question. Un tel ouvrage veut être médité ; la forme, qui est encore à peu près celle d'un discours, entraîne trop rapidement le lecteur ; c'est en y revenant à plusieurs reprises, qu'on sent tout ce qu'il contient de méditation et d'expérience : mais aussi c'est le fruit d'une atten-

---

(1) *Observations on the criminal Law of England, as it relates to capital punishments, and on the mode in which it is executed.* 2d Ed. 1811.

tion profonde d'un homme supérieur qui n'a jamais perdu cet objet de vue ; qui a étudié les Lois criminelles de toute l'Europe, et observé tous les changemens qui s'y sont faits depuis trente ans. Et peut-on douter que ces comparaisons de Lois faites sur une grande échelle, ne donnent à l'esprit plus de force, plus d'étendue que l'étude isolée d'une seule Jurisprudence ? Ceux qui n'ont rien vu hors de l'Angleterre, sont tout étonnés et presque incrédules, quand ils entendent parler de la rareté des crimes dans des pays où la peine de mort a été supprimée, ou réservée à des cas extraordinaires ?

Par rapport aux Bills de Sir Samuel Romilly, le premier (l'abolition de la peine de mort pour filouterie) a obtenu la sanction de la législature : le second échoua, l'année dernière, dans la Chambre des Pairs. Cinq autres Bills de la même nature viennent de passer dans celle des Communes avec une majorité toujours croissante. Leur succès final est encore douteux. L'esprit de réforme n'est pas en Angleterre une mode qui enlève tout. Mais cette lenteur de la marche de la raison est un des caractères de la liberté. Dans un pays libre, toutes les opinions ont une force qui leur permet de lutter, et ne se rendent qu'à la conviction. Combien de temps et d'efforts n'a pas coûté l'abolition de la Traite des Noirs ! Les conquêtes sont difficiles dans une contrée où il y a beaucoup de forteresses, mais aussi ce qu'on a gagné, on ne le perd plus. Relativement à ces Lois pénales, abolies dans le fait, dont il ne reste plus qu'un spectre que leurs défenseurs veulent conserver, il suffit de lire les débats de la Chambre des Pairs, et particulièrement les discours de Lord Lauderdale, de Lord Holland, et du Marquis de Lansdowne (1), pour prédire que la Loi criminelle, traitée par des hommes d'Etat, sera bientôt digne de figurer dans la Constitution Britannique.

Un premier effet de ces discussions mérite bien d'être remarqué. En Angleterre et en Irlande, plusieurs chefs de manufactures de toile et coton, exposés, par la nature de leurs travaux, à de grandes déprédations, se sont réunis pour demander l'abolition de la peine de mort contre ce genre de vol en particulier. Leur raison est que la sévérité de la Loi les protège bien moins qu'elle ne protège les malfaiteurs. Il ne s'agit plus de déclamer contre les raisonneurs, les philosophes, les théoristes. Voilà des hommes lé-

---

(1) Voyez *the Debates upon the Bills for abolishing the punishment of death for stealing to the amount of forty shillings in a dwelling house, and of five shillings privately in a shop*, avec le Tableau analytique des raisons pour et contre, publié par *Basil Montagu, Esq*.

Mr. Montagu a publié un autre recueil très-intéressant : *the Opinions of different Authors on the punishment of death ;* London, 1809. Il expose très-clairement, dans une préface qu'on trouvera trop courte, la série des questions relatives à ce sujet.

sés, qui sentent leur perte, qui ne consultent que leur intérêt, et qui sollicitent des Lois exécutables et exécutées.

Mais puisqu'on crie au paradoxe, je ne saurois mieux finir qu'en établissant clairement en quoi le paradoxe consiste: après quoi rien n'est plus facile que de le réfuter. La réfutation est même toute faite, car il ne faut que ranger sur deux colonnes les propositions contradictoires.

Opinion paradoxale.	*Réfutation.*
Tout doit être clair dans la Loi, et toutes les Lois doivent être exécutées.	Tout ne doit pas être clair dans la Loi, et toutes les Lois ne doivent pas être exécutées
Tout le bien que la Loi opère, elle ne l'opère qu'autant qu'elle est connue,et qu'autant qu'elle est exécutée.	Tout le bien que la Loi opère, elle l'opère sans être connue et sans être exécutée.
Il faut qu'elle soit la même pour tous,qu'elle règne seule, et que le Juge n'en soit que le dispensateur et l'organe.	Il n'est pas nécessaire qu'elle soit la même pour tous, ni qu'elle règne seule. Le Juge ne doit pas être borné à en être le dispensateur et l'organe.

Opinion paradoxale.

Si la Loi décerne une peine, et que les Tribunaux en infligent habituellement d'autres —si la Loi est odieuse au point que le parjure qui l'élude puisse paroître un acte méritoire — si elle est tellement disproportionnée aux délits, qu'elle ait besoin d'un palliatif habituel dans l'arbitraire des jugemens et des pardons— la Loi est évidemment vicieuse : et plus on trouve à justifier ceux qui en arrêtent l'exécution, plus on condamne la Loi elle-même.

Réfutation.

La Loi est évidemment bonne, si elle décerne une peine, et que les Tribunaux en infligent habituellement d'autres—si même elle est odieuse au point que le parjure qui l'élude paroisse un acte méritoire—si elle est tellement disproportionnée aux délits, qu'elle ait besoin d'un palliatif habituel dans l'arbitraire des jugemens et des pardons. Tout cela n'empêche pas que la Loi ne soit bonne : et on peut approuver ceux qui en arrêtent l'exécution, sans insinuer le moindre doute sur l'excellence de la Loi même.

CHAPITRE XV.

Des Peines subsidiaires.

J'APPELLE *Peine subsidiaire* celle qui est assignée par la Loi, pour appuyer une première peine qui a été en défaut, parce que le délinquant *n'a pas voulu* s'y soumettre.

J'appelle *Peine subsidiaire* ou *supplémentaire*, celle qui est assignée pour remplacer une première peine, qui est en défaut parce que le délinquant *ne peut pas* la subir.

La première Loi est en défaut. Voilà ce qu'il y a de commun entre ces deux cas : là, elle est en défaut par le non-vouloir du délinquant ; là, par le non-pouvoir.

Il est évident qu'aucune Loi pénale ne seroit exécutée, si on s'en rapportoit à la volonté de celui qui doit la subir.

Il est des cas, comme dans les peines passives, où cette volonté est hors de question ; mais il est plusieurs espèces de peines qui prescrivent à l'individu une certaine conduite—faire telle chose,—s'abstenir de telle autre, — payer telle somme d'argent, — ne point sortir de tel lieu, etc. dans tous ces cas où la contrainte physique n'est pas mise en œuvre, il faut nécessairement, pour

donner pleine force au mandat de la Loi, y ajouter la menace d'une seconde peine qui assure
l'exécution de la première. Cette peine subsidiaire peut être de la même espèce que la peine
primitive : par exemple, pour violation d'un bannissement temporaire, nouveau bannissement,—
mais en dernier ressort, toute peine qui ne peut
s'exécuter que par le concours de la volonté de
l'individu, doit s'appuyer sur quelque autre peine
qui s'exécute malgré lui.

La Loi est plus particulièrement sujette à
être en défaut par le non-pouvoir du délinquant
dans le cas des peines pécuniaires : mais cela peut
avoir lieu pour des peines passives ; comme si
la loi enjoignoit la mutilation d'un organe qui,
par accident, n'existeroit pas dans l'individu.

Règles pour les Peines subsidiaires.

1°. " La première peine est-elle en défaut
" parce que le délinquant est inhabile à la subir ?
" la peine subsidiaire ne doit être ni plus grande
" ni plus petite que la première désignée."

Voilà du moins la mesure qu'on doit chercher, quelque difficile qu'il soit d'y atteindre.

2°. " La première peine est-elle en défaut
" par le non-vouloir manifeste du délinquant ? il
" faut que la peine subsidiaire soit plus grande."

Cette première peine étoit censée la plus convenable à son délit : pour le déterminer à s'y sou-

mettre, il n'y a d'autre moyen que de le menacer d'une peine supérieure.

3°. " Dans le cas où il est douteux si la " peine est en défaut par le manque de pouvoir ou " le manque de volonté de la part du délinquant, " il faut que la peine subsidiaire soit un peu plus " grande que la première."

Un homme manque-t-il volontairement à se soumettre à la peine qui lui étoit assignée ? un tel manquement peut être considéré sous le point de vue d'un délit : et cette manière d'envisager son action nous fera voir bientôt la convenance de la quatrième règle.

4°. " La peine subsidiaire doit être plus sé- " vère, selon qu'il est plus aisé au délinquant de " se soustraire à la première peine sans être dé- " couvert."

La tentation de commettre un délit s'accroît par l'espoir de le cacher : et il faut contrebalancer cet espoir par une addition à la peine.

L'emprisonnement est la peine subsidiaire la plus naturelle dans le cas où l'individu ne veut pas ou ne peut pas subir la peine pécuniaire.—Ce qui rend ces deux peines si propres à se suppléer mutuellement, c'est qu'elles sont *divisibles* : elles admettent tous les degrés dont on peut avoir besoin.

Les peines afflictives simples ne sont pas propres en général à être substituées aux peines pécuniaires, à raison de l'infamie inséparable des premières.

En cas d'infraction de ban ou de confinement local, la meilleure peine supplémentaire, c'est l'emprisonnement. Une seule transgression peut être regardée comme une preuve suffisante que le mandat pénal ne seroit jamais observé.

Les peines laborieuses requièrent une suite non-interrompue de nouveaux efforts de la volonté pour engager le délinquant à s'y soumettre. Il faut une constante application de nouveaux motifs: il faut donc que ces motifs soient tirés du genre des peines qu'on peut employer dans un degré très-petit, et dans un très-petit espace de temps. Aussi toutes les fois qu'on établit un inspecteur dans une maison de travaux forcés, on lui donne un pouvoir de correction, qui implique le droit d'infliger des châtimens corporels. L'infamie n'est pas une objection, parce que les peines laborieuses elles-mêmes entraînent une infamie égale.

L'emprisonnement, avons-nous dit, doit être la peine suppléante au défaut des peines pécuniaires.

Mais comment comparer une somme d'argent avec une somme d'emprisonnement,—combien un jour de prison acquittera-t-il d'une dette ?

Disons qu'une journée de prison sera censée acquitter une dette égale au revenu d'une journée.

Le revenu d'une journée pour un ouvrier mécanique, matelot, soldat, artisan, laboureur, domestique, sera calculé d'après les gages des personnes de la même occupation.

Le revenu d'une journée pour un fermier sera estimé égal à la 365ème partie de la rente de sa ferme, y compris sa maison. Si un homme exerce un métier, et occupe une ferme, il faut ajouter la rente de sa maison à celle de sa ferme.

Le revenu d'un homme qui n'exerce aucun art mécanique ou n'est pas manufacturier, peut être pris à huit fois la rente de sa maison.—S'il est manufacturier, à quatre fois la rente de sa maison.—S'il a un métier, à six fois cette même rente.

Le revenu de celui qui loge et paye pension dans la maison d'autrui, doit être estimé égal à deux fois ce qu'il paye pour l'année.—S'il ne fait que loger, à quatre fois.—S'il est gratuitement dans la maison d'un parent, à une fois (1).

Les points à fixer sont les trois suivans :

1°. Le revenu étant donné, quelle portion de dette sera abolie par un emprisonnement d'un temps donné ?

2°. Combien de temps, antérieurement à la dette, doit-on prendre l'estimation du revenu ?

(1) Exemple.	Par jour.			Par an.			Dette acquitable par sept ans de prison	£	s.	d.
	£	s.	d.	£	s.	d.		109	11	0
Laboureur	0	1	0	15	18	0	Dette acquitable par un an de prison			
Enseigne .	0	3	8	65	18	4		05	18	4

3°. Quelle preuve doit-on admettre pour estimer le revenu ?—L'intérêt du débiteur sera de le faire paroître aussi grand que possible. — Le créancier doit avoir la liberté d'être présent et d'examiner par lui-même ou par son procureur, etc.

Plus le rang d'un homme est élevé, plus ses habitudes de dépense sont considérables — plus grande doit être la po n de dette abolie par un temps donné de prison.

Je me borne à poser le principe du calcul; les détails pour l'application appartiennent plus au Code pénal qu'au traité des peines.

TROISIEME LIVRE.

Des Peines Privatives.

CHAPITRE PREMIER.

Idée générale de ce Livre.

Nous passons maintenant à la seconde des deux grandes divisions des Peines—les peines *privatives*—Pertes, confiscations, déchéances (1).

---

(1) La langue Angloise a un mot générique pour ces peines, *forfeitures.* Le mot François *forfaiture,* quoiqu'il ne diffère que par une seule lettre, et qu'il tire son origine de la même racine, ne correspond pas au mot Anglois. *Forfaiture* en François, n'est pas le nom d'une peine, mais celui d'un délit ou d'une classe de délits.

Le vieux mot *forfaire* vient du latin moderne, *foris facere :. foris,* hors des portes, hors de la maison, *foris facere,* mettre dehors. Une chose qui est dans la possession d'un homme étoit considérée comme étant dans sa maison : la loi qui lui fait perdre cette possession, la fait, pour ainsi dire, *sortir* de chez lui.— Comme toutes nos idées dérivent des sens, tous les termes qui expriment les idées intellectuelles sont dérivés de termes qui exprimoient des idées sensibles, des entités réelles, *substance, mouvement, sensation :* ensorte que nous ne parlons des objets

Une possession est *substantielle* ou *incorporelle*—substantielle, quand elle est de la classe des *choses* (un champ, une maison) incorporelle, quand son objet est une entité abstraite (une dignité, un office, un droit.) ·

Les possessions sont dérivées ou des choses seulement, ou des personnes seulement, ou des deux ensemble. Ces dernières sont complexes.

---

intellectuels que par métaphore, quoique souvent à notre insçu. Découverte très-importante dans la métaphysique de la Grammaire, dont il me semble qu'on est redevable à d'Alembert· Voyez ses *Mélanges*, Tom. I. Disc. Prélim. etc.

Le mot Anglois *forfeiture* pourroit donc se traduire en François par le mot *perte :* mais ce mot dénote purement l'*effet* sans rien intimer sur la nature de la *cause :* au lieu que le mot Anglois désigne précisément la *cause* et l'*effet.* Il désigne un délit à raison duquel l'individu est puni par la perte en question.

Confiscation indique seulement une peine, sans donner l'idée d'aucune espèce de délit : d'ailleurs il ne s'applique guère qu'aux cas où la propriété est attribuée au *fisc*, au trésor public.

Déchéance est également vague. Il ne s'applique qu'à un certain nombre de cas. Les difficultés qui tiennent à la nature des langues sont souvent insurmontables. On ne peut pas exprimer nettement des divisions assez claires en elles-mêmes· La perte de la vie, la perte d'un membre, la perte de la liberté personnelle sont aussi des peines *privatives.* Cependant il est aisé de concevoir que, dans les peines privatives qui sont l'objet de ce livre, il s'agit d'une perte de possessions d'une nature toute différente. Mais *nominalement*, ces deux chefs ne divisent pas les peines d'une manière si nette et si tranchante qu'on ne puisse jamais confondre celles de la première classe et celles de la seconde.

Les possessions dérivées des choses sont *pé-cuniaires* ou *quasi-pécuniaires*. Celles-ci embrassent toute espèce de propriété autre que l'argent monnoyé.

Les possessions dérivées des personnes, consistent dans les services rendus par ces personnes. Les services sont *exigibles* ou *inexigibles:* exigibles, ceux dont un homme ne peut se dispenser sans être punissable par la loi : inexigibles, ceux dont il peut se dispenser sans s'exposer à d'autres peines que celles qui résultent de la sanction morale ou religieuse (1). La faculté de se procurer des services exigibles s'appelle communément *pouvoir*, c'est-à-dire, pouvoir sur les personnes—la faculté ou la chance de se procurer des services inexigibles dépend en grande partie de la *réputation*. De là résultent deux sortes de déchéances : *déchéance de pouvoir, déchéance de réputation* (2).

La réputation est *naturelle* ou *factice* : naturelle, celle qui résulte de la conduite et des qualités de l'individu : factice, celle qui est conférée par le rang ou la dignité.

(1) Aux services inexigibles correspondent les *droits imparfaits*. L'espèce de droit qu'un homme peut avoir sur des services pour l'omission desquels il n'y a point de peine légale, est un droit imparfait ; l'obligation de rendre de tels services, est une obligation imparfaite. C'est l'expression systématique employée par tous les auteurs qui ont écrit sur la prétendue Loi naturelle.

(2) Les services inexigibles ou spontanés dépendent de la bienveillance : et la bienveillance à l'égard d'un individu dépend en grande partie de sa réputation.

La crédibilité est une branche particulière de réputation—réputation de véracité. Ceci nous donne deux autres espèces de déchéances : *déchéance de rang : déchéance de crédibilité.*

Ces possessions complexes peuvent se ranger sous le titre de *conditions* (1). Les conditions sont *communes* ou *spéciales.*

Les conditions communes sont *naturelles* ou *acquises :* par condition naturelle, j'entends celle qui appartient nécessairement à un individu en vertu de la naissance, celle de fils, fille, père, mère, frère, sœur et ainsi de suite dans tous les degrés de consanguinité.

Par rapport à ces relations naturelles, il n'y a point de déchéance possible, on ne peut pas les perdre : mais elles sont ordinairement accompagnées de certains droits ; et c'est par rapport à ces droits que la déchéance peut avoir lieu.

Les conditions acquises sont *politiques* ou *religieuses :* les politiques sont *domestiques* ou *civiles.* Les conditions domestiques sont de deux espèces : celles de famille, celles de profession.

Les premières sont celle de mari et de femme, celle de tuteur et de pupille, celle de maître et de serviteur. Les secondes embrassent tous les métiers, toutes les professions mécaniques, scientifiques, militaires.

---

(1) Une condition domestique ou civile n'est qu'une base idéale autour de laquelle se rangent des droits et des devoirs. *Voyez Traités de Législation,* Tom. I. p. 291.

La condition civile est l'état de tout individu en tant qu'il appartient à une communauté instituée pour tout autre objet qu'un objet religieux.

La condition religieuse est l'état de tout individu en tant qu'il appartient à une société ou à une secte instituée pour l'objet de se réunir à un même culte religieux.

A chacune de ces conditions correspond une espèce particulière de *déchéance*.

Les conditions *spéciales* se rangent sous deux chefs : 1°. les unes constituées par des offices ; 2°. les autres par des corporations ou des privilèges. Le droit d'exercer un office est un droit exclusif à rendre de certains services,—y compris le droit d'exercer les pouvoirs, et de percevoir les avantages attachés à la reddition de ces mêmes services.

Les corporations sont politiques ou religieuses : sous le dernier chef, on peut ranger les divers ordres monastiques établis dans les pays catholiques.

Quant aux corporations politiques, le catalogue des possessions qui peuvent être attachées aux membres de ces corps, embrasse toute espèce de possession simple (1).

_____

(1) Par exemple, une part dans l'usage de telle somme d'argent ou du revenu de tel fonds de terre. Une part dans tel office conférant du pouvoir : une exemption de telle taxe ou autre fardeau public : le privilège exclusif de telle ou telle occupa u.

Autant de conditions spéciales, autant d'espèces possibles de *déchéance.*

Comme on peut perdre une possession, on peut perdre la capacité légale d'acquérir; on peut perdre la protection de la Loi pour ce qui est acquis. Voilà déjà deux autres espèces de déchéances : *déchéance de capacité légale,* qui, par rapport à une possession contingente, ôte à un individu la chance de l'acquérir—*déchéance de protection légale,* qui expose l'individu à différentes chances de perdre celle qu'il possède. L'homme déchu de la protection légale perd le droit qu'il avoit aux services des ministres de la loi, dont l'office étoit de le protéger dans la jouissance de ses possessions.

CHAPITRE II.

Des Peines de la Sanction morale.

POUR se représenter comment un homme est puni par la sanction morale, il faut observer le changement qui s'opère à son égard, après qu'il a fait une action condamnée par le tribunal de l'opinion publique. Dès ce moment, il perd une portion de l'estime, de l'affection, et par conséquent de la bienveillance dont il jouissoit. Dans toutes les relations de la société, habituelles ou occasionnelles, il s'aperçoit qu'il n'est plus traité comme auparavant, que la disposition à lui rendre de bons offices, n'est plus la même chez les uns, et que pour d'autres, il devient l'objet d'une malveillance active, qui agit sourdement ou à découvert.

Qui pourroit calculer ou prévoir tous les résultats d'un tel changement? La dépendance de chaque individu par rapport aux autres hommes est telle que leurs dispositions, à son égard, influent sur toutes les sources de ses plaisirs ou de ses peines. A chaque instant, la vie se colore ou se fane par le reflet des sentimens de nos semblables :—à chaque instant, le cœur s'épanouit ou se resserre par les témoignages de leur estime ou par la dure expression de leur dédain : un acte de bienveillance peut sauver la vie—le refus d'un service peut causer la mort.

Mais quoique la peine de la sanction morale embrasse tous les maux possibles, on peut toutefois la considérer comme divisée *en deux parts*, dont l'une est à l'autre ce que la cause est à l'effet.

La première renferme tous les maux contingens ou *casuels* que la personne disgrâciée peut éprouver par les suites de cette malveillance.

La seconde consiste en cette peine immédiate, cette anxiété qui constitue le sens de la *honte,* et qui a son principe dans une appréhension confuse de ces maux casuels. Cette souffrance aiguë est la peine caractéristique de la sanction morale : on ne peut même la rapporter qu'à cette cause ; car il n'appartient à la Puissance politique de la produire, que par l'influence qu'elle exerce sur l'opinion. Qu'un individu fût déclaré infâme par un tribunal, cette déclaration ne seroit rien, si le public n'en tenoit aucun compte, et continuoit à l'honorer.

Ce sentiment de honte s'éveille dans le cœur du coupable tout au moins au moment où son délit est découvert. Il est très-variable dans ses degrés, mais il est universel : les exceptions, s'il y en a, ne sont que pour des individus imbécilles ou dégradés, sans prévoyance de l'avenir.

Les maux casuels seront plus ou moins grands selon deux circonstances : 1°. *l'intensité* de la malveillance : 2°. son *étendue :*—distinction qu'il ne faut pas oublier.

Ces deux lots de maux, quoique facile à distinguer, s'entremêlent et s'aggravent l'un par l'autre. J'ai fait un acte immoral, je suis découvert, je m'en aperçois. Avant que je sois dans le cas de recourir aux bons offices de quelques personnes instruites de ma faute, et essuyer de leur part quelque marque de malveillance, à raison du blâme que j'ai encouru, j'ai déjà le triste pressentiment de la diminution de leur estime, ma confiance est affoiblie; un air d'embarras et de crainte est empreint dans mes relations avec eux; ma langue bégaye ou mon front rougit: tel est l'effet naturel de la honte. Si je me dérobe à la société, je me punis moi-même; si après ma faute connue, je m'y présente comme auparavant, j'éprouve les reproches des uns, la froideur des autres, les dédains marqués de plusieurs; et pour me servir du langage systématique que j'ai hasardé, là commence pour moi l'expérience des maux *casuels* de la sanction morale.

Nous avons déjà vu que la malveillance avoit deux moyens de nuire—les uns positifs—les autres négatifs; les uns consistant à en mauvais offices rendus; les autres en bons offices refusés. Quant aux premiers, c'est le devoir et même la principale affaire du Magistrat politique de les prévenir. Il n'y a point de Gouvernement régulier qui permette aux individus de punir l'homme le plus immoral par des traitemens semblables à ceux dont la loi se réserve l'usage. Les mauvais offices positifs sont de deux espèces, les actions et les discours : les actions violentes sont défendues—les discours injurieux le sont également : mais à cet égard, la protection de la Loi est limitée et même très-imparfaite : quand tout un public se répand en propos outrageans pour un individu, comment faire le procès à tout ce public ?

Mais la Loi fût-elle assez forte pour prévenir tout mauvais office positif, sa puissance s'arrête là ; il y a un nombre infini de bons offices qu'elle ne pourroit prescrire sans porter une atteinte destructive à la liberté et à la propriété. Or, quand les peines de la sanction morale se borneroient à ce que la loi ne peut empêcher, ce mal seroit considérable ; il n'admet aucune évasion, il tombe sur un individu de toutes parts, il retrécit le cercle de tous ses plaisirs, il le poursuit dans toutes ses entreprises. Dans cet état de disgrâce, un homme se sent aux prises avec un ennemi invisible qui le précède ou l'accompagne partout : ses amis et ses protecteurs s'éloignent, ses connoissances le délaissent, son nom même devient contagieux pour sa famille. Toutes les sources du bonheur tarissent pour lui, et sa vie peut n'être plus qu'un fonds d'amertumes.

Ces maux casuels embrassent tous les maux possibles, et ceux même qui découlent particulièrement de la sanction politique. Vous êtes accusé devant les tribunaux. Un individu prévenu contre vous, à raison de quelque immoralité réelle ou supposée dans votre conduite, s'abstiendra de témoigner en votre faveur ; et la seule omission de ce service peut entraîner pour vous les conséquences les plus rigoureuses de la loi.

D'un autre côté, tous les maux qui dépendent de la sanction morale, non-seulement les maux casuels, mais la honte peuvent être le résultat d'une sentence prononcée par le Magistrat. C'est un fait que nous avons indiqué par anticipation, et sur lequel nous serons bientôt appelés à nous étendre.

Les maux qui dérivent de ces deux sanctions, ne diffèrent donc que dans la *manière* dont ils sont produits. Par rapport aux peines qui ressortent de la sanction politique, l'espèce, le degré, le temps, la place, la personne qui les inflige, sont tous également assignables. Au moment du délit, le délinquant sait ou peut savoir, que s'il est découvert, il subira telle peine précise par l'ordre d'un Juge, par la main d'un exécuteur : et ceux qui verront infliger la peine, sauront qu'elle l'est en conséquence d'un tel délit. Après cela, l'œuvre du Magistrat est finie, la peine autant qu'elle dépend de la sanction politique est terminée. Mais quant aux mauvais offices positifs ou négatifs que peut éprouver le délinquant de la part de la société, on ignore de quelle nature ils seront, dans quel temps ils auront lieu, par quelles personnes ils seront rendus. A cet égard tout est incertain.

La perfection des peines de la sanction politique consiste en ce point—elles sont *déterminées* et *précises.* L'essence des peines de la sanction morale, est d'être *indéterminées* et *vagues.*

Il ne sera pas inutile de faire ici mention de la nomenclature usitée en parlant des peines de la sanction morale. Les expressions qui les désignent sont très variées. Il y a, pour ainsi dire, une légion d'êtres fictifs qui représentent la même idée fondamentale sous divers aspects—blâme, censure, déshonneur, mésestime, mépris, honte, disgrâce, ignominie, infamie. En parlant d'un homme qui souffre, sous la sanction morale, il peut être plus ou moins convenable, selon les degrés et les circonstances, de dire qu'il a perdu ou terni sa réputation, que son honneur a reçu une tache, qu'il s'est exposé au mépris, qu'il est devenu infame, qu'il est un objet d'aversion, &c. Epuiser le catalogue de ces expressions est plutôt l'affaire d'un lexicographe que d'un Juriste.

Ces peines de la sanction morale sont antérieures à la formation des Gouvernemens. Avant d'avoir fait une association politique, avant de s'être donné des Magistrats et des lois, les hommes vivant entr'eux en tribus et en familles avaient déjà des notions de bien et de mal, et des règles morales de conduite, auxquelles ils donnoient un certain degré de force, en soumettant les infracteurs à ces peines tirées de la malveillance ou de l'aversion. C'est en ce sens qu'il faut entendre ce que disent les moralistes concernant les *lois naturelles* et la sanction de ces lois. C'est le fond sur lequel les premiers Législateurs ont travaillé, le modèle qu'ils ont suivi. La sanction morale étoit alors comme elle est encore et comme elle sera toujours, un levier puissant, pour seconder les lois ou pour les contrarier. Il n'est donc pas étonnant qu'ils aient eu recours à une grande diversité de moyens pour s'emparer de cette force, et la plier à leurs vues. Préparée et mise en œuvre par le Magistrat, elle devient partie de ce vaste système de mécanisme auquel nous avons donné le nom de *santion politique*, et nous sommes maintenant en état de discuter la nature de ces différens modes de punir, connus sous les noms de *déshonneur* ou d'*infamie*.

II. *Examen des Peines de la Sanction morale.*

Passons maintenant à l'*examen* des peines qui dérivent de la sanction morale agissant par elle-même, sans aucune coopération du Magistrat pour diriger ou agraver ses jugemens.

Ces peines, nous l'avons déjà dit, n'ont point d'espèces distinctes : elles comprennent toutes sortes de maux ; la malveillance se manifeste par une infinité d'effets qu'on ne sauroit ni calculer ni prévoir. Elles échappent donc à toute description, car on ne décrit qu'une peine déterminée. Seront-elles analogues aux délits ? seront-elles économiques ou excessives ? on n'en sait rien.

Nos observations rouleront sur trois chefs : leur divisibilité, leur égalité, leur exemplarité.

1°. Ces peines sont certainement très-*divisibles* : elles ont tous les degrés possibles du simple blâme jusqu'à l'infamie, du refroidissement passager de la bienveillance jusqu'à une malveillance active et soutenue, mais tous ces degrés dépendent de causes accidentelles, inappréciables par avance. Les peines pécuniaires, les peines chroniques, comme l'emprisonnement, sont susceptibles d'une mesure exacte ; les peines qui dépendent de la sanction morale ne le sont pas. L'estime qu'on en peut faire avant de les éprouver, sera toujours très-imparfaite. En fait d'*intensité,* elles sont inférieures à la plupart des peines de la sanction politique ; elles consistent plus en privations de plaisir qu'en maux positifs. C'est là leur principale imperfection ; et c'est uniquement pour suppléer à leur foiblesse qu'il a fallu fonder un système de lois pénales.

2°. Une des circonstances qui les affoiblit, c'est la *localité* de leur opération. Un individu se trouve-t-il exposé au mépris du monde dans lequel il vit ? il peut s'en affranchir par un simple déplacement. La peine se réduit à une espèce de bannissement demi-volontaire qui n'est rien moins que perpétuel. Il conserve l'espoir du retour, quand le temps aura effacé le souvenir de ses transgressions, et affoibli le ressentiment public.

3°. Sous le rapport de l'*égalité,* ces peines

sont plus défectueuses qu'on ne les croiroit au premier aspect. Chaque individu, dans son état, a son cercle naturel d'amis et de connoissances. Devenir un objet de mépris et d'aversion pour cette société, est un malheur aussi grand pour un homme que pour un autre : voilà ce qui se présente d'abord à l'esprit, et qui est vrai jusqu'à un certain point : mais en examinant de plus près, on aperçoit que ces peines se modifient très-différemment selon l'état, la fortune, l'éducation, l'âge, le sexe et d'autres circonstances : les maux *casuels* qui dépendent de la sanction morale peuvent varier à l'infini : la *honte* varie selon toutes les causes qui affectent la sensibilité.

Les femmes, surtout chez les nations civilisées, ont le sentiment de la honte plus prompt et plus délicat que les hommes. Leur éducation première leur prescrit des règles de pudeur avant même qu'elles en connoissent l'objet ; et elles ne tardent pas à sentir que cette sauvegarde des vertus de leur sexe est aussi le talisman de leur pouvoir. D'ailleurs, elles sont plus foibles, plus dépendantes que les hommes, plus assujetties au besoin de la protection ; il leur est plus difficile de changer de société, et de varier le lieu de leur résidence.

Dans un âge tendre le sentiment de la honte n'a pas encore atteint toute sa force : dans la vieillesse, on observe assez souvent qu'il s'affoiblit beaucoup. La passion de l'avarice, la seule qui se fortifie par l'âge, domine alors le sentiment de l'honneur.

Un état débile de santé, une irritabilité morbide, quelque défectuosité dans les organes, quelque infirmité naturelle ou acquise, sont des circonstances qui agravent les peines de la honte, comme de toute autre calamité.

La richesse, à la considérer en elle-même, indépendamment du rang et de l'éducation, tend à émousser la force des impressions de ce genre. Il est plus facile à un homme riche de se déplacer, de changer le cercle de ses liaisons, et de se procurer, à prix d'or, des plaisirs indépendans de l'estime et de la bienveillance. Malheureusement encore, il existe une disposition naturelle à respecter l'opulence pour elle-même, à lui accorder des services gratuits, surtout les témoignages extérieurs de la politesse et de la considération.

Le rang est une circonstance qui augmente la sensibilité pour tout ce qui tient à l'honneur : mais les règles de l'honneur ne sont pas toutes calculées sur les principes de la morale : cependant, les classes élevées sont en général plus sensibles à l'influence de l'opinion que les classes inférieures.

La profession ou l'occupation habituelle influe beaucoup sur les peines qui dérivent de cette source. Il est des conditions dans lesquelles il y a un point particulier d'honneur, et tout ce qui discrédite un individu sous ce rapport, le touche plus vivement que toute autre espèce de honte. Le courage dans le militaire est la qualité indispensable : le plus léger soupçon de lâcheté expose à des affronts continuels : delà cette délicatesse de sentiment sur ce point, parmi des hommes qui montrent quelquefois à d'autres égards la plus grande indifférence morale.

Les rangs mitoyens sont les plus vertueux : c'est par rapport à eux que les règles de l honneur coïncident le plus avec le principe de l'utilité : c'est aussi dans ces conditions moyennes qu'on peut le moins se passer de l'estime, et qu'on éprouve toutes les conséquences fâcheuses de la mauvaise réputation.

Dans les classes inférieures où l'on ne vit que du travail journalier, la sensibilité à l'honneur est moins grande en général. Un ouvrier de campagne passe-t-il pour laborieux? il trouvera de l'occupation, quoique sa réputation ne soit pas sans tache. Il a des compagnons de travail et non de plaisir : il a peu de chose à attendre de leur part, peu de services à leur demander. Tout se borne pour lui au nécessaire de la vie. Sa femme, ses enfans lui doivent l'obéissance, et ne peuvent pas la refuser. Les plaisirs qui résultent de son autorité domestique, remplissent les courts intervalles de ses travaux.

4°. La plus grande imperfection des peines de la sanction morale, c'est d'être peu *exemplaires* : elles le sont moins que toutes celles de la sanc-

tion politique.   Ce qu'un homme est dans le cas
de souffrir en conséquence d'une mauvaise réputation, peut être ignoré de tout le monde, ou du
moins n'est connu que de ceux mêmes qui sont
les instrumens de sa punition, et dans le cercle
immédiat de ses amis et de ses connoissances.
Ceux-ci même ne sont témoins que d'une foible
partie de ce qu'il souffre.   Ils s'aperçoivent qu'il
est traité avec indifférence ou dédain, ils observent
qu'il ne trouve pas de la protection, ou de la confiance : mais toutes ces observations sont fu-
gitives.   L'homme blessé par ces signes de froideur ou d'aversion, évite lui-même la compagnie
des auteurs ou des témoins de sa honte ; il se
dérobe dans la solitude où ses souffrances sont
secrettes, et plus il est malheureux, moins il a de
spectateurs de ses peines.

5°. Les peines de la sanction morale ont un
avantage sous le rapport de la *réformation :* ce
qu'un homme souffre, en conséquence d'une violation des règles morales établies, est un mal
qu'il ne peut rapporter qu'à sa véritable cause:
plus il est sensible à la honte, plus il craindra de
l'agraver : il deviendra donc ou plus prudent pour
éviter d'être découvert, ou plus attentif à ménager
les apparences, ou il prendra le parti de se soumettre à des lois qu'il ne peut enfreindre sans
danger.   L'opinion publique, à l'exception d'un
petit nombre de cas, n'est point implacable.   Il y
a parmi les hommes un besoin réciproque d'in-

dulgence, et de plus, une légèreté et une facilité à oublier qui tient lieu de pardon, quand le souenirdes fautes n'est pas renouvelé par des récidives.

Quant aux actes déshonorans dont il n'y a point d'appel ni de grâce, la peine d'infamie opère comme un découragement, et non comme un motif de réformation. *Nemo dignitati perditæ parcit.*

Ce qui compense les désavantages de cette sanction, ce qui lui donne même un degré de force qu'on ne trouve pas dans la sanction politique, c'est la *certitude :* il n'y a point d'impunité. Manquer à une des lois de l'honneur, c'est armer contre soi tous ceux qui en sont les gardiens. Les tribunaux réguliers sont assujettis à des procédures, ils ne prononcent que sur des preuves qui sont souvent en défaut. Le tribunal de l'opinion publique a plus de liberté et de pouvoir : il est sujet, il est vrai, à commettre des injustices ; mais cette crainte ne l'arrête pas, parce qu'il peut en revenir, et qu'il casse ses arrêts avec autant de facilité qu'il les porte. L'instruction de la procédure et l'infliction de la peine marchent, pour ainsi dire, ensemble; jamais de délai ni de défaut de poursuite : il y a partout des personnes prêtes à juger, prêtes à exécuter le jugement : le tribunal incline toujours à la rigueur. Les administrateurs de la sanction morale trouvent même un intérêt de vanité et de sagacité dans la sévérité de leurs sentences, et plus ils se montrent rigides, plus ils se flattent de donner bonne opinion d'eux-mêmes ; il semble que la dépouille des uns fasse la richesse des autres.   Ainsi quoique les peines de la sanction morale soient indéterminées, et que prises séparément, la plupart aient fort peu de poids, cependant leur certitude, leur retour continuel, leur accumulation, à raison du nombre de ceux qui ont le droit de les infliger, leur donne un degré de force qui ne permet à aucun individu de les mépriser, quel que soit son caractère, sa condition, ou sa puissance.

Le pouvoir exercé par la sanction morale varie selon les degrés de la civilisation.

Dans une société comparativement plus civilisée, il y a plus de sources de jouissances, par conséquent plus de besoins.   Les hommes sont dans une plus grande dépendance réciproque de leur estime ; celui qui perd sa réputation, souffre dans un plus grand nombre de points ; il s'expose à des privations plus étendues.

Il y a des circonstances plus ou moins favorables à la force de cette sanction.   Un Gouvernement populaire la porte au plus haut degré.   Un Gouvernement despotique la réduit à peu de chose.

La facilité des communications et des informations, au moyen des papiers publics, en augmentant l'étendue du tribunal, accroît la soumission des individus à l'empire de l'opinion.

Plus il y aura d'unanimité dans la sanction morale, plus elle aura de force. Est-elle comme divisée en un grand nombre de partis et de sectes, soit politiques, soit religieuses ? elle s'affoiblit : ses arrêts se contredisent. Le vice et la vertu n'ont pas la même mesure commune ; et il existe, pour ainsi dire, des lieux de refuge après des dis grâces : le déserteur d'un parti ou d'une secte est ordinairement accueilli dans l'autre.

CHAPITRE III.

§ I.--*Des Peines qui affectent l'Honneur depuis le simple Blâme jusqu'à l'Infamie.*

Passons maintenant à considérer les peines légales (1) qui affectent l'honneur : c'est-à-dire, à exposer les moyens mis en œuvre par le Magistrat pour diriger la censure publique et pour augmenter son intensité.

Le Législateur peut avoir recours à deux sortes de procédés, les uns que j'appelle *simplement législatifs*, les autres que j'appelle *exécutifs*.

Dans les premiers, il n'entre aucune intervention du Juge ; dans les seconds, le Juge intervient.

Le procédé simplement législatif peut être

---

(1) *Infamie* est un terme extrême : il ne s'applique qu'aux plus hauts degrés de la peine en question. *Perte de réputation* est une expression applicable à tous les degrés possibles. La réputation peut être considérée comme une quantité susceptible d'être diminuée plus ou moins.

On peut m'ôter tous mes biens à la fois, parce que mes biens sont d'une nature déterminée et certaine. Mais ma réputation dérive immédiatement des personnes, de toutes les personnes qui peuvent être dans la disposition de me rendre quelque service. C'est un fonds que le Magistrat politique ne sauroit épuiser. L'opération des lois infamantes est trop foible, trop vague pour accomplir son objet dans un sens absolu *direct* ou *indirect* : il est direct, lorsque le Législateur prohibe purement et simplement tel ou tel acte, sans dénoncer aucune peine particulière, uniquement pour signaler cet acte comme nuisible, et pour diriger une certaine portion de blâme sur ceux qui le commettent. C'est un appel au public, une invitation à prendre la loi sous sa sauvegarde. Chaque individu, autant qu'il s'y trouve intéressé, devient le juge des infracteurs, et l'exécuteur de cette Sentence générale.

Le Législateur fait un pas de plus lorsqu'il ne se borne pas à une simple défense, mais qu'il l'accompagne de moyens persuasifs, comme des exhortations à observer la loi, des raisons pour en montrer l'utilité, des termes de censure ou de condamnation, appliqués à ceux qui la violent (1).

Le moyen indirect ou oblique consiste à transférer à un délit la mesure de blâme qui appartient naturellement à un autre. Le Législateur affecte de regarder le délit en question comme la preuve d'un autre délit déjà flétri dans l'opinion publique. Telles sont certaines lois de Zaleucus, conservées par Diodore de Sicile : "Qu'aucune femme libre ne sorte de nuit

---

(1) L'*improbe factum* de la loi Valeria en est un exemple remarquable. *Valeria lex, quum eum qui provocasset virgis cædi securique necari voluisset, si quis adversus ea fuisset, nihil ultra quam improbe factum adjecit* Livy. lib. 10. c. 9.

Dans les lois de Grèce et de Rome, il y avoit plusieurs délits, sans autre peine que la déclaration d'*infamie*.

" de la ville à moins que ce ne soit pour se pro-
" stituer. —Qu'aucune ne porte de riches orne-
" mens ou des broderies d'or, à moins que ce ne
" soit une courtisane."

Cela équivaloit à déclarer que si une femme
alloit à certaines heures dans un lieu solitaire,
le Législateur regardoit comme un fait certain
qu'elle avoit un objet criminel—que si elle mettoit dans ses habits le luxe des courtisanes, elle
appartenoit à cette classe. La relation entre les
deux modes de conduite n'est rien moins que certaine, et par conséquent la conclusion étoit très-
douteuse. Mais on comprend aisément l'effet
que pouvoit avoir une telle déclaration de la part
du Législateur.

Les cas où l'on peut se servir de ce moyen
avec quelque chance de succès, sont très-limités.
Pour justifier la conclusion qu'on veut tirer, il
faut au moins qu'il existe entre les deux délits
une connexion apparente. Il est vrai qu'à cet
égard l'opinion publique n'est pas difficile sur les
preuves : le penchant à croire le mal est si grand,
qu'une liaison superficielle est d'abord admise
comme une présomption suffisante.

Voilà comment le Magistrat politique peut
influer sur la sanction morale par le simple exercice de sa faculté législative : venons aux cas
dans lesquels il requiert l'assistance du pouvoir
exécutif.

I.—*Publication du Délit.*

De toutes les mesures qui appartiennent à ce chef, la moins sévère est celle de la *publication*: consistant simplement à rendre notoire le fait du délit, et à désigner le délinquant. Cette mesure a divers degrés de sévérité, correspondant aux divers degrés de publicité possible. On peut inscrire le fait dans un régistre, accessible à peu de personnes, ou accessible à tous. On peut le notifier par proclamation, au son de la trompette, au son du tambour. On peut l'afficher dans un placard. Depuis l'invention de l'imprimerie, on peut le faire circuler dans tout l'Etat, et en fixer le souvenir d'une manière indélébile. (1) Il est évident que le déshonneur qui en résulte aura plus ou moins d'intensité, selon que le délit est réputé plus ou moins odieux.

II.—*Admonition Judiciaire.*

L'admonition peut être considérée sous deux points de vue—en qualité de moyen préventif—en qualité de peine.

(1) Dans le cas de certains délits contre la Police, par exemple, celui des poids frauduleux dans la vente des denrées, le Magistrat menace fréquemment le délinquant, en cas de récidive, de le consigner dans les papiers publics. Cette peine est considérée comme plus sévère que l'amende prescrite.

Ce n'est pas proprement un exercice de pouvoir. Le Juge n'y décerne rien de lui-même. Tout ce qu'il fait, c'est de rappeler à l'esprit de l'individu les dispositions de la loi à son égard. *Memento.* Cette opération, toute simple qu'elle est, n'est point inutile. Le premier effet des passions est de reléguer, pour ainsi dire, dans l'obscurité les motifs qui pourroient les combattre. Rappelées dans le poste d'où elles avoient été expulsées, ces puissances tutélaires peuvent regagner tout l'ascendant qu'elles avoient perdu. Or, quoi de plus propre à réveiller dans le cœur, le sentiment de la vertu et le respect des lois que la voix imposante des gardiens de la probité publique !

L'admonition est une peine qui porte sur l'honneur. Remettre sous les yeux d'un homme en public ses devoirs et les lois, c'est supposer qu'il 'auroit pu les oublier et les enfreindre. Mais de toute les peines honoraires, c'est la plus légère, vu qu'elle renferme pour celui qui en est l'objet, un témoignage d'estime. Elle est en fait d'honneur ce qu'est une amende modique en fait de peines pécuniaires. Sa gravité dépendra de sa publicité, du nombre et du choix des personnes admises à la cérémonie. Plus la loi distinguera de nuances, plus elle relèvera aux yeux des citoyens l'importance de cette peine salutaire : importance qui sera l'indice et le gage de l'ascendant qu'obtient la sanction morale. Heureux le peuple sur lequel

ses Magistrats auroient une forte prise par un fil
aussi délicat !

III.—*Application des Peines.*

Le moyen le plus puissant pour affecter
l'honneur jusqu'à produire l'infamie, consiste dans
l'application des peines qui, par une influence sur
l'imagination des hommes, ont un effet flétrissant.
Ceci nous conduit à examiner les divers degrés
d'ignominie attachés à ces divers modes de punition dont quelques-unes sont distinguées par l'épithète spéciale d'*infamantes.*

Dans cette échelle, nous trouvons les peines
pécuniaires au plus bas degré, et l'opinion publique paroît à cet égard assez uniforme partout.
Quant aux divers modes de confinement, il y a
quelque différence : l'emprisonnement sous ce rapport est réputé le plus grave: le bannissement
l'est moins : la défense de sortir d'un certain district l'est moins encore.   Les peines actives prises
dans leur totalité sont si variées, qu'on n'en peut
rien dire en général ; la plupart sont très-peu infamantes ; mais elles le deviennent toujours quand
on y joint quelque circonstance caractéristique,
comme les fers, les travaux publics, un costume de galérien.   Les déchéances de condition,
sont si variées dans leurs effets sur l'honneur

qu'elles n'admettent point de proposition générale (1).

Par rapport aux peines corporelles, sauf les
peines capitales, il n'en est aucune qui ne soit
réputée infamante. La peine de mort ne l'est
pas toujours, et l'exception est pour certains délits d'une nature politique. Dans les peines corporelles, le degré d'infamie ne se proportionne pas
à leur intensité : celles qui produisent le moins de
souffrance physique sont souvent censées les plus
ignominieuses : par exemple, le carcan, le pilori,
le masque, ou des vêtemens affectés à des criminels. Ce sont, à proprement parler, des peines
infamantes. Otez-leur cet effet, vous les réduisez
à rien.

Selon la nature de ces peines, l'infamie est
temporaire ou perpétuelle : le carcan est infamie
temporaire ; la marque, infamie perpétuelle. Ce
n'est pas que l'infamie, de quelque manière qu'elle
soit infligée, ne puisse être perpétuelle, puisque
le souvenir peut s'en conserver dans la mémoire

---

(1) Le degré d'ignominie dans tous les cas dépend en partie de la peine, en partie du délit. Cette distinction n'a pas
échappe aux Juristes Romains. *Infamia facti, infamia juris :*
l'infamie naturelle résultant du délit, et l'infamie artificielle
résultant de la peine légale. Voyez *Hein.* Elem. Jur. Civ. Pand.
L. III. Tit. 2. 55. 399. Son explication toutefois n'est pas très-
précise.

des hommes autant que la vie du délinquant—
mais quand la marque est indélébile, l'infamie l'est
nécessairement aussi : dans quelque lieu qu'il soit,
quoiqu'il lui arrive, il porte partout le témoignage
de son crime.

La mutilation et les autres peines afflictives
produisant quelque difformité, sont très-infa-
mantes, quand il est connu qu'elles sont le résultat d'une exécution juridique : mais plusieurs de
ces peines n'ont point d'effets apparens qui les
distinguent des maux accidentels du même genre :
elles ne produisent donc pas l'infamie avec la
même certitude : elles n'ont pas un effet aussi
grand que les stygmates qui, au premier coup-
d'œil, révèlent à un étranger le délit de celui qui
les porte.

IV.—*Autres Peines infamantes—Peines quasi-corporelles.*

Je trouve deux espèces de peines qui ont beaucoup d'analogie avec les peines corporelles, et
qu'on pourroit appeler *quasi-corporelles.*

1°. L'une porte, non sur la personne de l'individu, mais sur quelque objet qui, par association, suggère l'idée de sa personne. C'est, pour
ainsi dire, une peine *symbolique* ou *emblématique.*

· Chez les anciens Perses, si un homme d'un
rang distingué avoit commis certaines fautes, sa
personne étoit exempte du châtiment, mais son

habit le représentoit, et recevoit des coups de fouet en public. C'est un exemple de ce genre de peine.

On peut rapporter au même chef la pratique usitée sur le Continent (inconnue en Angleterre), d'exécuter en effigie les criminels qui se sont soustraits à la Justice.—En Portugal, après l'attentat sur la vie du feu Roi, plusieurs des complices furent punis de cette manière.

Un Duc de Médina-Céli, en Espagne, avoit commis un assassinat. Comme la Cour ne pouvoit pas ou ne vouloit pas punir de mort un noble aussi puissant, elle condamna le Duc à faire porter à tous ses pages des bas noirs, et à souffrir une potence à la porte de son Palais. Le dernier Roi permit d'ôter la potence, mais les bas noirs restent comme une marque d'ignominie (1).

2°. L'autre peine est réellement appliquée au corps, mais après qu'il a perdu la faculté de souffrir, c'est-à-dire, après la mort. On peut l'appeler *infamie posthume.*

C'est à ce chef que se rapportent les peines ordonnées par la Loi angloise pour les suicides, et pour le crime de haute-trahison : la décapitation après la mort et le cadavre coupé en quartier.

---

(1) *Letters written during a short residence in Spain and Portugal, by R. Southey, Esq.* 1797. **Lett. X.**

La même loi, dans le cas de meurtre, permet au Juge d'ordonner que le cadavre du criminel soit livré aux Chirurgiens pour être disséqué en public, ou qu'il reste pendu au gibet.

V.—*Dégradation.*

Le même chef renferme une autre modification de peines simplement ignominieuses; la *perte de rang,* la *dégradation.* Pour comprendre la nature de cette peine, il faut distinguer deux espèces de réputation ; l'une *naturelle,* l'autre *factice* et *politique.* Par réputation naturelle, j'entends celle que chaque homme possède en vertu de son mérite personnel et de sa conduite : par réputation factice et politique, j'entends celle qui, indépendamment du mérite personnel, est possédée par un individu en vertu de quelque institution du Magistrat.

Cette espèce de réputation, de considération factice est communément annexée aux offices publics qui confèrent du pouvoir. Mais elle existe aussi indépendamment des emplois politiques. Il y a une réputation factice, attachée aux conditions élevées, à la naissance, à la richesse, à certaines occupations : ceux qui possèdent ce rang idéal jouissent d'une certaine supériorité convenue, sans avoir rien fait pour la mériter. La considération *factice* reste encore, même quand elle n'est point soutenue par ce que j'ai appelé réputation *naturelle.*

Tout ce qui est donné par l'autorité, l'autorité peut l'ôter : le Souverain qui peut faire un noble, peut réduire ce noble à l'état de roturier : mais les préjugés limitent ce pouvoir. La sentence d'un Juge dégradant un gentilhomme, ne peut pas faire qu'il ne soit né d'un père gentilhomme. Tout ce qu'elle peut, c'est de le dépouiller d'une portion plus ou moins grande du respect que les hommes étoient disposés à lui accorder à raison de sa naissance.

La *dégradation* devroit enlever à l'individu toute cette portion de respect attachée au rang dont on le dégrade : mais l'imagination des hommes n'est pas si docile aux ordres du pouvoir. L'homme qui a possédé de grandes dignités, et qui a long-temps commandé le respect, ne sera jamais privé entièrement de toute cette considération dont il étoit entouré. Il n'aura plus le même éclat, mais il en reste comme un crépuscule. Cependant il est à-peu-près certain que la dégradation met un individu dans un état pire que s'il n'avoit jamais eu le rang dont il est privé ; parce qu'en général, ne pas posséder un bien est un moindre mal que le perdre après l'avoir possédé.

VI.—*Déchéance de Crédibilité.*

Voici une peine bien singulière—elle consiste à déclarer qu'un homme a perdu sa véracité, qu'il n'est pas digne d'être cru.—Le signe visible de cette déchéance de réputation, c'est de n'être pas admis à déposer dans une Cour de Justice.

L'effet naturel de cette peine (autant qu'il est possible de lui donner de l'effet), sera d'attirer sur le délinquant une portion de cette malveillance que doit faire éprouver à tous les hommes un individu dont la parole ne mérite aucune foi.

Cette peine est un exemple étonnant de l'empire que le Magistrat politique peut exercer sur la sanction morale. Il s'adresse aux exécuteurs de cette sanction, c'est-à-dire, au public, et leur demande d'infliger au délinquant, non-seulement la portion de mésestime naturellement due à son délit, mais encore une portion du mépris spécifique attaché à un autre délit, dont il n'est pas prouvé qu'il soit coupable, et qui n'a peut-être aucune liaison avec le sien. En un mot, son délit ne renfermera rien qui inculpe sa véracité, et la peine qu'on lui inflige est l'anéantissement du privilège d'être cru sur son témoignage.

On dira peut-être que ce n'est pas une peine, mais une précaution : son objet principal est de garantir le Juge de l'erreur, par l'exclusion d'un témoin suspect : on rejette d'avance, et par une loi générale, un genre de preuve qui ne paroît pas recevable.

C'est un point important sur lequel nous reviendrons dans le Livre IV, en parlant des *Peines déplacées ;* car le mal qui résulte de l'exclusion d'un témoignage peut tomber indistinctement sur chaque membre de la Communauté au hasard.

§ II.—*Examen des Peines simplement ignominieuses.*

Une peine *simplement ignominieuse* (1) est un appel à la Communauté, une invitation à traiter le coupable avec mépris, à lui retirer son estime. C'est une lettre de change sur l'opinion. Le public considère-t-il l'individu d'un œil moins favorable ? la traite est acquittée — dans le cas contraire, elle est protestée—et le tireur imprudent en paye les frais.

Les peines ignominieuses sont donc des instrumens dangereux. Ils blessent la main qui ne s'en sert pas avec adresse.

Mais bien ménagées, de quelle utilité ne

_____

(1) Il y a peine simplement ignominieuse ou simple infamie, 1° lorsque ce terme est employé par la loi. *Quisquis in scœnam prodierit, infamis esto :* 2°. lorsque, sans l'infamie, la peine seroit nulle.

sont-elles pas! Le Législateur en appelant la sanction morale à son aide, en se fiant à elle, la met en crédit et en force ; et quand il annonce *une perte d'honneur* comme une grande peine, il en fait un trésor dont il rehausse la possession, aux yeux de chaque individu (1).

1°. Ces peines, comme nous l'avons vu, sont susceptibles de plusieurs degrés, depuis la censure paternelle du Juge ou sa simple admonition jusqu'à l'infamie. Avec plus ou moins de publicité, avec divers accessoires de disgrâce et d'humiliation, la loi peut proportionner la peine à la gravité des délits, et conserver toutes les distinctions nécessaires d'âge, de rang, de sexe et de profession : chaque état présente à cet égard des moyens qui lui sont propres, et en particulier le militaire.

Ces peines ont même un avantage qui leur appartient exclusivement. Elles se proportionnent jusqu'à un certain point d'elles-mêmes. Le Magistrat ne fait que les prononcer, la Communauté les exécute, et dans cette exécution, chacun suit son propre jugement. La malveillance pour le délinquant se règle assez communément sur la gravité de son délit. Il est vrai, qu'il y a de grandes erreurs populaires dans les jugemens

---

(1) Voyez *Traités de Législation.* Tom. iii. c. 17. *Emploi du mobile de l'honneur.*

moraux ; nous aurons bientôt occasion d'en parler et d'en indiquer le remède.

2°. Ces peines sont *exemplaires* au plus haut degré dans leurs effets immédiats. Tout ce qu'un homme souffre en conséquence de la publication de son délit, ou d'une dégradation, ou d'une exposition infamante, il est évident qu'il le souffre par l'ignominie attachée à son caractère, sous le sceau de l'autorité du Magistrat.

3°. Elles sont *rémissibles*. Une sentence erronée peut se révoquer : on peut donner plus d'éclat à la justification qu'à la condamnation. Il y a plus : l'individu par une meilleure conduite peut reconquérir la portion d'estime qu'il avoit perdue, et obtenir des marques d'honneur qui couvrent la première disgrâce. On a vu dans les armées des corps entiers, après avoir subi quelque jugement ignominieux de leurs supérieurs, racheter leur faute par des actions de valeur éclatante, et recevoir des distinctions glorieuses. Cet avantage n'appartient pas aux peines infamantes corporelles : la flétrissure qu'elles laissent est indélébile ; et à moins que l'individu ne s'expatrie, le sentiment d'honneur ne se relève plus.

Passons maintenant à une difficulté que présente ce sujet. Le Législateur n'attache pas à son gré un caractère de disgrâce ou de déshonneur à tous les délits. Il en est qui n'excitent pas l'animadversion publique, ou qui ne l'excitent qu'à un foible degré ; par exemple, en Angleterre, la vénalité dans les élections politiques, plusieurs espèces de délits contre le revenu, et en particulier, la contrebande. Il est des points sur lesquels les sentimens populaires sont en opposition directe avec ceux du Législateur : il en est d'autres sur lesquels ils sont flottans, mal décidés ou trop foibles pour le seconder. Le duel en est un exemple.

" Loin que le tribunal censorial," dit Rous-
" seau, " soit l'arbitre de l'opinion du peuple, il
" n'en est que le déclarateur. Et sitôt qu'il s'en
" écarte, ses décisions sont vaines et sans effet(1)."

Soit.—Mais que faut-il en conclure ? Que le Législateur doive toujours céder à l'opinion même la plus erronée ?—Non. Ce seroit abandonner le gouvernail lorsque le vaisseau est au milieu des écueils. Les cas difficiles sont ceux où il doit user de tout son art pour ramener à lui l'opinion qui s'égare, et la diriger dans un sens favorable aux lois.

Le Législateur a de grands moyens d'influence. Le respect public dont il est déjà investi, en vertu de son pouvoir, donne à ses instructions, quand il veut employer ce moyen, beaucoup plus de force que n'en auroient celles d'un homme privé. Le public présume en général que le Gouvernement possède tous les moyens d'infor-

(1) Contrat social. L. iv. c. 7.

306 Examen des Peines ignominieuses.

mation, à un plus haut degré qu'aucun individu. On présume aussi, dans la plupart des cas, que l'intérêt public est éminemment le sien, et qu'il n'est pas conduit par les motifs personnels qui rendent souvent les opinions particulières suspectes. Si les choses vont mal, ceux qui ont la responsabilité des événements, sont exposés à l'animadversion publique. Si les choses vont bien, ils en ont la gloire et l'avantage. La nation sent cela confusément, et c'est le principe de sa confiance.

Le Magistrat suprême pourra s'y prendre de loin pour déraciner des préjugés qu'il estime nuisibles. Il pourra créer des institutions qui, sans heurter de front les opinions établies, les attaqueront indirectement. Au lieu d'une batterie ouverte, il fera jouer la sappe dont l'effet à la longue est infaillible.

Le Législateur est donc revêtu d'une autorité morale aussi bien que d'un pouvoir politique. C'est ce qu'on appelle considération, respect, confiance. Le plus habile est celui qui sait le mieux s'en servir. Il y a des chefs de nation qui ont fait des prodiges par cette seule puissance.

Je ne dirai rien ici du duel. Le sujet a été amplement discuté dans les *Traités de Législation* (1).

---

(1) *De la satisfaction honoraire*, Tom. II. ch. xiv. xv.

Dans une loi sur la vénalité, ou sur la contrebande, le Législateur pourroit caractériser ces délits par quelque épithète appropriée.

Mais lorsqu'il s'agit de diriger l'opinion, et une opinion tournée contre la loi, c'est à la raison qu'il faut s'adresser.

Quand je parle de donner des raisons, je n'entends pas ces lieux communs, ces aphorismes vulgaires qu'on trouve dans la plupart des préambules de nos statuts : " *Whereas it has been found inconvenient*," " *Whereas great mischiefs have arisen.*"

Et pourquoi feroit-on des lois, si l'acte défendu n'avoit point d'inconvéniens ?

Les raisons dignes du Législateur, sont celles qui mettent en évidence le mal particulier, le mal spécifique de l'acte défendu : celles qui montrent l'analogie entre cet acte que la loi défend, et d'autres actes déjà condamnés par l'opinion publique.

" Quiconque traite avec des contrebandiers
" doit être réputé en cela, déshonnête et fraudu-
" leux. Celui qui achète des marchandises qui
" n'ont pas payé les droits, fraude le public de la
" valeur de ces droits. Il fait au revenu le
" même tort que s'il eût volé cette somme dans
" la caisse de l'Etat. Celui qui fraude le revenu
" national, fraude tous les membres de la Com-
" munauté."

Il faut prendre garde, en voulant rendre un

délit odieux, à ne point déclamer comme les moralistes vulgaires, à ne point charger le délit en question d'imputations exagérées, à ne point confondre un délit inférieur avec un délit supérieur. C'est un genre de fraude pieuse, qui, au lieu de servir la cause de la vérité, ne peut que lui nuire. Il ne faut pas dire, par exemple, que ce larcin, fait au revenu public, soit aussi malfaisant que le larcin fait à un individu : car il ne résulte du premier aucune alarme ; et d'ailleurs plus la perte est divisée, moins elle est sentie.

C'est avec le même moyen de raison et de persuasion que le Législateur peut ramener l'opinion publique, dans les cas où elle contrarie les opérations de la loi.

Les informateurs sont aussi nécessaires à la Justice que les Juges ; ils sont néanmoins flétris par un préjugé public, et ce préjugé est malheureusement secondé par les lois mêmes. La loi, sur les informateurs, pourroit commencer ainsi ;

" C'est un artifice des mauvais citoyens de " travailler à rendre odieux et méprisable celui " qui oppose un frein à leurs mauvaises actions. " Si la loi est juste, comme elle doit l'être, l'in- " formateur n'est l'ennemi d'un homme, qu'au- " tant que cet homme est l'ennemi de toute la " société, &c. Plus un citoyen est attaché à sa " patrie, plus il mettra de zèle à amener en Jus- " tice tous ceux qui, par la violation des lois, " attaquent la prospérité publique, &c."

C'est dans cette lutte contre des erreurs de la sanction morale que le Législateur peut emprunter avec discrétion le secours du dramatiste, et subjuguer les cœurs par la puissance de l'imagination. Les anciens ont connu cet art. C'est ainsi que se sont exprimés les pères des peuples dans le langage énergique et enchanteur de l'ancienne Grèce. Ils ont fait servir la poésie aux lois. On n'avoit pas encore imaginé ces formes horribles de statuts où la volonté du Législateur se perd dans un labyrinthe de paroles. Sous ce gothique accoutrement de phrases surannées, de répétitions inutiles, de spécifications incomplettes, de parenthèses doubles et triples, il peut inspirer la terreur, ne fût-ce que celle de n'être pas compris, mais il ne commandera pas le respect. On se demande avec étonnement, pourquoi les arbitres de nos biens et de nos vies ne savent pas s'exprimer avec clarté, avec dignité, avec précision : la meilleure loi seroit défigurée par ce travestissement. Un pareil langage n'est pas d'un homme d'Etat; il semble être celui d'un procureur, qui prépare, dans la loi même, le piège où il veut arrêter sa proie.

" Dans un Gouvernement *modéré* et vertueux," dit un écrivain célèbre, " l'idée de la honte suivra le doigt de la loi. Toute espèce de peine qui sera désignée comme infâme, produira effectivement l'infamie."

Cette assertion, prise dans sa généralité, n'est

pas vraie : dire que le peuple sera toujours disposé à désaprouver tout ce qu'un sage Législateur désaprouve, c'est aller trop loin.

Toutefois, si le Gouvernement échoue, si l'opinion lui résiste, il est probable, ou qu'il a manqué d'art, ou qu'il a manqué de modération : il a voulu faire plus qu'il ne peut, c'est-à-dire, plus qu'il ne doit.

Il est un délit que la loi angloise a rendu pénal, que les Juges se sont efforcés de rendre infâme, et auquel on a attaché des peines qui, en général, sont infamantes, mais que ni les lois, ni les Juges, ni les peines n'ont pu parvenir à marquer d'infamie. Ce délit, c'est le *libelle politique*, délit qui peut produire de grands maux, mais ces maux sont comme inséparables d'une constitution libre.

La définition du libelle en général, ni des libelles politiques en particulier, n'est pas dans la loi. La seule que je puisse en donner, d'après la pratique des tribunaux et les traités de jurisprudence, revient à ceci : " Faire un libelle politique, c'est publier sur le compte d'un homme constitué en pouvoir une chose qui ne lui plaît pas."

Un libelle est *criminatif* ou *vitupératif.* J'entends par criminatif, celui dans lequel on accuse un homme d'avoir fait un acte spécifique (déterminable par temps et lieu) du nombre de ceux qui sont punissables par les lois. J'entends par vitupératif, un écrit dans lequel, sans aucune accusation spécifique, l'auteur exprime en termes plus ou moins forts, sa désapprobation de la conduite ou du caractère de la personne insultée. Cela comprend toutes les épithètes de reproche vague, menteur, voleur, imbécille, homme sans foi, sans loi, sans honneur, sans pudeur, et toute la rhétorique de cette nature, avec esprit ou sans esprit, dilatée dans un volume, ou concentrée en peu de lignes, en prose ou en vers.

La différence entre le libelle vitupératif et le libelle criminatif est très-facile à saisir. La loi angloise ne connoît pas ces termes, mais elle reconnoît la distinction qu'ils expriment. Le libelle criminatif est susceptible d'une définition assez précise. Le libelle vitupératif n'en admet pas d'autre que celle que j'ai donnée ci-dessus.

Je me borne à rappeler ici que l'individu lésé peut intenter une *action civile* contre le délinquant, ou une *poursuite criminelle.* La première entraîne une amende au profit de la partie lésée : la seconde entraîne un emprisonnement, une amende au profit de la couronne, ou quelque autre peine arbitraire, car il n'y a point de règle fixe.

Dans le cas de l'action civile, le libelliste est admis en décharge à prouver la vérité de l'accusation : dans le cas de la poursuite criminelle, il n'est pas admis à faire cette preuve. La vérité de l'imputation ne seroit pas une excuse : au contraire, c'est une agravation. Les Juges pensant confondre la raison par la singularité du paradoxe, n'ont pas hésité à le déclarer ainsi. Ce principe de jurisprudence a été établi dans des temps reculés : mais la force de l'autorité l'a maintenu, et les Juges actuels, quoique trop éclairés pour ne pas en découvrir l'absurdité, le reconnoissent encore, et il triomphe dans les tribunaux.

Cela étant ainsi, blâmer la conduite d'un homme en place, justement ou injustement, c'est être coupable de libelle, et d'autant plus coupable que l'accusation seroit mieux fondée. Mais censurer les hommes en place, et les censurer justement, c'est un acte si nécessaire au maintien de la constitution, que le public est plus disposé à le louer qu'à le noter d'infamie. Les avocats peuvent haranguer, les Jurés peuvent condamner, les Juges peuvent punir, mais ni les avocats, ni les Jurés, ni les Juges ne croiront eux-mêmes que l'auteur puni soit un homme infâme (1).

La seule conclusion utile à tirer de cet exemple, c'est que le Législateur ne doit jamais se compromettre avec l'opinion publique, en atta-

---

(1) En 1758, le Docteur Shebbeare fut mis au pilori pour un libelle contre le Roi et ses Ministres. Le peuple l'entouroit avec respect et l'honoroit comme un martyr. Sous le règne actuel, un libraire nommé Williams fut de même condamné au pilori pour un libelle du même genre. Le peuple, pendant l'exécution de la Sentence, faisoit une collecte pour lui.

chant un caractère d'ignominie à des actes mixtes,
qui peuvent naître des passions les plus viles ou
des sentimens les plus vertueux, et qui, par conséquent, échappent à une proscription générale.

Mais il n'en est pas moins vrai que dans un
grand nombre de cas, le Gouvernement qui saura
ajouter la force de la persuasion à celle du po..-
voir, disposera de la sanction morale comme de
la sanction politique. C'est une idée bien fausse
et bien injurieuse pour les hommes que celle de
ces Politiques mécaniques qui veulent tout ramener aux moyens de force, à la puissance os-
tensible, et qui négligent cet empire plus durable
et plus doux qu'on exerce par l'ascendant de la
confiance.

Cependant nous ne devons point espérer,
dans nos Constitutions modernes, qu'un Législateur obtienne sur la sanction morale cette suprême influence dont on a vu des exemples dans
les petits Etats populaires de la Grèce ou de
l'Italie, et surtout dans des sociétés naissantes.
La première raison de cette différence est que
dans les Etats Monarchiques, le Souverain doit la
Couronne à la naissance, et non à ses qualités
personnelles. Les lois reçoivent le sceau de son
autorité ; mais on ne les regarde pas comme son
ouvrage. L'attouchement du Sceptre royal ne
leur donne pas le même droit à la vénération
publique qu'une émanation directe qui réuniroit

la splendeur du trône à l'éclat du génie. Qu'on en juge d'après les Princes qui ont régné par eux-mêmes.

Dans un gouvernement mixte comme celui de la Grande-Bretagne, le Législateur multiple n'a point de caractère personnel. C'est un être abstrait et pour ainsi dire fictif, qui ne se fait connoître que par ses statuts : on y découvre l'esprit qui l'anime, et il peut inspirer de l'estime et de la confiance : mais il ne fera pas sur l'imagination du peuple, la même impression qu'un personnage réel et connu.

Dans plusieurs Etats de la Grèce, la législation étoit sur un pied différent. Les Zaleucus, les Solons, les Lycurgues étoient les hommes les plus populaires de leurs Cités respectives. Leur popularité seule faisoit leur titre. Ils étoient philosophes et moralistes autant que législateurs. Leurs lois étoient des instructions autant que des ordres. Le respect du peuple avoit mis entre leurs mains le pouvoir de la sanction morale avant qu'on les eut investis de la puissance politique.

Il paroît aussi que dans ces temps reculés, les hommes étoient plus sous le gouvernement de l'opinion qu'ils ne le sont de nos jours. Leur raison étoit plus soumise à celle d'un individu : dans cette foible aurore des connoissances humaines, un homme savant ou réputé savant étoit un prodige : celui qui avoit recueilli dans des voyages lointains les trésors cachés de la science, avoit une immense supériorité sur ses concitoyens.

" Le maître l'a dit." *Ipse dixit*, est une expression qui prit naissance dans l'aveugle docilité des disciples de Pythagore ; un silence de cinq ans étoit le noviciat de leurs études de philosophie. Cela ne ressemble guère à nos Lycées modernes. Il n'y a plus de croyance à crédit, plus d'autorité sur parole : il y a encore des hommes supérieurs ; mais dans ce degré plus élevé, ils ont de proches voisins. Le sommet de la pyramide est devenu, pour ainsi dire, une plate-forme ; et l'empire de l'opinion a passé de la monarchie à la république (1).

_____

(1) Qu'il me soit permis d'éclaircir ce qui a été dit du pouvoir des anciens Législateurs par un exemple moderne, emprunté d'un sujet frivole, et d'un personnage qui ne l'étoit pas moins. Il ne s'agit que d'un *maître des cérémonies.* Pendant une longue suite d'années, *Nash*, surnommé le Beau Nash, fut à Bath le régulateur de la nombreuse société qui s'y rassemble dans la saison des eaux : régulateur des bienséances, des coutumes, des étiquettes, de la succession des bals et des concerts, etc. Quelle est la nature et la force de ses règlemens? *Qu'on ne fasse pas,* dit le Législateur, *qu'il ne soit pas permis de,* etc. *Que l'assemblée ait lieu tel jour, qu'elle commence à telle heure, qu'elle finisse à telle heure,* etc. etc. Laissant à part l'extrême disparité de l'objet, la ressemblance est frappante avec ce qui nous reste de plusieurs lois de l'antiquité. Point de peines proprement dites. La société, se fiant à la prudence d'un individu, mettoit à sa disposition une certaine quantité du pouvoir de la sanction morale. Le cri public étoit prêt à s'élever contre les infracteurs, et les lois les plus foibles en apparence, étoient pourtant les mieux obéies.

CHAPITRE IV.

Peines pécuniaires et quasi-pécuniaires. Déchéances de Propriété.

UNE somme d'argent monnoyé, exigé par Sentence juridique, à raison d'un délit, constitue la peine pécuniaire, ou l'amende pécuniaire, comme on l'appelle ordinairement.

La nature de cette peine ne demande pas d'autre explication ; mais les moyens pour la faire exécuter en demanderoient beaucoup : nous nous bornerons à les énumérer.

Premier moyen : Oter au délinquant la somme en question, et la transférer à qui de droit : après quoi le premier ne peut plus s'en resaisir sans être punissable comme pour larcin.

Second moyen : Le délinquant n'a-t-il pas la somme en sa possession ou, ce qui revient au même, la tient-il cachée ? Faire la saisie de ses effets, et les vendre jusqu'au montant requis.

Troisième moyen : Employer la contrainte pour l'obliger à produire la somme en question : 1°. Par une peine actuelle qui doit cesser après le payement. 2°. Par la menace d'une peine future, l'emprisonnement par exemple, dans le cas où son obligation ne seroit pas acquittée à telle époque.

Quatrième moyen : Faire la saisie des effets, soit pécuniaires, soit autres valeurs sur lesquels il a un droit légal, et qui se trouvent en mains tierces. Cette partie de sa propriété ne pouvant dans plusieurs cas être connue que par ses aveux, les moyens de contrainte seront nécessaires pour le forcer à la déclarer.

Il existe une grande diversité dans les différentes jurisprudences par rapport à l'emploi de ces moyens. Le dernier est dans la Loi angloise une invention comparativement moderne. Il fut d'abord appliqué aux gens de commerce, par un des Statuts contre les banqueroutes : ensuite, on l'a étendu à toutes les classes de personnes, quand l'obligation pécuniaire porte le nom de *dette*.

II.—*Examen des Peines pécuniaires.*

1°. Tout le mal produit par des peines de cette espèce se réduit à la simple *privation*—perte de telle ou telle somme.

2°. Son avantage particulier est d'être toute *convertible en profit*—et par là si éminemment propre à l'objet de la satisfaction.

3°. Il n'est point de peine qu'on puisse asseoir avec plus d'*égalité*, ni mieux proportionner à la fortune des délinquants. Nous avons observé ailleurs que telle portion par rapport au capital entier, étoit la mesure la plus exacte ou la moins fautive des peines ou des plaisirs qu'un individu puisse se procurer. Que Pierre et Paul perdent chacun la dixième partie de leurs fortunes respectives, leurs privations seront différentes en espèces, mais la somme totale en sera la même. La supposition que la loi admet, et qu'il faut nécessairement admettre, c'est que les plaisirs qu'on peut se procurer avec des capitaux respectifs sont respectivement égaux. Cette supposition est très-vague, très inexacte, mais elle est plus près de la vérité, plus sûre que toute autre.

D'après cette supposition, la peine sera la même pour deux individus, s'ils perdent la même somme : non la même somme nominale, mais la même proportion de leur capital. Entre deux délinquans, possédant l'un cent livres et l'autre mille, pour les punir avec égalité, il faut ôter à l'un dix livres, et à l'autre cent.

4°. La peine pécuniaire est *variable* en perfection : elle atteint jusqu'aux plus bas degrés de l'échelle pénale : en cela très-supérieure aux châtimens corporels, qui ne sont point propres à punir les petits délits, parce qu'ils ont toujours quelque mélange d'infamie : au lieu qu'il ne résulte des peines pécuniaires, rien de plus que la honte attachée à la conviction de la faute.

5°. La peine pécuniaire, surtout quand sa valeur relative est considérable, est sujette à un désavantage qui se range sous un chef de *l'économie.* D'autres personnes que le délinquant, et

des personnes innocentes, sont exposées à en
souffrir avec lui. Tous ceux qui composent le
cercle domestique dans sa dépendance, sont appau-
vris avec leur Chef : le mal ne se borne pas pour
eux à la diminution du bien-être auquel ils sont
accoutumés, c'est de plus une peine positive d'attente trompée, une peine qui ne tombe que sur
eux parce qu'eux seuls, en vertu de leurs relations
avec leur Chef, ont pu fonder des espérances habituelles et légitimes, sur une fortune à laquelle ils
devoient participer: c'est-là une considération
majeure que le Législateur ne doit pas perdre
de vue dans l'établissement de ces peines.

6°. Comme *exemplaires*, ces peines n'ont
point de mérite particulier. Un payement fait par
ordre de la Justice ressemble à tout autre payement: cela ne fait point spectacle comme les plus
petites peines corporelles : les privations qui en
résultent ne sont pas même aperçues.

Il y a un cas, en Angleterre, où la peine
pécuniaire est comme perdue pour l'exemple.
Dans un grand nombre de délits mineurs, la peine
ordinaire, souvent la peine unique, est d'être condamné aux *frais et dépens*. Ces dépens ne sont
point connus: cette peine masquée échappe
presque entièrement au public. Celui qui la
subit n'en connaît la valeur qu'au moment où elle
s'exécute. Elle blesse sans dire *gare*. C'est un
inconvénient auquel il seroit facile de remédier.

III.—*Des Peines quasi-pécuniaires.*

J'appelle propriété quasi-pécuniaire toute espèce de propriété, autre que le numéraire ou l'argent monnoyé, mais de nature à être vendue, ou échangée contre de l'argent monnoyé.

L'énumération des différentes espèces de propriété, appartient plus à un traité de la loi civile qu'à un ouvrage sur les peines (1).

Autant d'espèces de propriétés, autant d'espèces de déchéances.

Ce que nous venons de dire des peines pécuniaires s'applique à celles-ci, en général. La peine de la perte peut s'estimer sur le pié de la valeur pécuniaire perdue : mais il y a une exception à faire pour les objets possédant une valeur d'affection. L'équivalent en argent ne représente point les plaisirs attachés à la possession de ces objets. La perte d'une terre patrimoniale, d'une maison qui a passé de père en fils dans la même famille, ne doit pas s'estimer par le prix vénal de cette terre ou de cette maison.

Ces peines sont en général *plus exemplaires* que les peines pécuniaires. La confiscation d'une terre, d'un domaine, par exemple, porte plus visiblement le caractère de peine, frappe l'attention d'un plus grand nombre de personnes, qu'une

---

(1) Voyez *Traités de Législation.* Tom. 1. Titres du Code Civil, *des Choses,* p. 225.

amende de la même ou d'une plus grande valeur. Le fait de la possession est un fait connu dans tout le district, un fait qu'un grand nombre de circonstances tendent sans cesse à rappeler, et qui se perpétue d'une génération à l'autre.

Ceci ouvriroit un vaste champ à des réflexions politiques sur l'usage des confiscations de propriétés territoriales, surtout dans le cas de ces délits équivoques qu'on appelle rébellions ou guerres civiles : Elles perpétuent des souvenirs qu'on devroit effacer. Nous en parlerons sous le chef des *Peines déplacées,* Liv. iv.

CHAPITRE V.

Déchéances affectant la Condition.

QUAND la propriété a pour objet des choses réelles comme un fonds de terre, une maison, elle se montre sous sa forme la plus simple et la plus facile à concevoir. Mais quand elle a pour objet des choses incorporelles, on ne peut la désigner que par des termes abstraits, et pour expliquer ces termes, il faut les ramener aux *choses réelles* dont ils tirent leur existence et leur signification. Pour expliquer une *condition*, par exemple, *la condition d'un mari*, il faut expliquer les droits que la loi lui donne sur la personne, les biens, les services d'un être existant—la femme qu'il a prise en mariage. Pour expliquer une *dignité*, il faut expliquer les droits qu'elle donne—le privilège exclusif de prendre un certain titre, de porter un certain costume, d'avoir un certain rang dans telle ou telle occasion, ou de jouir de tout autre symbole d'honneur attaché par l'usage à cette dignité. Voilà ce qui dépend de la loi. Quant à l'honneur lui-même, qui en constitue la valeur, il dépend de la sanction morale. C'est encore une espèce de propriété ; l'homme revêtu d'une dignité est en possession de recevoir de la communauté des services inexigibles, des services de déférence qu'on est disposé en général à lui rendre en conséquence de son rang.

Pour expliquer un *office,* office constitutionnel ou public, il faut expliquer le pouvoir qu'il donne sur les personnes subordonnées, les émolumens qui lui sont attachés, et les avantages inexigibles dont il est la source : c'est-à-dire, en conséquence d'une disposition des individus à rendre différentes espèces de services libres au possesseur de l'office.

C'est avec le même procédé qu'on explique tous les *droits,*—par exemple, le *droit d'élection* (pour un membre du Parlement). Celui qui a ce droit possède le privilège de donner un vote par lequel il influe sur la nomination de telle personne qui sera revêtue de tel pouvoir. La valeur de ce privilège dépend principalement de l'intérêt qu'il donne à l'Electeur auprès du Candidat et de ses amis.—L'intégrité dans l'exercice de ce droit est un moyen de réputation. Il en résulte aussi pour quelques âmes nobles un plaisir de sympathie fondé sur la perspective du bonheur public, c'est-à-dire, sur l'influence que le choix d'un Candidat vertueux et éclairé peut avoir pour l'avancement du bien général.

Quand on a expliqué la valeur d'une *condition, d'un droit, d'un privilége,* le pouvoir, le profit, l'honneur, c'est-à-dire, les plaisirs qui en résultent, on a tous les élémens nécessaires pour évaluer le mal de la perte, la peine de la déchéance.

Analyser ainsi toutes les espèces de propriété, et toutes les espèces de déchéance, seroit un travail infini. Nous nous bornerons à quelques exemples, et nous prendrons d'abord celui de la condition matrimoniale.

I.—*Condition matrimoniale.*

Les maux résultant pour le mari de la déchéance de condition matrimoniale consistent dans la perte des plaisirs de cette condition.

1. Le plaisir qui est le principal objet de l'institution du mariage est la base de tous ceux qui lui appartiennent. Il peut se diviser, 1°. plaisir des sens, 2°. plaisir provenant de la perception d'une beauté particulière, qui dépend en partie des sens, en partie de l'imagination.

2. Les innombrables petits plaisirs de toute espèce résultant des services exigibles qui tiennent à l'autorité légale du mari. Tout variés qu'ils sont, on peut les ranger sous le chef de plaisirs de possession.

3. Les plaisirs résultant de l'usage actuel des propriétés de la femme : appartenant au même chef.

4. Le plaisir dérivé de l'espérance d'hériter le tout ou une partie de ses biens. Plaisir d'attente fondé sur le plaisir de la richesse.

5. Le plaisir résultant de la perception d'être aimé. Cette affection est la source d'une multi-

tude innombrable de services inexigibles qui ont
tout le charme de la liberté, comme ceux d'un ami
envers son ami. Ces plaisirs peuvent se rapporter
à la sanction morale.

6. Le plaisir résultant de cette bonne réputa-
tation de la femme qui se réfléchit sur le mari, et
qui a une tendance naturelle, comme l'honneur
dérivé de toute autre source, à lui concilier la
bienveillance et l'estime sociale. La sanction
morale en est de même le principe.

7. Le plaisir d'être témoin de son bonheur,
et surtout de cette portion de son bonheur qui est
le fruit de ses soins. C'est un plaisir des affections bienveillantes.

8. Le plaisir résultant de tous ces services
inexigibles que sont disposés à lui rendre les parens et les amis de la famille dans laquelle il est
entré. Ceci se rapporte à la sanction morale.

9. Le plaisir du pouvoir, considéré en lui-
même, indépendamment de tout usage spécifique,
constitué dans le mari, par le droit légal de punir
ou de récompenser, en vertu de son droit supérieur à disposer de la propriété commune. Ce
sentiment de pouvoir est un plaisir d'imagination.

10. Le plaisir résultant de la paternité.
Nous aurons occasion de l'analyser en considé-
rant les maux qui résultent de la déchéance de
l'état de père.

Le même catalogue avec peu de variations

qui se présentent d'elles-mêmes, est applicable à la condition de la femme.

C'est une tâche assez ennuyeuse que d'avoir à analyser froidement, et à classer sous une nomenclature aride, un sujet si propre à recevoir tout le charme du sentiment, et les couleurs les plus brillantes de l'imagination. C'est l'herbier du naturaliste, et la palette du peintre.

II.—*Condition paternelle.*

Les maux résultant de la déchéance de la condition de père consistent principalement dans la perte des plaisirs suivants :

1. Le plaisir d'imaginer sa propre existence comme prolongée dans celle de son enfant qu'il considère, en quelque façon, comme faisant partie de la sienne. Ceci est un plaisir de l'imagination.

2. Le plaisir dérivé de l'usage de ses services exigibles, durant sa minorité. C'est un plaisir de possession.

3. Le plaisir d'user, sans la diminuer, de la propriété de l'enfant, s'il en a une, plaisir double : Celui de possession autant que père, et celui qui appartient à la condition de tuteur (dont il sera parlé sous ce chef).

4. Le plaisir résultant de l'affection que l'enfant lui porte : plaisir de la sanction morale.

5. Le plaisir dérivé de l'honneur qui ré-

fléchit sur lui de la réputation de son fils : plaisir de la sanction morale.

6. Le plaisir de contribuer à son bonheur : plaisir de bienveillance.

7. Le plaisir à mesure que le fils avance en âge, dérivé de ses liaisons et de son intérêt dans le monde : plaisir de la sanction morale.

8. Le plaisir résultant du sentiment de la puissance paternelle : plaisir de l'imagination.

9. Dans quelque cas, le plaisir dérivé de l'espérance d'hériter le tout ou une partie de ses biens, ou si l'enfant est mort, la possession même.

III. *Condition filiale.*

Plaisirs appartenant à la condition filiale.

1. Le plaisir dérivé de l'usage des services exigibles du père.

2. Celui qui résulte de l'usage d'une certaine portion de la propriété du père.

3. Celui qui résulte du sentiment d'être aimé de lui.

4. Celui du crédit attaché à sa réputation.

5. Celui d'être témoin de son bonheur et d'y contribuer : plaisir rendu plus vif dans le cœur des enfans par le sentiment de la reconnoissance.

6. Celui qui résulte des liaisons du père, et de son intérêt dans le monde.

7. Celui qui dérive de l'espérance d'hériter ses biens, ou une portion de ses biens, ou s'il est mort, la possession même.

IV. *Condition d'Emploi fiduciaire.*

Plaisirs résultant de la possession de pouvoirs fiduciaires privés.

1. Le plaisir fondé sur l'espérance de contribuer activement au bonheur de l'individu dont l'intérêt est en question : plaisir de bienveillance.

2. Le plaisir fondé sur l'espérance des services inexigibles à attendre de la reconnaissance de cet individu : plaisir de la sanction morale.

3. Le plaisir fondé sur l'espérance des services inexigibles à attendre de la part des personnes à qui l'on procure des profits mercantiles par le maniement de la tutelle en question : plaisir qui se rapporte de même à la sanction morale.

4. Le plaisir fondé sur l'espérance d'avoir une part dans l'estime, la bienveillance, et les services inexigibles des différentes personnes qui auront vu avec approbation la capacité et l'intégrité du gérent : plaisir de la sanction morale.

5. Quand il y a un salaire annexé à la charge : plaisir de profit pécuniaire.

On ne sait que trop que tous les plaisirs qui appartiennent à ces divers états, sont sujets à s'évanouir, ou du moins à être altérés par un mélange de peines correspondantes. La valeur de toute condition peut être positive ou négative ; c'est-à-dire, qu'on peut s'en trouver bien ou mal.

La valeur est positive, quand après la déduction des plaisirs, la somme des plaisirs l'emporte. La valeur est négative, quand après la déduction des plaisirs, la somme des peines est prépondérante. La valeur de la condition est-elle négative ? la Sentence, qui en rompt les liens, opère non comme une peine, mais comme une récompense.

Par rapport aux plaisirs qui appartiennent en commun à ces diverses conditions, quoique nominalement les mêmes, ils sont bien différens en fait de valeur. Le plaisir de contribuer au bonheur de l'individu qui est l'autre terme de la relation, appartient à l'état de tuteur comme à celui de père, mais il est plus certain, et généralement beaucoup plus vif dans le père que dans le tuteur. Je n'entre pas dans ces détails que chacun peut suppléer, et qui nous conduiroient de la politique à la morale.

Considérons maintenant par quels moyens ces peines de déchéance peuvent être infligées.

Quant à la perte de la condition matrimoniale, cette peine peut s'infliger par la Sentence du Juge, déclarant que le délinquant n'est pas, ou ne sera plus considéré comme étant le mari ou la femme de la personne en question.

L'effet d'une telle Sentence seroit plutôt de rendre précaires la plupart des avantages de l'union conjugale que de les détruire.

Mais une fréquentation continuée et sans

témoins, mettroit le commerce des époux di
vorcés sur le pié du concubinage : or, cette liaison
est punie par la sanction morale; et quand elle est
à découvert, elle l'est aussi en plusieurs pays par
la sanction politique.   De plus, le divorce légal
priveroit l'homme en tout ou en partie de la
jouissance des services inexigibles dans l'usage
de la propriété de la femme, de celle surtout qui
dépend de la cohabitation ; il le rendroit dépendant d'elle, par rapport à la disposition testamen-
taire de ses biens, si la loi lui permettoit d'en disposer, ou l'en priveroit absolument, si elle n'avoit
pas ce droit.

Quant au plaisir dérivé de la paternité, s'il y
a des enfans, la loi ne peut pas l'en priver, mais
elle peut y mêler bien de l'amertume si une Sentence rétrospective les déclare illégitimes.   Pour
ceux qui pourroient naître de l'union prohibée,
la peine seroit plus certaine, parce que l'opinion
publique qui se prêteroit difficilement à une Sentence de dégradation pour des enfans nés sous la
foi du mariage, n'auroit pas la même indulgence
pour ceux qui seroient nés sous le divorce.

La condition paternelle ou filiale peut autant
que la nature de la chose le permet, être détruite
de la même manière par une Sentence du Juge,
déclarant que le délinquant n'est pas ou ne sera
pas considéré comme le père ou l'enfant de la personne en question.

Les effets certains de la Sentence par rapport

au père, seront de le priver de tout pouvoir légal sur la personne de l'enfant—par rapport à l'enfant, de le priver de la succession aux biens paternels, en tant que la disposition ne dépend pas de la volonté du père.

Quant aux autres avantages dérivés de ces relations, la Sentence aura son effet ou n'en aura point, selon les dispositions des parties intéressées: l'effet dépendra du père et du fils eux-mêmes— du cercle particulier de leurs liaisons et du public en général.

Quant aux offices de tutelle et autres emplois fiduciaires, la Sentence sera nécessairement effective dans tous ses points : une interdiction légale de tous les actes annulle tous les avantages qui en dérivent.

On trouvera bien extraordinaire, au premier aspect, que j'attribue au Magistrat politique le pouvoir de dissoudre des relations naturelles. C'est, dira-t-on, une matière de fait, un fait passé : et comment peut-il être dans la sphère du pouvoir humain de faire qu'un fait soit arrivé autrement qu'il n'est arrivé ? Non, sans doute, cela ne se peut pas : mais ce qui est en grande partie au pouvoir du Magistrat, c'est de persuader aux hommes qu'un fait est arrivé autrement qu'il n'est arrivé en effet. Il est vrai que sur les Parties elles-mêmes, et sur un petit nombre de personnes qui ont une connoissance immédiate du fait, l'assertion du Magistrat ne pourra rien, mais elle aura la plus grande influence sur le monde en général. Le grand obstacle, c'est qu'une déclaration à cet effet, comme moyen pénal, porte en gros caractères la preuve de sa fausseté. Voici le dilemme auquel elle ne sauroit échapper. Le délinquant n'est-il pas le père de la personne en question ? Déclarer qu'il ne l'est pas, ce n'est point le punir : l'est-il en effet ? la déclaration est fausse.

La supposition toutefois qu'on pût essayer, comme mode de punir, cette expaternité, ou cette exfiliation n'est pas si extravagante qu'on le croiroit d'abord. Il ne faut qu'observer combien de choses à peu près semblables se font par l'autorité du Magistrat.

Il y a deux manières de procéder pour effectuer cet objet : l'une en faisant croire que le délinquant n'a jamais eu pour père ou pour fils l'homme regardé comme tel : l'autre, en faisant croire que la filiation a manqué de quelque condition légale, que la ligne de parenté est illégitime.

Un cas qui a quelque analogie avec celui-là, est ce cas fameux sur lequel on a tant écrit de volumes. La *corruption du sang*, en d'autres termes, la forfaiture de sang héritable. Le simple fait, le fait purement réduit à lui-même, c'est qu'on ne veut pas qu'un homme puisse hériter, comme il auroit fait, si cette peine n'eût pas été prononcée : mais au moyen de cette expression, on voudroit persuader qu'on produit un changement réel dans le sang de l'individu, et que c'est là une partie de la peine.

Un autre exemple, dans lequel on paroît prétendre exercer, au moins en paroles, un empire du même genre sur les faits, est celui de cette maxime barbare, qu'*un bâtard n'est le fils de peronne* ; maxime qui a une tendance, autant que des mots peuvent l'avoir, à priver un homme de toute relation de parenté. Ceci toutefois, n'est pas un jugement pénal.

Un autre exemple, et le contraire du précédent, est cette autre maxime des lois, *pater est quem nuptiæ demonstrant :* maxime en vertu de laquelle on sanctionnoit une fausseté dans des cas où elle étoit manifeste. Des décisions plus récentes ont adouci la sévérité de cette règle, en établissant que le fait du mariage sera toujours considéré comme une preuve présomptive de la paternité, mais présomption qui cède à la preuve positive de l'impossibilité du fait.

En France, on a vu mettre en usage un mode de punir par lequel on ne prétendoit pas, il est vrai, détruire l'existence du fait de la parenté, mais il avoit pour but d'en abolir la mémoire autant que possible, en imposant aux personnes en question l'obligation de changer de nom (1).

La même peine a été usitée en Portugal (2).

---

(1) Dans le cas de Damiens et de Ravaillac.

(2) Dans le cas de quelques-unes des personnes convaincues d'un attentat sur la personne du feu Roi.

La peine de *déchéance de crédibilité* est un autre exemple d'une prétention non moins arbitraire d'autorité sur l'opinion des hommes. A la suite d'un délit qui souvent n'a rien de commun avec la véracité, et comme partie de la peine, le délinquant est déclaré déchu de toute créance, c'est-à-dire, qu'il est enjoint aux Juges de ne plus croire à son témoignage, et pour plus grande sûreté, de ne pas même l'entendre.

La déchéance de la condition conjugale est souvent une des conséquences de l'emprisonnement, surtout dans les cas où l'emprisonnement est combiné avec le travail pénal. Cette partie de la peine n'est pas formellement énoncée, mais elle n'en est pas moins réelle. On ne déclare pas en termes exprès, que l'homme est divesti de cette condition ; il est toutefois exclus de ses principales jouissances ; et la condition séparée des plaisirs qui lui appartiennent, n'est plus évidemment qu'un nom. La déchéance est temporaire ou perpétuelle, selon que l'emprisonnement est l'un ou l'autre.

V.—*Condition de Liberté.*

L'état de liberté n'étant qu'une idée négative, (celle d'exemption d'obligation), il s'ensuit que la perte de l'état de liberté est une idée toute positive. Perdre l'état d'homme libre, c'est être réduit à l'état d'esclave. Mais l'idée d'esclavage n'emporte rien de déterminé, rien d'applicable universellement à toutes les nations. Il est des Etats où il n'y a point de classes d'hommes connus sous le nom d'esclaves. Dans les pays où l'esclavage est admis, il comporte différentes formes ; il peut y avoir des esclaves de différentes classes. La peine de servitude sera différente, selon la classe d'esclaves à laquelle l'individu sera agrégé.

L'esclavage se divise en deux classes, les esclaves publics qui dépendent du Gouvernement, les esclaves privés qui dépendent des individus.

La condition des esclaves publics, si elle est modifiée par des règlemens qui déterminent la nature des travaux et des peines coercitives, n'est autre que la condition de ceux qui sont soumis aux travaux punitifs : si elle n'est point modifiée par de tels règlemens, elle est à-peu-près sur le même pié que l'esclavage privé. Un esclave public ainsi placé, est soumis au pouvoir arbitraire d'un Inspecteur qui n'est tenu qu'à l'obligation de l'employer, au profit du public, dans un certain genre d'occupations : ce pouvoir tout arbitraire qu'il est, ne va pas toutefois jusqu'à lui donner le droit de vie et de mort. Cet état diffère très-peu de l'esclavage privé. Un Nègre, par exemple, employé sur une plantation du Gouvernement, n'est pas par cette circonstance, dans une condition beaucoup meilleure que s'il appartenoit à un maître privé, qui au lieu de régir par lui-même, employeroit un agent.

Le moyen le plus simple de concevoir tous les degrés possibles d'esclavage, c'est de le considérer d'abord comme absolu et illimité. L'esclave dans ce cas est exposé à toutes les espèces possibles de maux. La *peine* comprise sous le nom de *déchéance de condition libre*, n'est alors rien moins que d'être exposé à la chance plus ou moins grande, selon le caractère du maître, de souffrir toutes sortes de maux, c'est-à-dire, tous les maux qui appartiennent respectivement à tous les différens modes de punir. Pour se faire une idée exacte de la nature et de l'étendue d'une telle peine, il ne faut que parcourir le tableau qui exhibe tous les modes possibles de punition. Ce n'est rien moins que la perte absolue de protection légale pour l'esclave relativement à l'individu constitué *maître* (1).

Telle est la nature de l'esclavage dans sa forme la plus simple : telle est la nature de la perte totale de la liberté. Les différentes restrictions qu'on peut donner à l'exercice de ce pouvoir, constituent différens degrés d'adoucissement dans la servitude.

Les deux chefs auxquels on peut réduire les maux de cette condition sont donc 1°. la chance

_____

(1) Ce sort comme punition paroit trop rigoureux pour des criminels : c'est à des innocens qu'il est réservé.

pour l'esclave d'être soumis à toutes les espèces de souffrance, qu'il n'est pas expressément défendu au maître d'infliger ; 2°. la continuité de la peine fondée sur l'appréhension de ces souffrances.

VI.—*Condition de Liberté politique.*

Je ne dirai qu'un mot sur un sujet qui démanderoit un volume.

La perte de liberté constitutionnelle s'opère par une révolution dans la condition, non d'une personne en particulier, mais de la Communauté entière. Cette perte de liberté est le résultat d'une nouvelle distribution des pouvoirs dans le Corps gouvernant—distribution qui rend le choix ou les mesures des personnes investies d'autorité moins dépendant de la volonté des Gouvernés. Une nouvelle distribution des pouvoirs dépend absolument d'une disposition correspondente à obéir. Quand la force physique est du côté de ceux qui doivent obéir, il est évident que le pouvoir de commander ne sauroit être fondé que sur leur disposition à l'obéissance. Comme cette disposition peut être produite par la conduite d'un seul homme, de la classe des Gouvernans, on peut dire, et l'on dit souvent qu'un seul homme a détruit la liberté constitutionnelle de tout un peuple. Mais en dernière analyse, cette liberté ne peut être en effet détruite que par le peuple même.

CHAPITRE VI.

Déchéance de Protection légale.

OTER à un individu la protection légàle, ou *le mettre hors de la loi*, est une peine usitée dans plusieurs Jurisprudences.

Dans celle d'Angleterre, l'*Ex-loi* (*Outlawry*), entraîne les peines suivantes :

1°. Incapacité de recourir à la protection des tribunaux.

2°. Forfaiture des biens personnels.

3°. Forfaiture des profits croissans des biens réels.

4°. Emprisonnement à vie.

Telle est la peine infligée pour le délit de s'absconder de Justice, c'est-à-dire, de ne point se rendre à ses sommations, de se cacher. Elle a lieu dans tous les cas, excepté quand le délit principal est *félonie :* dans ce cas-ci, l'homme qui a subi une Sentence d'ex-loi est puni comme s'il eût été convaincu du délit principal.

Comme le délit de s'absconder est un délit chronique, la peine devroit être aussi une peine chronique : afin que, cessant d'opérer quand le délit cesse, elle ne fût autre qu'un moyen de contrainte. Il n'en est pas ainsi dans la loi ni dans l'ancienne pratique : mais peu-à-peu, l'on en est venu là, et l'usage moderne a corrigé l'excessive rigueur de l'institution originaire.

La peine s'applique dans tous les cas criminels, mais non dans tous les procès civils : cela dépend de la Cour où le procès a été commencé : la gravité du fait n'y entre pour rien.

La première de ces peines, c'est-à-dire, la simple incapacité de recourir à la protection des tribunaux, est appliquée à une multitude de délits, avec lesquels elle n'a aucun rapport de convenance.

Cette peine n'est convenable que dans un cas : lorsque l'individu qui se soustrait à la Justice n'a point de propriété visible, ou n'en a pas une suffisante pour répondre à ce qu'on réclame de lui. Pourquoi cette peine est-elle convenable dans ce cas ? c'est qu'elle est la seule à laquelle on puisse avoir recours : car, d'ailleurs, comme nous le verrons bientôt, elle n'est point bonne par elle-même.

Quand un individu qui n'a point de propriété visible dans son propre pays, s'échappe et s'enfuit dans un autre, généralement parlant, la Justice de son pays n'a plus de prise sur lui. Ce sera là le cas le plus fréquent. Mais il peut arriver qu'il ait une dette qui lui est due, et qu'il ait besoin pour la recouvrer de l'assistance des tribunaux de son pays. Cette dette est-elle pour lui plus qu'équivalente à la peine du délit pour lequel il s'est enfui? il reviendra de lui-même se soumettre à la Justice. La peine aura son effet ; et elle est convenable, parce qu'elle donne une chance de succès dans un cas où toute autre peine est inapplicable ou inefficace.

Une anecdote, conservée par Selden dans son *Ana,* (*Table-Talk*) montre comment ce mode de peine opère sur un individu, inattaquable par tout autre moyen.

Un marchand avoit une réclamation sur le Roi d'Espagne, à laquelle ce Roi ne faisoit pas justice. Le marchand avoit déjà intenté son action. Selden, qui étoit son avocat, lui conseilla de procéder contre le Souverain étranger par une *mise hors de la loi.* Décrets sur décrets expédiés au Shérif pour se saisir de Sa Majesté, et l'amener en personne devant les Juges de Westminster. Sa Majesté ne se trouva point. Après d'autres proclamations usitées, Sa Majesté toujours introuvable fut déclarée *hors de la loi :* et selon les formes requises, il fut prononcé qu'Elle avoit une *tête de loup :* chacun pouvoit s'en saisir et le traîner en prison. Il est bien possible que le Roi ne se fût pas rendu, malgré le *caput lupinum ;* mais heureusement, il avoit alors diverses réclamations à faire valoir sur des marchands anglois, et tant que la Sentence subsistoit, il n'avoit aucun accès aux tribunaux. En cette considération, son Ambassadeur, Gondomar, se soumit et paya la dette : après quoi la tête de loup fut ôtée, et celle du Roi remise à sa place.

II.—*Examen de cette Peine.*

L'inégalité.—Voilà l'objection qui tombe avec une force particulière sur ce mode de punir. Un individu tire sa substance de son travail ou de sa propriété : sa propriété est meuble ou immeuble : elle est dans ses mains ou dans celles d'autrui.

Celui qui vit de son travail est à peine affecté par ce mode de punition. Il est payé d'avance ou en détail, à mesure que l'ouvrage est fait. Il a peu de risques à courir, et il peut même n'en courir aucun.

Celui qui tire sa substance des biens immeubles est très-peu affecté, si ses biens sont dans son propre maniement. Le plus grand inconvénient qui en résulte, est l'obligation de ne rien vendre à crédit. Sa propriété est-elle dans les fonds publics ? il reste intact. Il n'est pas probable que ceux qui ont le maniement de ces fonds refusent de lui payer son dividende, sous le prétexte que la loi ne les y oblige pas. Il n'y a, de leur part, aucun intérêt à ce refus, et comme dépositaires d'un fonds national, il leur importe, pour conserver le crédit public, de ne point se départir d'un engagement général.

Sa propriété consiste-t-elle en mobilier, par exemple, en effets de commerce ? la peine qui le rend inhabile à réclamer des dettes peut lui nuire jusqu'à un certain point, en l'empêchant de ven-

dre à crédit ; mais cela ne va pas jusqu'à l'empê-
cher d'acheter à crédit, car il reste soumis à l'appel en Justice, quoiqu'il ne puisse y appeler personne.

Le seul cas où cette interdiction légale soit de nature à l'affecter profondément, est celui où sa propriété consisteroit en créances, en immeubles entre les mains d'un tenancier. La Sentence peut entraîner sa ruine totale.

Dans ce cas, tout l'effet de la loi, de quoi dépend-il ? de l'honnêteté morale de ceux qui ont sa fortune entre leurs mains.

Ainsi la peine dépend de deux circonstances, 1°. la nature des fonds dont il dérive son entretien, 2°. la probité de ses créanciers. Mais ni l'une ni l'autre de ces deux circonstances n'a de liaison avec le crime. De deux hommes ainsi punis pour le même délit, l'un sera ruiné, l'autre ne sera pas même effleuré. Le hasard en décide.

Une autre objection contre ce mode de punir, se tire de son immoralité. La peine étant pécuniaire, il en résulte un profit en faveur de quelqu'un : mais à qui ce profit est-il accordé ? à l'homme qui ayant contracté avec le délinquant un engagement, se laisse induire par l'appât du lucre, à le violer. On dira peut-être que, par la supposition, le contrat étant nul, il n'y a point de mal à ne pas le tenir.—Nul ! il l'est pour la sanction politique, il ne l'est pas pour la sanction morale. Tout ce que fait la loi, c'est de ne pas forcer le créancier à payer : mais l'intérêt de la société demande, et en conséquence, la sanction morale exige qu'un homme soit prêt à remplir ses engagemens, lors même que la loi ne l'y contraint pas. Quand un homme accepte une dispense de cette nature pour violer sa parole, il est prouvé que l'amour du gain prévaut en lui sur le sentiment de la probité et de l'honneur.

La sanction politique se met dans ce cas en opposition avec la sanction morale. Elle invite à faire un acte défendu par une loi de l'honneur qu'il faudroit chercher à faire naître si elle n'existoit pas.

LIVRE IV.

Des Peines déplacées.

Un délit a été commis. Qui doit en porter la peine ?—Cette question s'adresse-t-elle à des hommes raisonnables, et faut-il y répondre sérieusement ?

Avant d'entrer dans un examen qui ne prouvera que trop la nécessité de traiter ce sujet, commençons par expliquer le terme *peine déplacée*. La peine déplacée, ou mal assise, ou aberrante, est celle qui, au lieu de tomber exclusivement sur l'auteur du délit, va tomber en tout ou en partie sur des innocens. Cette peine, qui sort de son assiette naturelle, ne seroit pas toujours rigoureusement ce qu'on appelle une *peine*, d'après la définition du mot (1). La loi ne lui donne pas le nom de peine. Il n'y a point de loi assez absurde pour déclarer qu'elle punit un innocent: mais ce n'est là qu'une dispute verbale. Le Législateur, à l'occasion d'un délit de Titius, inflige un mal à des individus qui n'ont eu aucune

_____

(1) Voyez chap. 1er. L. 1.

part à ce délit, soit pour augmenter la peine de Titius, soit par un sentiment aveugle d'antipathie. C'est là ce que j'appelle une peine déplacée.

Pour ne rien confondre, il faut d'abord dis‑ tinguer deux cas, l'un où la responsabilité d'un délit doit porter sur ceux qui n'en sont pas les auteurs ; l'autre, où le mal de la peine affecte des innocens, sans aucune intention de la part du Lé‑ gislateur, et sans qu'il puisse le prévenir.

Section Première.—*Responsabilité civile.*

Il est des cas où la peine, déplacée en appa‑ rence, ne l'est pas en réalité. Le délit est commis par A, qui agit sous pouvoir ; la peine est infligée à B, en qui le pouvoir en question réside. Le su‑ périeur, en d'autres termes, est responsable pour son subordonné.

Responsabilité
{
du mari pour sa femme.
du père pour ses enfans.
du tuteur pour son pupile.
du maître pour ses domestiques.
du geôlier pour ses prisonniers.
du Shérif pour le geôlier.
du commandant militaire pour ceux qui sont sous ses ordres.
du gardien de personnes en dé‑ mence.
}

Le fait est que, dans tous ces cas, la peine de la responsabilité est fondée sur la présomption d'un délit de la part du Supérieur, un délit de né‑ gligence dans le choix de ses subordonnés, ou dans l'inspection de leur conduite. C'est de sa part un délit négatif, consistant dans l'omission des précautions qu'il auroit dû prendre pour prévenir le délit positif de ceux qui lui sont soumis.

Le Shérif est punissable par la loi d'Angleterre dans le cas où le geôlier a laissé échapper quelque prisonnier. Le Shérif n'en a pas la garde immédiate : il a des fonctions incompatibles avec celle-là. On n'a donc point de raison pour le croire complice du délit, sur cette seule donnée. Mais il a la nomination du geôlier; et l'objet de la loi est de le rendre circonspect dans son choix. Le geôlier lui-même est le premier responsable, mais comme la garde des prisonniers est de la plus haute importance, la peine suspendue sur la tête du Shérif est une précaution que la prudence justifie, d'autant plus que cette peine peut être, en certains cas, proportionnée par le Juge aux circonstances.

Cette responsabilité de la part de différens supérieurs est fondée non-seulement sur cette raison, mais sur d'autres non moins solides. Elles ont été développées dans les *Traités de Législation*, Tom. II. ch. XVII.

SECONDE SECTION.—*Maux inévitables dérivés de la Peine.*

Toutes les peines, ou du moins presque toutes, affectent plus d'une personne, outre le délinquant qui les subit. Il a des relations, des amis, des associés, des créanciers qui en souffrent par sympathie ou par contrecoup. C'est une partie de la peine qui s'extravase, qui se déborde hors de son lit naturel, et se répand sur des innocens. C'est là un mal inévitable, c'est-à-dire, inévitable à moins d'établir une impunité absolue.

Mais si ce mal est inévitable, il faut le réduire, autant que possible, à son moindre terme. Quand le Législateur fixe une peine, elle lui paroît suffisante pour celui qui n'a point de femme et d'enfans : la même peine nominale, dans le cours ordinaire des choses, sera donc plus forte en réalité, pour l'homme marié, et père de famille. La diminuer par cette considération jusqu'à un certain point, ce seroit la laisser égale à ce qu'elle est dans sa totalité pour le célibataire : et quand on joint à ce titre l'intérêt de la femme et des enfans, on sera porté à conclure que lorsqu'il s'agit d'une peine infamante, d'une peine pécuniaire, d'un emprisonnement, d'un bannissement, un certain rabais de la peine pourroit avoir lieu, en faveur de l'individu qui a ces liens domestiques. Il est vrai que cette présomption d'une plus grande sensibilité de sa part ne devroit pas tenir contre une preuve de fait : par exemple, s'il avoit réduit sa femme à se séparer de lui par de mauvais traitemens, s'il avoit abandonné ses enfans, il ne faudroit pas lui accorder un rabais de peine, à titre de père et d'époux.

Dans le cas où la peine principale porteroit

sur la fortune du délinquant, l'intérêt de la femme
et des enfans innocens devroit être préféré à l'intérêt du fisc; mais cette indulgence a des limites :
car il faut que l'homme soit puni ; et il pourroit
bien ne pas l'être, si on rendoit à ceux qui dépendent de lui tout ce qu'on lui ôte à lui-même.

Par rapport à des créanciers d'un autre
genre, à ceux qui ne sont unis avec lui que par un
rapport d'affaires mercantiles, la règle de préférer leur intérêt à celui du fisc doit être appliquée
sans réserve, et dans toute son étendue.   De tout
ce qu'on fait payer au délinquant, à titre de peine
pour son délit, pas une obole ne doit entrer dans
le trésor public, qu'après qu'on a satisfait en plein
et de bonne foi à toutes les réclamations des
créanciers légitimes.

Troisieme Section.—*Division des Peines*
déplacées.

La peine est *déplacée* ou *mal assise* dans deux
cas.—1°. Si le délinquant n'étant pas puni, un
autre est puni à sa place.—2°. Si le délinquant
étant puni, quelque personne innocente est punie
avec lui, en vertu d'une clause expresse de la loi.

Le délinquant n'étant pas puni, si un autre
l'est à sa place, la peine peut s'appeler *vicaire*.

La peine passe t-elle du délinquant sur une
autre personne liée avec lui, elle peut s'appeler
transitive.

Un nombre d'individus, formant une société, sont-ils punis tous ensemble, sous la présomption que le délinquant ou les délinquans font partie de ce corps, on peut appeler cet acte *peine collective.*

La peine du délinquant est-elle assise de manière qu'elle doive tomber en partie et accidentellement sur quelque personne étrangère au délit et au délinquant, c'est ce que j'appelle *peine fortuite.* A proprement parler, c'est une loterie de peines.

La peine par *sort*, telle qu'on la pratique quelquefois quand les délinquans sont nombreux ou redoutables ; par exemple, la décimation dans une armée, n'est pas un exemple de *peine fortuite.* Les individus qui participent à ce tirage sont tous censés coupables. Ce n'est pas la peine qui est distribuée au hasard, c'est le pardon.

Dans la *peine vicaire*, un innocent est puni seul. Dans la *peine transitive*, un innocent est puni avec le délinquant, en vertu de sa liaison avec lui. Dans la *peine collective*, une société de personnes innocentes est punie dans l'objet d'envelopper les coupables. Dans la *peine fortuite*, la personne punie avec le délinquant est absolument étrangère au délinquant et au délit.

QUATRIEME SECTION.—*Des Peines vicaires.*

Le cas où la peine est le plus sensiblement déplacée, est celui où elle porte l'appellation de *vicaire.* L'auteur du délit est impuni : il y a toutefois une punition, mais elle tombe sur une personne qui n'a point eu de part au délit.

Sous le règne de Jacques Ier fleurissoit, en Angleterre, un illustre Chevalier presque oublié de nos jours, Sir Kenelm Digby, homme de qualité, et profond adepte dans la science médicale. Ayant observé que le traitement des blessures étoit une opération douloureuse, ce bienfaiteur de l'humanité inventa une poudre sympathique, d'un effet merveilleux. Qu'on lui envoyât, dans une fiole, une petite quantité du sang qui avoit coulé de la blessure, c'étoit assez : il le mêloit à sa poudre sympathique, la blessure se fermoit d'elle-même, et la cure étoit radicale. La présence du malade n'étoit pas plus nécessaire au Chevalier qu'au célèbre Médecin de la montagne. Pendant que la poudre agissoit sur le sang du blessé, il pouvoit être aux Antipodes. Quel dommage pour nos armées, qu'on ait laissé perdre ce secret ! Ce n'est pas la faute de l'inventeur, il en a consigné la préparation et l'emploi dans ses ouvrages, où les lecteurs curieux peuvent les trouver.

Ce qu'est la poudre sympathique à l'art médical, la *peine vicaire* l'est à la législation.

J'allois raisonner, mais à quoi sert ?—Le seul exposé du fait qu'un homme soit puni pour le délit d'un autre, produit une impression plus forte sur l'esprit, que tous les argumens de la logique, et toutes les couleurs de la rhétorique.

Une telle erreur n'a jamais pu se faire adopter que par une confusion d'idée ou par des suppositions dont on se cachoit toute l'invraisemblance.

La confiscation des biens du suicide, telle qu'elle est ordonnée par la Loi angloise, est un exemple de ces peines vicaires. On dira que l'homme est puni autant qu'il peut l'être, que son cadavre est empalé, qu'il est enterré avec ignominie, qu'on fait par rapport à lui tout ce qu'il est possible de faire. Mais qu'est-ce que ce tout, comparé à la peine réelle qu'on inflige à sa femme, à ses enfans, à ses créanciers ? La supposition que son affection pour eux retiendroit son bras dans les accès du désespoir, est démontrée fausse: le dégoût de la vie a prévalu. La famille a perdu son chef, et c'est le moment que prend la loi pour la réduire à la misère.

Je n'ignore pas ce qu'on peut répondre ; et sans parler ici des distinctions subtiles et même vaines sur les différentes espèces de propriétés confiscables et inconfiscables, on ne manquera point de dire que cette loi n'est pas exécutée, que le Jury l'élude en déclarant que le suicide étoit hors de sens, et qu'enfin le Roi a toujours eu en son pouvoir de rendre à la veuve et aux orphelins les biens paternels.

Les dispositions des Jurés et celles du chef suprême de l'Etat ne sont pas douteuses : mais est-ce là une raison pour conserver dans le Code national une loi qui a toujours besoin d'être éludée ? Et quel est le moyen de l'éluder ? Il consiste à déclarer, par serment, que le suicide avoit l'esprit dérangé, lors même que toutes les circonstances annoncent la délibération la plus soutenue et la plus mûre. En conséquence, tout homme qui a quelque propriété à laisser après lui, est déclaré, en cas de suicide, *non compos mentis*. Les plus misérables, les plus indigens, qui, après avoir fait le même calcul que Caton, se déterminent comme lui, sont les seuls qui soient jugés dans toute la sévérité de la Loi. Le remède de toutes ces lois violentes est dans le parjure ; le parjure est une panacée : et c'est la loi qui met en opposition la religion et l'humanité.

Je ne dois pas omettre, en parlant des peines vicaires, un cas singulier dans le droit international, un cas qui présente une exception, et qu'il ne s'agit point de traiter ici dans toute son étendue. C'est celui des représailles. Il s'agit de livrer des innocens à des souffrances rigoureuses, à la détention, à la mort même, parce qu'on ne peut infliger aucune peine directe aux auteurs du délit. Ce droit est pourtant justifié par sa nécessité ; c'est-à-dire, dans les cas où il n'y a pas d'autre moyen pour réprimer des violences inusitées, ou pour faire cesser des actes d'injustices.

Les représailles exercées sur les sujets d'un Souverain, peuvent influer sur le Souverain même, soit par la compassion pour les souffrances de ses sujets, soit par la crainte d'aliéner les affections de son peuple. C'est surtout un frein nécessaire entre des armées ennemies. Les lois de la guerre sont sous la sanction de l'honneur, mais elle ne suffiroit pas sans la crainte des représailles. Ce que l'humanité prescrit, c'est de les réduire à leur moindre terme, de leur donner la plus grande publicité possible, et de les faire précéder par des déclarations.

Encore un mot. L'histoire nous présente des actes de dévouement par lesquels une personne innocente, s'étant offerte d'elle-même pour appaiser le ressentiment de l'offensé, a été reçue comme une victime expiatoire. L'offensé, qui faisoit périr l'ami généreux, de quoi jouissoit-il ? de la souffrance et de l'humiliation du survivant. La gloire de l'un faisoit la honte de l'autre.

Y auroit-il des cas où un Juge sans passion pût admettre un individu à subir volontairement une peine pour un autre, le fils pour son père, le mari pour sa femme, l'ami pour son ami ? —On pourroit imaginer des cas singuliers où cette espèce d'héroïsme pourroit être acceptée, mais il est inutile de nous arrêter à des déviations du cours ordinaire des choses.

CINQUIEME SECTION.—*Peines transitives.*

Nous avons vu que toutes les peines affectoient non-seulement celui qui les subit, mais encore ceux qui ont des liaisons naturelles avec lui, et que leur participation à sa souffrance étoit inévitable. Il ne s'agit donc ici que des peines que le Législateur, par une loi expresse, fait tomber sur les personnes liées avec les délinquans, des peines qui ne dépendent que de lui, et qu'il peut faire cesser parce qu'il les a créées. Ainsi, en Angleterre, en certains cas, le petit-fils innocent ne peut hériter du grand-père innocent, parce que ses droits se sont altérés et perdu en passant par le sang du père coupable : ce que les Jurisconsultes anglois appellent *corruption du sang.*

Tout l'argument gît dans la métaphore. Ce terme cabalistique répond à tout ; et la justesse de la métaphore ne roule que sur deux suppositions.

L'une est que, quand un homme a commis un de ces délits auxquels ils ont attaché l'appellation de *félonie,* son sang éprouve immédiatement une fermentation putride, et que suivant leur système de nosologie, ce sang est réellement corrompu.

L'autre est qu'après cette fermentation putride et cette corruption de sang, il devient juste et nécessaire de priver sa femme et ses enfans de toutes les propriétés qu'il avoit possédées, et non-seulement de celles qu'il avoit possédées, mais de celles qu'il auroit possédées dans un temps futur, et qui leur auroit été transmises en passant par lui.

N'entrons pas dans ce polémique. Laissons ce honteux jargon. Voyons ce qu'on peut dire pour justifier les peines transitives.

Après la peine qui m'est personnelle, une peine qui tombe sur ceux qui me sont chers est encore une peine contre moi-même. Je participe aux souffrances de ceux auxquels je suis attaché par les plus fortes sympathies. Je pourrois braver des maux qui ne seroient que pour moi : je serai retenu par la crainte d'entraîner dans ma ruine ceux qui sont les premiers objets de mes affections.

Les peines contre la famille d'un délinquant sont donc des peines contre lui-même.

Ce principe est vrai : mais est-il bon ? Est-il conforme à l'utilité ? (1)

Demander si une peine de sympathie agit avec autant de force qu'une peine directe, c'est demander si en général l'attachement qu'on porte à autrui est aussi fort que l'amour de soi-même.

Si l'amour de soi-même est le sentiment le

---

(1) *Traités de Législation*, Tom. II. p. 392. *Des Peines aberrantes ou déplacées.* On a transcrit ici deux ou trois paragraphes pour éviter des renvois.

plus fort, il s'ensuit qu'on ne devroit recourir aux peines de sympathie qu'après avoir épuisé tout ce que la nature humaine peut souffrir en fait de peines directes. Point de torture si cruelle qu'on ne dût employer, avant de punir l'épouse pour le fait de l'époux, et les enfans pour le fait du père.

Je vois dans ces peines déplacées quatre vices principaux.

1°. Que penser d'une peine qui doit souvent manquer, faute d'objets sur lesquels on puisse l'asseoir ? Il y a beaucoup d'hommes qui n'ont plus leur père ni leur mère, qui n'ont plus ni femme ni enfans. Il faut donc appliquer à cette classe d'hommes une peine directe ; mais dès qu'il y a une peine directe contre ceux-ci, pourquoi ne suffiroit-elle pas contre les autres ?

2°. Et cette peine ne suppose-t-elle pas des sentimens qui peuvent ne point exister ? Si le délinquant ne se soucie ni de sa femme ni de ses enfans, s'il les a pris en haine, il est indifférent tout au moins au mal qui les concerne : cette partie de la peine est nulle pour lui.

3°. Mais ce qu'il y a d'effrayant dans ce système, c'est la profusion, la multiplication des maux. Considérez la chaîne des liaisons domestiques, calculez le nombre des descendans qu'un homme peut avoir : la peine se communique de l'un à l'autre, elle enveloppe une foule d'individus. Pour produire une peine directe qui équivaudroit à un, il faut créer une peine indirecte et improprement assise qui équivaut à dix, à vingt, à trente, à cent, à mille, etc.

4°. La peine ainsi détournée de son cours naturel, n'a pas même l'avantage d'être conforme au sentiment public de sympathie ou d'antipathie. Quand le délinquant a payé sa dette personnelle à la Justice, la vengeance publique est assouvie, et ne demande rien de plus. Si vous le poursuivez au-delà du tombeau, sur une famille innocente et malheureuse, bientôt la pitié publique se réveille : un sentiment confus accuse vos lois d'injustice, l'humanité se déclare contre vous, le respect et la confiance pour le Gouvernement s'affoiblissent dans tous les cœurs.

Mais, dira-t-on, par rapport aux délits politiques, les conspirations, les rébellions, où les hommes riches sont les plus dangereux, la confiscation opère comme un moyen de sûreté générale.

Je réponds qu'on peut arriver au même but par un moyen qui laisse tout à la justice, sans rien ôter à la sûreté. Dans le cas de rébellion, on peut considérer la saisie des biens moins comme une peine que comme une mesure défensive : par conséquent elle devroit être limitée à cette fin, et simplement temporaire. Je dis *mesure défensive*, car après le Chef ou les Chefs de la rébellion, qui, dans le cas supposé, ont payé la dette de leur erreur ou de leur crime, leurs adhérens sont encore dangereux. La femme, les enfans, les frères, les parens peuvent avoir été liés d'affection dans la même cause : mais il n'y a rien de moins certain que ces présomptions. Au lieu de présumer le crime, il faut ici présumer l'innocence. Il ne faut condamner que sur des preuves plus positives. Je voudrois que par un acte pour les biens, semblable à la suspension temporaire de l'*Habeas Corpus* pour la liberté des personnes, le Souverain pût saisir toutes les possessions des individus suspects, unis par des degrés de parenté au rebelle. Ce seroit là une sûreté réelle, et une grande mesure pour des circonstances extraordinaires : c'est ôter les provisions à un ennemi : mais ce qui convient à un temps de guerre, ne convient pas au régime de paix. Dès que le danger est passé, toute personne, qui n'est pas prouvée coupable, est présumée innocente ; toutes les propriétés doivent être rendues.

Les crimes d'Etat peuvent naître de différentes causes, telles que l'indigence, le ressentiment ou l'ambition : mais en plusieurs cas, ce sont des actes fondés sur les motifs les plus purs.

Quand nos hommes de loi parlent de la *rébellion*, ils se croyent obligés d'exprimer leur horreur par les termes les plus passionnés, comme si un homme ne pouvoit en concevoir la pensée, sans avoir fait un pacte avec le diable. Ils ne voyent pas ou ils ne font pas semblant de voir que le caractère de *rebelle* ou de *loyaliste,* dépend des accidens de la guerre, que les individus les plus sages, avec les intentions les plus innocentes, diffèrent d'opinion sur le titre des Prétendans à la couronne ou, sur des questions de loi constitutionnelle, et qu'il ne faut rien moins qu'une aveugle bigotterie de parti pour faire de *rebelle* et de *scélérat*, des termes synonymes. Dans ces temps malheureux où les devoirs et les droits deviennent problématiques, les Hydes et les Falklands, les Seldens et les Hambdens, se jettent dans des partis différens : qui peut lire dans le secret des cœurs? Les uns embrassent la bonne cause par les motifs les plus sordides ; d'autres embrassent la mauvaise par les motifs les plus exaltés. Quand la rébellion du Chef est fondée sur des sentimens consciencieux, il est probable que ses enfans et ses dépendans sont animés des mêmes dispositions. La rébellion peut être alors un délit de famille.

Mais dans le cas des trahisons secrettes, si, par exemple, un Chef se vend à l'ennemi, s'il commet un de ces crimes toujours accompagnés de mauvaise foi, toujours produits par un motif sordide, et condamnés par la voix du genre humain, il n'y a aucune raison de regarder de tels crimes comme des délits de famille: sa femme, ses enfans, ses amis sont probablement étrangers à ses intrigues, il s'est caché d'eux comme de tous autres. Ce ne sont pas plus des délits de famille que le meurtre et le brigandage. Ce sont des crimes personnels ; et tout ce qu'on feroit souffrir à des innocens, seroit du mal en pure perte.

Sixième Section.—*Peines collectives.*

Par peines *collectives*, j'entends les peines infligées à des Sociétés ou des Corporations pour délits dont les auteurs ne sont pas connus séparément, mais qu'on présume appartenir comme membres à la Corporation qui est punie.

On trouve des peines de ce genre dans toutes les jurisprudences.

Pour justifier ce traitement, il y a deux points à prouver : 1°. que le coupable ne peut pas être puni sans l'innocent. 2°. Que la peine de l'innocent ajoutée à celle du coupable est un moindre mal que le mal de l'impunité.

De ces deux points de fait, le premier est susceptible de preuves : le second est une matière de conjecture.

Par la loi commune d'Angleterre, une corporation est punissable par la perte de ses privilèges pour les fautes des corporateurs. Ces privilèges sont bénéficiaires à tous ceux qui ont le droit de bourgeoisie : par conséquent, les gouvernés sont punis pour la faute de ceux qui les gouvernent.

Cette peine a été rarement appliquée. Sous le règne de Charles II, on voulut faire de cette loi un usage insidieux et inconstitutionnel pour abolir les privilèges de la cité de Londres : tentative infructueuse qui jeta de l'odieux sur cette doctrine de la loi commune, et qu'il est peu probable qu'on entreprenne de renouveler.

Une telle peine est aussi peu nécessaire que peu convenable. Les délinquans sont toujours connus. Le délit est notoire autant que les délits ordinaires.

Il y eut en 1736 une émeute dans la ville d'Edinbourg : le peuple, s'étant soulevé et ayant pris les armes, s'empara des portes de la ville, désarma la garnison, et massacra un capitaine *Porteus*, qui avoit été condamné à mort, mais dont la Reine avoit suspendu la sentence. Cet outrage occasionna un acte du Parlement : le Lord Prévôt fut soumis à une peine particulière pour avoir négligé les précautions de sa charge, et la corporation fut mise à l'amende. Les coupables qui avoient pris la fuite, furent condamnés à mort, s'ils ne venoient se soumettre à la Justice dans un temps donné.

L'amende étoit une peine collective : elle pouvoit tomber sur des innocens : mais comme peine générale, destinée à tourner l'opinion publique contre le délit, elle étoit utile, elle tendoit à imprimer dans l'esprit du peuple l'idée salutaire que chacun est intéressé à prévenir les mouvemens séditieux de la populace.

Ce sont des cas où sans pouvoir prouver une complicité de fait, on est fondé à supposer une complicité d'affection, en vertu de la quelle chacun s'efforce de soustraire les coupables à la poursuite de la loi.

Je citerai un autre cas de peine infligée aux Corporateurs, sans détruire les privilèges de la corporation.

Dans le bourg de *New Shoreham*, il s'étoit formé une société sous le nom de *Société Chrétienne*, composée de la très-grande majorité des électeurs, ayant pour objet de tirer le parti le plus lucratif possible de leur droit d'élection parlementaire.   Ce trafic avoit duré plusieurs années. Le délit fut prouvé : le droit d'élection fut ôté à tous les coupables qui furent désignés chacun par leur nom (1).

Le droit d'élection n'est pas une propriété dont on ait l'usufruit ; c'est une possession fiduciaire, qu'un homme tient non pour son bénéfice seul, mais pour le bénéfice de la Communauté. Les électeurs trouvent souvent le moyen d'en dériver un gain personnel ; mais c'est là un usage de la chose en opposition directe avec le bien général : en sorte qu'on peut dire de ce droit qu'il a d'autant moins de valeur lucrative qu'on en use avec plus de probité.

Les Législateurs allèrent plus loin. Après avoir incapacité la majorité des électeurs, ils

----

(1) Statut II, Geo. 3. c 55.

communiquèrent le droit d'élection, sur la base de la propriété, à un grand nombre d'individus dans le même district. Excellente mesure de réformation, puisqu'elle étend à une classe plus nombreuse le privilège d'élire : seule branche de pouvoir politique que le peuple puisse posséder à son avantage.

Une idée qui peut-être sera renvoyée à l'Utopie, seroit celle d'avoir accordé une récompense aux électeurs qui avoient été trouvés irréprochables dans l'exercice de leur droit. J'aurois voulu que leurs suffrages pris ensemble eussent conservé sous la nouvelle constitution, la même proportion qu'ils avoient dans l'ancienne. Ce privilège n'eût été qu'à vie : il auroit conféré à ces membres intègres de la corporation une distinction honorable. Mais au lieu d'être récompensés, ils étoient en quelque façon punis, par l'extension du droit d'élire qui diminuoit la valeur du suffrage qu'ils possédoient avant la réforme. Je ne craindrois pas de porter jusqu'au scrupule le ménagement de tous les intérêts dans la correction des abus. Je dirois aux réformateurs, *Servez le public, mais n'oubliez pas que chaque membre en fait partie.*

Il est pourtant vrai que dans la rigueur des principes, les Electeurs n'ont aucun droit de se plaindre quand on étend la franchise des Elections. Le dilemme est clair. Si vous ne vous en servez pas conscientieusement, vous ne méritez

pas qu'on vous le confie.   Si vous n'en faites qu'un
usage honnête, il ne vous rapporte aucun profit,
et vous ne perdez rien par son extension (1).

SEPTIÈME SECTION.—*Peines fortuites.*

J'ai appelé *peine fortuite* ou distribuée au
hasard, celle que la loi fait tomber accidentellement sur un innocent, qui peut être tout individu
aussi bien que tout autre, étranger au délinquant
comme au délit.

En voici trois exemples tirés de la loi angloise : 1°. Une espèce de confiscation ; 2°. Les
déodandes ; 3°. L'inadmissibilité à témoigner.

I. *Cas de confiscation.* — Le possesseur
d'une terre franche (*Freehold*) commet un de ces
délits qui entraînent la confiscation : ensuite il
vend cette terre, il l'hypothèque ou il en dispose, —
son délit en vient-il à être reconnu et prouvé ? la
loi confisque la terre sans s'enquérir si les inté·
ressés actuellement en possession avoient eu connoissance du délit.   Je commets un meurtre secret : je vends mon domaine à vous : vingt ans

_____

(1) Le dilemne est sans réplique pour le profit pécuniaire,
mais pour ce point seulement : car ceux qui possèdent le privilège peuvent craindre qu'en lui donnant beaucoup d'étendue,
on ne le communiquât à des individus qui en feroient un mauvais usage.

Je n'entrerai pas dans les explications que ceci demanderoit :
c'est déjà trop pour une digression.

après, je suis découvert, poursuivi, condamné : le Roi se saisit du domaine. Que vous l'ayez vendu, hypothéqué, engagé, qu'il ait passé depuis par cinquante mains, cela ne fait aucune différence. Si c'étoit votre femme que j'eusse tuée, le cas seroit le même. Vous auriez perdu votre femme par mon délit, et votre fortune par la peine que j'ai encourue.

On pourroit croire que la loi s'est trouvée réduite à cet expédient par la crainte des ventes frauduleuses. Mais non : car par rapport aux propriétés mobilières et personnelles, on a su distinguer les ventes frauduleuses de celles qui ne le sont pas : on a confirmé celles-ci : les autres seules ont été annullées.

Il faut entendre l'auteur des *Commentaires* sur cette singulière loi : " Elle peut être dure," dit-il, " pour ceux qui se sont engagés à leur " insçu avec le délinquant.—Toutefois le blâme " et la cruauté ne doivent pas être imputées à la " loi, mais au criminel, qui, avec connoissance " de cause, a eu la mauvaise foi d'envelopper " d'autres personnes dans ses calamités (1)." Avec une maxime pareille, il n'y a point de tyrannie qui ne puisse être justifiée.

II. *Déodandes.*—Vous êtes fermier : vous employez votre fils à conduire un chariot : il en tombe accidentellement, les roues lui passent sur

---

(1) Blackstone, L. iv. c. 29.

le corps, il est tué. Le Roi, ou quelque autre personne en son nom, doit avoir votre chariot. C'est la seule consolation que la loi d'Angleterre vous donne pour la perte de votre fils.

Si au lieu d'un chariot, c'est un vaisseau qui, en se mouvant, a occasionné la mort de votre fils, il en seroit de même. Le *vaisseau*, fût-il chargé des trésors des Indes, c'est au Roi qu'il appartiendroit avec toute sa cargaison (1).

L'origine de ce droit remonte au temps où l'on rachetoit l'âme du défunt du Purgatoire, au moyen du faux bourdon chanté dans la messe. Le pouvoir de la musique sur les âmes en Purgatoire étoit alors généralement reconnu. Il falloit payer les musiciens qui avoient le secret de cette magie. La chose qui avoit causé la mort du défunt, à qui l'on rendoit ce service, étoit la première valeur saisissable, et servoit à le payer (1).

Les Athéniens bannirent de leur territoire une pierre qui, en tombant, avoit occasionné la mort d'un homme. La pierre fut transportée sur un territoire étranger. Mais on ne pensa pas du moins à confisquer la maison ou le fonds dont elle faisoit partie.

III. *Inadmissibilité à témoigner.*—Il y a un

_____

(1) Ceci n'a pas lieu si le vaisseau est en mer, en eau salée.

(1) *Omnia quæ movent ad mortem sunt Deo danda.* Voyez Blackstone, L. i. c. 8.

mode de punir, où, pour faire une égratignure au coupable, on passe une épée au travers du corps d'un innocent.—Je veux parler de cette peine infamante qui rend un individu *inadmissible à témoigner*.

Les Romains qui nous l'ont transmise, la tenoient eux-mêmes des Grecs ; nation singulièrement sujette à être gouvernée par des caprices, des subtilités et des raffinemens d'imagination.

L'avantage de cette peine est nul, car la peine même est cachée. La loi n'en dit rien : la Sentence n'en fait pas mention. L'exclusion est tout d'un coup tirée des ténèbres comme une conséquence prétendue d'autres peines. C'est un secret qui n'est connu que des légistes ; et jamais elle ne se montre que pour faire du mal ; pour donner l'impunité à un criminel, ou pour éluder le bon droit par une nullité.

Je ne saurois dire en combien de cas un témoin est exclus à raison de délit : cette partie de la Jurisprudence angloise, de même que toute la loi commune, est enveloppée d'obscurités : parmi les auteurs, il y a des doutes sur plusieurs points, des contradictions sur d'autres : la liste des délits qui entraînent cette incapacité les comprend presque tous ; la trahison, le parjure, le larcin, tous les crimes réputés infâmes, les félonies :—or, la félonie n'est pas un crime particulier, mais une collection de crimes aussi hétérogènes qu'on puisse les concevoir ; un homicide commis dans la chaleur de la passion est félonie : un coup malheureux est félonie : un viol est félonie : des crimes d'incontinence sont félonie.— Qu'est-ce qui n'est pas félonie ?

Le témoignage des Excommuniés n'est pas reçu. Les uns ont supposé que les Excommuniés étoient des hommes perdus sur qui la religion n'avoit aucune influence. D'autres ont dit gravement qu'ils ne pouvoient être entendus comme témoins, étant exclus de la conversation humaine. " Nos lois " vont si loin," dit un Juriste, " que d'excom- " munier aussi ceux qui s'entretiennent avec eux, " et par conséquent, un Juge ne peut pas leur adresser des questions." Voilà un échantillon des argumens qu'on trouve si fréquemment dans les livres de Jurisprudence angloise.

Sans nous arrêter plus long-temps sur la question de fait, examinons si cette peine est convenable, c'est-à-dire, s'il y a des cas où, à raison d'un délit, un témoin doive être rejeté.

La seule raison pour rejeter un témoin, est la crainte que son témoignage ne soit plus propre à égarer les Juges qu'à les éclairer. Ce qu'on doit craindre de lui, ce n'est pas précisément qu'il mente, car son mensonge même peut être un moyen d'arriver au vrai. Son défaut de véracité n'est donc une objection contre lui qu'autant qu'il auroit la faculté de donner au mensonge un carac-

tère plausible et conséquent, et de le soutenir jusqu'au bout.

Le menteur le plus déterminé ne ment que
par occasion : la peur naturelle est de parler vrai.
Il faut quelque intérêt pour surmonter ce penchant. Quelques - uns mentent par des motifs
très-légers, mais personne ne ment sans motif.

Supposez donc un cas où l'intérêt à mentir
soit nul, le témoignage du plus pervers seroit
aussi sûr que celui du plus intègre. Où est donc la
différence? Elle est en ceci, que l'homme dépravé
ment s'il a quelque intérêt à mentir, et que
l'homme intègre résiste à cette tentation. Le degré de force à employer pour séduire deux individus, fait la différence de leur probité.

Qu'il s'agisse de témoigner devant un Tribunal, il n'y a pas d'homme, à moins d'imbécillité
ou de folie, qui ne sente en soi-même un motif à
dire la vérité : ce motif est dans la sanction politique qui dénonce des peines au parjure : dans la
sanction morale, par l'infamie attachée à ce délit ;
dans la sanction religieuse, à moins qu'il ne soit
athée, ou qu'il ne compte sur des dispenses et des
absolutions.

L'intérêt à mentir peut être *naturel* ou *artificiel* : l'intérêt naturel n'a pas besoin d'être expliqué : l'intérêt artificiel est une récompense donnée ou promise. Vous êtes en procès pour un
fonds de terre, vous avez un intérêt naturel à ce
que je rapporte un fait vrai ou faux, servant à

établir votre titre. Moi, payé pour rapporter ce fait, j'y ai un intérêt artificiel, qui est votre ouvrage.

Qu'un homme, dans le fait en litige, ait ou n'ait pas un intérêt naturel, rien n'est plus facile à connoître : c'est-là le fond de la question : et quand il est établi qu'il a cet intérêt, la loi a une tendance d'après cette raison seule, à rejeter son témoignage, sans égard à sa probité.

Le doute est par rapport à cet intérêt artificiel dont l'existence ou la non-existence n'est pas si facile à prouver. On n'en peut juger que par les circonstances qui affectent le caractère général de l'individu. Tout ce qu'on peut dire de certain, c'est qu'en proportion qu'un homme est plus ou moins confirmé dans la vertu, il est plus ou moins probable qu'un intérêt artificiel ait pu l'emporter sur les motifs qu'il a de parler vrai.

Les hommes d'une expérience bornée et d'un jugement hâtif, ne connoissent guère au moral que deux classes d'individus, les bons et les méchans. Sont-ils frappés de quelque trait estimable? Voilà un homme placé parmi les bons. Sont-ils choqués de quelque action malhonnête? Voilà l'auteur rangé parmi les méchans. Leur opinion vient-elle à changer sur l'un d'eux? Comme ils n'ont point de degrés intermédiaires, il sera déplacé avec la même précipitation, et passera d'une extrémité de l'échelle à l'autre. Mais les observateurs plus calmes et plus réfléchis apprennent à corriger les erreurs de ce système indolent et fougueux. Ils savent que dans l'échelle du mérite les hommes ne se surpassent les uns les autres que par des degrés insensibles, et que même entre les extrêmes, il n'y a pas toute la distance que l'orgueil ou le préjugé se figurent.

Si ces observations sont vraies, la loi n'a aucune donnée pour tirer une ligne entre ceux qui méritent, et ceux qui ne méritent pas d'être entendus ; entre ceux qu'elle admet à témoigner, et ceux qu'elle rejette sans distinction. En un mot (car l'argument revient à ceci), exclure des classes de témoins à tout événement, c'est éviter un petit mal possible, au prix d'un grand mal certain.

Vous précautionner contre un petit nombre, lorsque vous êtes en danger de la part de tous, est une mesure plus trompeuse qu'efficace. En effet, contre qui vous mettez-vous en garde ? contre quelques centaines d'hommes dans une nation. De la part de qui restez-vous exposé un danger ? de la part de tout le reste de la nation : car de tracer une ligne sûre, c'est l'impossible : il n'y a aucune classe d'hommes, aucun individu même, à qui l'on puisse attacher le caractère d'une infaillible véracité.

Dans tel cas, il seroit dangereux de se fier au dire du plus honnête : dans tel autre, il n'y a point de risque à se fier au plus malhonnête, s'il n'a aucun motif naturel à mentir, si la condition des parties ne permet pas de soupçonner un motif artificiel. Je suis, par exemple, aussi mauvais sujet que la supposition peut le demander; il m'arrive de voir un homme en attaquer un autre, tous deux me sont étrangers : le battu m'appelle comme témoin, le seul témoin contre son aggresseur. J'ai été convaincu de parjure, et si vous voulez, de vingt parjures : mais les parties sont si pauvres que ni l'une ni l'autre ne peut m'offrir la plus petite tentation. Qu'est-ce donc qui pourroit m'induire à rendre un faux témoignage? Rien. Quel danger y a-t-il à m'entendre? Aucun. Que s'ensuit-il si l'on me rejette ? Le triomphe de l'oppresseur. Or, un cas de cette nature n'a rien de singulier ni d'improbable. Chacun peut aisément s'en figurer mille du même genre.

Après avoir été jusques là, je ne crains pas de dire qu'on ne doit exclure aucun témoin, pas même pour parjure : et si le parjure n'est pas un cas d'exclusion, aucun crime ne peut l'être. Cette proposition ne seroit pas admise sans preuve.

Le témoin qui se présente est donc un homme qui a été convaincu de parjure : mais dans le cas actuel, il n'a point d'intérêt naturel à parler faux : car s'il en avoit un, ce seroit une autre base d'exclusion dont il ne s'agit pas maintenant. Si donc il a un intérêt artificiel, c'est qu'il a été suborné par la partie : mais moi partie, si je n'ai jamais été convaincu de subornation, si mon caractère est respectable, de quel droit m'imputez-vous ce crime ? Car refuser mon témoin, parce qu'il a été suborné dans une autre occasion, c'est me considérer comme un suborneur.

Je suis persuadé qu'on n'eût jamais admis ces règles d'incompétence péremptoire, si l'on eût pesé attentivement les conséquences des deux côtés de la question. Il semble qu'on ait procédé comme si, dans tous les cas on étoit sûr d'avoir une abondance de témoins à choisir, et dans cette supposition, on avoit raison d'écarter les suspects, de ne retenir que ceux contre lesquels il n'y avoit point d'objection, *omni exceptione majores.* Mais cette supposition est fausse, et le danger qui en résulte est grand. Car marquer un individu comme incapable de déposer en Justice, n'est-ce pas donner à tous les hommes la permission de lui faire toutes sortes d'injures, ou de commettre devant lui toutes sortes de crimes ! Que *lui* en personne soit mis hors de la protection de la loi, c'est un genre de peine bien étrange ! Mais l'impunité donnée aux crimes dont il est seul témoin. comment la justifier ?

Le cas de Pendoch et de Machender peut montrer un des effets nuisibles de cette loi. L'attestation de trois témoins est nécessaire pour un

testament relatif à un fonds de terre. Dans le
cas susdit, le testament étoit muni de ses trois
témoins. Deux étoient irrécusables. On décou-
vrit que le troisième avoit été convaincu de petit
larcin et fouetté. C'étoit avant l'attestation, mais
combien de temps auparavant, c'est ce qu'on ne
voit pas. Le procès fut commencé cinq ans après.
L'homme étant réputé mauvais témoin, et comme
tel, inadmissible, le nombre requis par la loi étoit
insuffisant ; et celui en faveur de qui le testament
avoit été fait, perdit sa terre. Quel coup pour
un homme qui croyoit avoir dans sa possession,
toute la sécurité que la loi peut donner ! et quel
testateur ne devroit trembler, en pensant qu'un
incident tel que le mauvais choix d'un témoin,
est capable d'anéantir un jour ses dispositions les
plus chères !

Qu'une femme ait commis un parjure, ou
quelque autre délit qui la rende incompétente à
témoigner, il est juste qu'elle soit punie : mais
est-il juste, est-il convenable qu'elle soit livrée à
la brutalité de tout homme à qui sa beauté peut
inspirer des désirs ? C'est-là pourtant la consé-
qence directe de la loi : il est impossible de la
nier. Dira-t-on que j'exagère, que je forme des
cas dont on n'a jamais vu d'exemple ? Mais je
réponds que si de tels cas ne sont point arrivés,
c'est que la loi qui les laisseroit impunis, la loi
qui a créé une protection pour ces crimes, est

elle-même ignorée : un mal a été le palliatif d'un autre mal : l'absurdité de la loi a été voilée dans son obscurité.

Prenons le revers de la question. Où seroit le danger d'admettre le témoignage d'un homme ainsi flétri. Je n'en vois aucun—aucun du moins qui puisse être mis en comparaison avec le mal de l'exclusion. " Mais une personne ainsi flétrie ne mérite pas de croyance." Voilà ce que vous dites, dois-je vous croire sur votre simple assertion ? " Non : mais je ne suis pas seul de cette opinion, tout le monde pense de même."—Si tout le monde pense de même, il n'y a donc point de danger. Faites connoître ce témoin pour ce qu'il est, et n'ayez pas peur que le Jury lui accorde trop de confiance. Avec un tel préjugé contre lui, il ne faudra rien moins pour ajouter foi à son témoignage que la narration la plus claire et la plus soutenue, en un mot, l'évidence, ou ce qui en approche le plus. Pourquoi les Juges, en établissant cette règle, ont-ils montré tant de défiance du Jury ? Dans le cas où ils croiroient que la condamnation porte sur un innocent, n'ont-ils pas des moyens infaillibles de le sauver ? mais les auteurs de cette ancienne règle étoient eux-mêmes entraînés par la notion vulgaire qui étend sur la vie entière la tache d'un délit, et fait penser qu'un homme une fois coupable, le sera toujours (1).

_____

(1) La compétence de témoigner est en certains cas réhabilitée par un pardon du Roi.

" Cette règle d'exclusion étant abolie, la conduite des Jurés, me dira t-on, sera donc à peu près la même, que si la règle subsistoit encore. Les témoins ci-devant rejetés seront admis, mais ne seront pas crus."—Je le pense ainsi—" Quel avantage voyez-vous donc dans l'abolition ?" Un très-grand. L'auteur d'un crime n'aura plus la chance de l'impunité par l'exclusion d'un témoin nécessaire : la loi ne contiendra plus une permission indirecte de commettre toutes sortes d'injures envers une classe de personnes non protégées. Si même un criminel est absous, parce que les témoins qui l'accusent sont tarés, on le supposeroit innocent, au lieu que, dans l'état des choses, son crime paroît certain, et l'impunité fait son triomphe. Voilà l'avantage, et quand il seroit seul, il est assez grand pour justifier l'abolition de la règle.

Tout ce que la prudence exige en pareil cas, c'est que le caractère du témoin, c'est-à-dire, le délit antérieur qui dégrade son témoignage, soit mis sous les yeux des Jurés ; qu'on leur présente le rapport du Juge, afin qu'ils soient en état de juger par les circonstances de ce délit, à quel point il invalide sa déposition.

En effet, tout dépend de là. Je m'arrête au cas du parjure, le crime qui affecte le plus la crédibilité du témoin. Quelle différence n'y a-t-il pas entre un parjure commis pour se défendre soi-même et dans sa propre cause, ou un parjure commis par une subornation étrangère, et pour attaquer la vie d'un innocent ! Cette distinction n'est rien moins qu'une subtilité. Il faut faire violence au sens commun pour ne pas la concevoir.

Le temps qui s'est écoulé depuis le délit est une autre considération. Tel homme, dans sa première jeunesse, disons à 14 ou 15 ans, s'est laissé entraîner à un faux serment dont il a été convaincu. Il se réforme : il soutient pendant trente ans, quarante ans, une conduite probe et intacte. N'importe ; le registre de ce délit oublié est produit : suivant la règle, son témoignage n'est pas même entendu ; selon les lumières du simple bon sens, il est aussi admissible que tout autre.

Dans les poursuites criminelles, on ne refuse pas d'entendre des témoins qui ont un intérêt manifeste à faire condamner l'accusé, soit un intérêt pécuniaire, soit un intérêt de vengeance. On se défie d'eux, on les écoute avec précaution. Eh bien ! défiez-vous de même d'un témoin que sa conduite antérieure a rendu suspect. Mais écoutez-le : examinez surtout si les circonstances de son délit sont de nature à affecter son crédit dans le témoignage actuel.

Justinien attacha cette incapacité légale à un genre de délit contre les mœurs. Qu'on punisse ce délit aussi sévèrement qu'on voudra, c'est une autre question : mais quelle influence peut avoir un goût dépravé sur la véracité juridique ? Com-

·ment peut-on en conclure qu'un homme infecté de ce vice sera disposé par là à rendre un faux témoignage contre un accusé? C'est confondre des idées qui n'ont aucun rapport.

LIVRE V.

Des Peines complexes.

CHAPITRE PREMIER.
Leurs inconvénients.

Nous avons observé plus d'une fois que le même acte pénal ne produit pas un mal unique, il en produit plusieurs à la fois. La peine considérée comme un acte est simple : considérée dans ses effets, elle est complexe.

Un homme est emprisonné, voilà une peine simple quant à l'acte de la part du Juge : mais par rapport à l'individu, les effets seront des maux très-variés, affectant de différentes manières la fortune, la personne, la réputation, et la condition.

Une peine simple est celle qui est produite par un seul acte de punition : une peine composée est celle qui requiert plus d'une opération ; la peine pour un délit peut renfermer un emprisonnement, une amende, une marque d'infamie, etc. Si tout est énoncé dans la loi, si chacune de ces peines est exprimée par un terme clair et familier, la peine, quoique composée ou complexe, peut être bonne.

Les peines complexes vicieuses sont celles dont on ne connoît pas les parties intégrantes, celles qui renferment des maux que la loi n'énonce pas, celles qui sont exprimées par des dénominations

obscures, énigmatiques, qui ne portent point
l'idée pénale en gros caractère, qui ne sont comprises que par des juristes; telles sont dans le
droit anglois les félonies avec bénéfice ou sans
bénéfice du clergé, les *præmunire*, *la mise hors
de loi*, les excommunications, l'inadmissibilité à
témoigner et beaucoup d'autres.

Tout ce qui est incertain, tout ce qui est
obscur péche contre la première condition d'une
bonne loi.

Les inconvéniens attachés aux peines complexes ainsi définies, est très-grand, mais il peut
être expliqué en peu de mots. Le Législateur ne
sait pas ce qu'il fait : les sujets ne savent pas ce
qu'entraîne la menace qui leur est faite. Il devient impossible pour le Législateur de faire en
aucun cas ce qui est convenable, et dans chaque
cas, il fait trop ou trop peu. Le voile d'une expression obscure, couvre à ses yeux la nature de
la peine ou des peines qu'il emploie : il frappe en
aveugle : il dispense le mal au hasard. Les Jurés
ou les Juges qui dans les cas particuliers voyent
les inconvéniens de la loi, se permettent tous les
moyens possibles de l'éluder ; ils usurpent le pouvoir du Législateur ; et le parjure devient le palliatif habituel de l'injustice ou de l'imprévoyance.

Si la loi est exécutée, qu'arrive-t-il ? le Juge,
pour infliger une peine utile, se voit obligé d'en
infliger un grand nombre d'autres qui ne servent à rien. — Les peines, dont les délinquans

n'avaient qu'une idée imparfaite, sont un mal en pure perte : souvent même, le mal se répand sur des personnes absolument étrangères au délit ; et les conséquences sont telles qu'elles auroient fait frémir le Législateur, s'il les avoit prévues.

Nous avons déjà parlé de la déchéance de protection légale, (*outlawry*) et de l'inadmissibilité à témoigner. Nous allons parler de l'excommunication et des félonies.

CHAPITRE II.

Excommunication.

Il n'est ici question de l'excommunication que dans son rapport avec la Jurisprudence angloise. Le premier point de cet examen roule sur les peines qui y sont renfermées, et qu'il s'agit d'énumérer.

L'excommunication est de deux espèces, l'une *majeure* et l'autre *mineure.* La première contient tout ce qui est contenu dans la seconde, et quelque chose de plus. Je commencerai donc par détailler l'excommunication mineure, et je ferai connoître ensuite ce qu'il y a de particulier dans la majeure.

Les peines qu'elle renferme sont :

1. *L'emprisonnement* pour un temps illimité, à la discrétion du Juge: sa sévérité dépend de l'état des prisons communes.

2. *Pénitence* ; comme une condition pour obtenir la liberté: c'est une peine corporelle du genre ignominieux. Quant à la manière de l'infliger, nous en parlerons ailleurs.

3. Au lieu de pénitence, *commutation en argent*: la somme n'est pas limitée directement mais indirectement : elle ne peut pas excéder ce

que l'individu veut donner pour éviter la pénitence corporelle.

Ces deux peines sont accidentelles : elles
n'ont lieu que par la volonté de celui qui poursuit
et il peut les omettre. Les suivantes sont inséparables.

4. *Incapacité d'intenter une action juridique* (dans les cas civils). C'est une peine pécuniaire, contingente dans sa nature, et incertaine
quant au temps.

5. *Incapacité d'agir comme Avocat*, c'est-
à-dire, dans les Cours ecclésiastiques, et non da..is
aucune autre. C'est une peine affectant la condition de l'individu, et surtout sous le rapport pécuniaire.

6. *Incapacité d'être présenté à un bénéfice
ecclésiastique.* Peine du même genre que la précédente.

7. *Incapacité d'agir en Justice en qualité
d'exécuteur.* C'est une peine pécuniaire qui tombe
sur d'autres que le coupable. Elle affecte ceux qui
ont un intérêt bénéficiaire dans le testament.

8. *Incapacité d'être reçu en qualité de témoin.* C'est une peine qui tombe sur d'autres que
le coupable. Elle peut affecter de toutes les manières possibles ceux qui auroient un intérêt bénéficiaire dans le témoignage de la personne exclue.

9. *Exclusion de toutes les églises.* C'est une
peine restrictive, qui dans ses conséquences appartient à la sanction religieuse.

10. *Assimilation aux payens et aux publicains.* C'est, je suppose, une sorte d'opprobre et d'infamie.

11. *Exclusion du service religieux des funérailles.* Je ne sais sous quelle classe ranger cette peine: je ne sais quel avantage revient à un mort du service exécuté à son enterrement. Si c'est une peine, elle appartient à la sanction religieuse.

12. *Exclusion du bénéfice des Sacrements,* savoir, le baptême, si par hasard, il n'a pas été baptisé, et la Sainte-Cene. C'est une peine de la sanction religieuse.

A ces peines, l'Excommunication majeure en ajoute deux autres.

1°. *Exclusion du commerce et de la communion des fidelles.*

2°. *Incapacité de faire un Testament.*

Telle est l'espèce de peine employée par les Cours ecclésiastiques, ou selon une dénomination bizarre, Cours spirituelles. Elles sont forcées de s'en servir dans toutes les occasions, car elles n'en ont ni de plus grandes ni de plus petites. (1). C'est là tout leur code pénal. Si sa brièveté est une recommandation, il faut avouer qu'il n'en a

---

(1) Cette Excommunication est comme l'Epée d'Iludibras, qui pourfend des géants, et qui enfile des alouettes. Un homme commet-il un inceste? il est excommunié. Une poissarde donne-t-elle des noms injurieux à une autre poissarde? Elle est excommuniée.

pas d'autre. Arrêtons-nous sur quelques-unes de ses imperfections.

1°. D'abord sur la pénitence. Le pénitent, la tête et les jambes nues, et le corps enveloppé d'un linceuil blanc, doit être exposé dans l'église paroissiale, ou dans la cathédrale, ou dans le marché public, et prononcer de certaines formules. C'est là une peine ignominieuse qui peut être utile quand elle est convenablement appliquée, mais une peine doit être exactement définie, et dans celle-ci on a laissé beaucoup de vague. Il falloit déterminer l'heure et le temps : mais il n'y a rien de fixe à cet égard, ensorte que l'exposition peut durer des heures ou ne durer qu'un instant ; elle peut avoir lieu en présence d'une foule de spectateurs ou dans la solitude la plus absolue. Il y a d'ailleurs la plus grande différence entre une église paroissiale de village, ou la cathédrale d'une ville, ou le marché fréquenté par tout un district. Le concours plus ou moins grand rend la peine plus ou moins sévère.

Le pénitent doit prononcer une formule contenant l'aveu de son crime : il faut donc pour chaque crime une formule différente, fixée par la loi. Elle peut être prononcée à voix basse et d'une manière confuse. Un homme ne se fait pas volontiers l'orateur de sa honte. Il faudroit donc qu'il ne fit que répéter les paroles qui seroient prononcées à haute et intelligible voix par un officier de la Justice, comme on le pratique dans les tribunaux par rapport au serment. Des personnes respectables devroient être nommées pour présider à la cérémonie, et s'assurer que tout se passe selon le vœu de la loi.

Jusqu'à ce qu'on ait réglé tous ces points, ce mode de punir, très-bon en lui-même, sera toujours sujet aux plus grands abus. Il sera exécuté inégalement, capricieusement, selon la qualité des personnes plus que celle des crimes, et selon le caractère du Juge, plus ou moins sévère.

" C'est la pénitence," dit Burn, " qu'on impose ordinairement en cas d'inceste et d'incontinence!" Quand on considère combien ces deux délits sont éloignés l'un de l'autre, on est étonné de les voir rapprochés sans distinction, et confondus dans la même peine. L'incontinence! ... Loin de moi la pensée de traiter légèrement la séduction de l'innocence, le désordre des mœurs dans le sein des familles, ou de rabaisser les chastes jouissances du lit conjugal au niveau des embrassemens mercenaires d'une courtisane.— Mais il y a des proportions entre les fautes et les délits ; et il n'y a qu'un zèle ignorant et fanatique qui puisse se faire un mérite de les confondre.

On entend rarement parler de ces pénitences : les exemples en étoient communs autrefois. Maintenant, il est d'usage de commuer la peine en argent.

2°. Quant aux incapacités légales, les objections contre ce genre de peines, ont été exposées ailleurs, (Voyez L. IV. *Peines déplacées*).

3°. Être regardé comme des Payens et des Publicains, c'est-à-dire, des collecteurs du revenu public, c'est une des peines de l'excommunication. Ce qu'elle emporte dans l'opinion, je l'ignore. Ce qu'elle emporte dans l'intention de ceux qui la prononcent, c'est de faire envisager les individus assimilés aux Payens et aux Publicains comme des réprouvés.

Un homme qui, après un procès dans une Cour spirituelle, ne veut pas ou ne peut pas payer son *Procteur*, c'est-à-dire, son *Procureur*, (car c'est la même chose) est excommunié (1). Le voilà donc placé parmi les Payens, c'est-à-dire, parmi les adorateurs de Jupiter et des autres Dieux de la mythologie ; parmi les Publicains, c'est-à-dire, les officiers du revenu public, les financiers, les Lords de la trésorerie, &c. C'étoit autrefois une injure grave, mais de nos jours, c'est une épithète burlesque dont le ridicule retombe sur les lois.

4°. L'exclusion des églises. Beaucoup de

_____

(1) L'excommunication est employée comme moyen de contrainte en plusieurs cas pour forcer un payement. Ainsi un homme peut être excommunié pour être pauvre. Bienheureux ceux qui sont pauvres, a dit Jésus-Christ. On voit que ce langage n'est pas celui des hommes qui se disent ses successeurs.

personnes qui s'en abstiennent fort aisément, et qu'il seroit plus difficile de conduire dans les églises que de les en détourner, trouveront que cette défense, en forme de peine, est tout au moins bizarre. Cependant, elle ne seroit pas mal imaginée, si elle avoit pour objet d'aiguiser le désir par la privation. Car en général, l'effet de toute prohibition est de faire naître un penchant à l'enfreindre. C'est d'abord une présomption que la chose défendue est désirable par elle-même dans l'opinion du Législateur, car autrement pourquoi la défendre? Telle est au moins la supposition naturelle quand l'interdiction porte sur un objet inconnu. Mais dans le cas même où l'acte défendu est du nombre de ceux qu'on a pu connoître par expérience, et qu'on a négligés par dégoût, la prohibition lui donnera un tout autre aspect. Aussitôt l'attention est excitée sur les avantages possibles de cet acte : à force de s'en occuper, on commence à les sentir et à les exagérer ; on se trouve dans une situation inférieure par comparaison avec ceux qui jouissent de cette liberté ; et par degrés, le désir le plus vif peut succéder à la plus grande indifférence.

Ceux qui rapportent l'inclination si commune de transgresser les lois prohibitives à une perversité naturelle du cœur humain, sont des moralistes bien superficiels. Trop indolens pour examiner, au lieu de voir que tous les sentimens moraux s'expliquent par les peines et les plaisirs,

ils ne savent considérer l'homme que comme un
composé de contradictions et d'inconséquences.
C'est pour eux un être inconcevable, une énigme
profonde, un abîme qu'on ne sauroit sonder.
Pascal, qui étoit né pour pénétrer les lois de la
nature physique, avoit défendu à son génie de
reconnoître les principes simples qui gouvernent
la nature humaine.

Quant aux peines de l'excommunication qui
appartiennent à la sanction religieuse, comme
l'exclusion des sacremens, leur imperfection sail-
lante est dans leur extrême inégalité : leur effet
pénal dépend de la croyance et de la sensibilité des
individus. Le coup qui produit dans les uns les
tourmens de l'agonie, ne fait que châtouiller
l'épiderme des autres. Point de proportion, et
rien d'exemplaire. Celui qui souffre de la peine,
languit en secret, et dévore son âme en silence.
Celui qui n'en souffre point, s'en moque tout haut,
et insulte à la loi. C'est une peine qu'on jette en
masse, au hasard, sans s'embarrasser si elle s'applique, ou si elle tombe sans effet.

Je ne parle de ces peines que relativement à
la vie présente : car qui peut supposer aujourd'hui
que l'excommunication puisse entraîner des conséquences funestes dans un période futur ? Quel
homme, raisonnant sans préjugé peut croire que
Dieu ait remis un pouvoir si terrible à des êtres si
foibles et si imparfaits ? que la Justice divine
s'asservisse à exécuter les décrets de l'aveugle hu-

manité? qu'elle se laisse commander de punir autrement qu'elle n'auroit puni elle-même? Une verité si simple et si évidente n'a pu être méconnue que par un degré d'abrutissement qu'on avoit préparé pendant des siècles d'ignorance (1).

----

(1) Je n'ai pas à beaucoup près suivi mon auteur dans toutes ses observations sur ces peines spirituelles. Il en est plusieurs qui n'auroient pas été comprises, sans entrer dans beaucoup de détails sur la Jurisprudence angloise. D'ailleurs, le sujet est d'autant moins intéressant que ces armes ecclésiastiques se rouillent de plus en plus, par défaut d'usage; et s'il importe de combattre encore ces lois si généralement condamnées, c'est pour faire sentir la nécessité de les abolir formellement.

CHAPITRE III.

§ I.—*Félonie.*

FÉLONIE est un mot dont le sens paroît avoir subi plusieurs révolutions. C'étoit d'abord une expression qui s'appliquoit vaguement à un mode très-complexe de délit, ou plutôt qui se prenoit pour le délit en général, dans un temps où les lois ne connoissoient guère d'autre espèce de délit, soumis à des règles fixes, que la violation d'un engagement politique, et où tous les engagemens politiques étoient compris dans un seul, le devoir féodal. Par les principes féodaux, toute la propriété du sujet étoit considérée comme un don : en acceptant ce don, l'acquéreur contractoit une sorte d'obligation indéfinie, dont la nature n'a jamais été exactement expliquée, mais qui consistoit de la part du donataire à rendre au donateur des services stipulés, et à s'abstenir en général de tout ce qui étoit préjudiciable à ses intérêts. C'étoit ce principe de soumission plutôt moral que politique qui, au premier partage des terres conquises, unissoit les barons au prince, les chevaliers aux barons, et les paysans aux chevaliers. Si le donataire ou vassal venoit à faillir en quelque point de ce devoir, à s'écarter de cette ligne qui lui étoit tracée, il trompoit l'attente de son bien-

faiteur ; le motif du bienfait cessoit ; il perdoit
son fief, la seule source de son importance politique, et le fonds de sa subsistence. Il retomboit
dans la foule ignoble qui vivoit d'une façon précaire aux dépens de ceux qui vouloient les employer : et cette dégradation étoit une peine si
grande et faisoit une telle impression sur l'esprit
des hommes, que, dans la suite, lorsqu'on vint en
plusieurs cas à y joindre la peine de mort, celle-
ci ne parut qu'un accessoire, une conséquence
naturelle, un objet inférieur. Elle s'établit plutôt
par coutume que par une loi positive : ôter la vie,
étoit peu de chose après qu'on avoit ôté tout ce qui
alors lui donnoit du prix.

Tel a été, ce semble, l'état des choses dans le
commencement du droit féodal : mais il étoit
trop précaire pour durer long-temps. C'est toutefois à ce premier temps qu'il faut remonter pour
trouver l'origine de ce mot *félonie*, qui, tantôt
comme le nom d'un crime, tantôt comme celui
d'une peine, se présente dans les plus anciens mo-
numens des lois féodales.

Quelques étymologistes, pour montrer qu'ils
savoient le Grec, l'ont dérivé du Grec : s'ils
avoient su l'Arabe, ils n'auroient pas manqué de
lui trouver une origine Arabe. Sir Edward
Cooke qui ne savoit pas le Grec, mais qui savoit
un peu de Latin, et qui ne perd aucune occasion
de l'étaler, fait venir ce mot de *fel*, le fiel. Il auroit pu avec autant de probabilité le faire venir de

felis, le chat, animal infidelle et fripon. Spelman
a proposé plusieurs étymologies. L'une est tirée
de deux mots Anglo-Saxons, *fee,* qui, dans cette
ancienne langue et dans l'Anglois moderne, a une
signification approchante de celle de propriété et
d'argent, et *lon* qui, dans l'Allemand moderne,
signifie *prix.* *Fee-lon* par conséquent signifie
pretium feudi. L'auteur des Commentaires
adopte cette étymologie. Mais *félonie* est un
terme qui emporte un sens actif ; c'est une action :
et je crois qu'il doit dériver d'un verbe, plutôt que
de deux substantifs qui, séparés ou combinés,
n'ont aucune signification active.

Le verbe *fallere,* est probablement l'origine
du françois *faillir.* L'Anglo-Saxon a un verbe
feallan, qui est la racine de l'Anglois *to fail* (1).

Par un procédé métaphysique très-commun
dans toutes les langues, ce mot passant du propre
au figuré, a signifié *tomber en faute, offenser,* tromper, sortir de son devoir. Cette dérivation qui est
une de celles de Spelman, me paroît la plus naturelle. En voilà assez sur l'origine du mot *félo-*
nie. N'importe d'où il vient, pourvu qu'il s'en
aille.

A mesure que la rigueur de la police féodale
se relâchoit, et que les fiefs devenoient perma-

---

(1) To *fell.* He *fell* from his duty, he *fell* from his alle-
giance.

nens et héréditaires, les forfaitures devenoient plus rares, et n'étoient plus appliquées à de petits délits. Un feudataire pouvoit commettre des fautes qui n'étoient pas des *félonies.* D'un autre côté, la forfaiture devenoit une peine insuffisante pour plusieurs délits. Un feudataire pouvoit tenir des fiefs de différentes personnes. Le Suzerain interposoit aussi ses réclamations, soit pour ses intérêts personnels, soit pour ceux de la Communauté, et imposoit des peines pour des délits que le Suzerain immédiat auroit négligé de punir dans ses vassaux, n'ayant aucun intérêt à le faire. Ainsi par degrés les peines corporelles et pécuniaires, et la mort même furent substituées ou ajoutées par des lois positives à cette peine qui, dans l'origine, étoit appliquée à presque tous les délits. Cette peine demeura toujours inséparablement annexée à tous les délits auxquels on attachoit la peine de mort, en partie pour donner au Suzerain l'occasion de se délivrer d'une race de vassaux flétris par une tache héréditaire, en partie pour completter la destruction de l'existence politique du délinquant comme celle de son existence naturelle. La forfaiture étant la peine primitive, a continué à servir de dénomination à une masse complexe de peine dont elle ne constitue à présent qu'une partie. Le terme félonie est venu à signifier une peine, (cette masse complexe de peines dont la simple forfaiture étoit anciennement le principal ingrédient).

Lorsque ce mot fut introduit dans la Jurisprudence angloise par la conquête des Normands,
il ne s'appliquoit qu'à un petit nombre de crimes,
de la plus grande énormité, le vol à main armée,
le brigandage, l'incendiat, l'homicide comme résultat de ces hostilités : tels étoient alors les délits
qui emportoient félonie.   Mais les gens de loi, par
différentes subtilités, ajoutoient peines sur peines,
en gardant toujours le même nom.   En même
temps, la législature, ne sachant faire mieux, ajou-
toit toujours à la liste des délits punissables par
la peine appelée félonie : jusqu'à ce qu'enfin, elle
est devenue la dénomination, non d'une seule
peine, mais d'un amas de peines hétérogènes, ni
d'un seul délit, mais de délits de toutes les classes
et de toutes les espèces.   Dites-moi qu'un homme
a commis une félonie, je n'en suis pas plus avancé
pour la connoissance de son délit : tout ce que ce
mot me présente, c'est une certaine idée de ce qu'il
doit souffrir.   Ce peut être un délit contre un
individu, un délit contre une société particulière,
un délit contre l'Etat, un délit contre lui-même :
c'est un terme qui confond toute espèce d'arrangement, et répand des ténèbres sur toute la
législation pénale.   Les délinquans entassés
pêle-mêle sous ce nom, sont exposés sans distinction à un feu roulant de peines incongrues, ou
fortuites et aberrantes.

La Félonie, considérée comme un mode
complexe de punition, est à présent divisée en

deux espèces : l'une est appelée *Félonie sans bénéfice du clergé*, ou par abréviation, *sans clergé :* l'autre est *Félonie avec bénéfice du clergé*, ou *clergiable.* Ces deux peines, ainsi renfermées sous le même nom par une routine aveugle et un arrangement qui confond tout principe de méthode, sont très-différentes l'une de l'autre, comme nous le verrons bientôt.

§ II.—*Bénéfice du Clergé.*

La Religion Chrétienne, avant même d'être devenue dominante dans l'Etat, avoit donné naissance à un ordre d'hommes qui prétendoient disposer, de plusieurs manières, des récompenses et des peines que cette religion annonce dans une vie future. Cette prétention, qui met l'homme à la place de Dieu, n'eut que trop de succès dans des siècles de crédulité et d'ignorance, et devint la base de la puissance du clergé : car la puissance est-elle autre chose que la faculté de contribuer au bonheur ou au malheur des hommes ? A mesure que le clergé obtint cette puissance d'opinion, il s'efforça, selon la disposition naturelle au cœur humain, de le convertir à son propre avantage, d'abord à l'avantage de l'Ordre entier, qui étoit un intérêt privé entant qu'opposé à l'intérêt public, et ensuite à l'avantage des individus de cet Ordre. Dans ce système d'usurpation, le petit nombre avoit les yeux ouverts, mais le grand nombre sans doute agissoit de bonne foi avec la

persuasion qu'en élevant leur Ordre par dessus
tout, ils faisoient le plus grand bien de l'Etat.
Cette puissance, dans son progrès, tendoit naturellement à l'abaissement et même au renverse-
ment de la puissance politique. Ses opérations
conduites par une multitude de personnes qui ten-
doient uniformément au même but, avoient l'apparence d'être concertées, comme si le clergé
eût formé un plan systématique de subjuguer toutes les classes laïques. Au lieu que,
dans le fait, ce plan ne fut jamais universel, et
il ne fut jamais nécessaire : il s'exécutoit, pour
ainsi dire, sans avoir été formé : les moyens
étoient évidens, le but étoit simple, les intérêts
dans le clergé ne se croisoient point. D'un bout
du monde à l'autre, ils agissoient de concert sans
se connoître ni s'entendre. Chaque opérateur
reprenoit l'ouvrage où son prédécesseur l'avoit
laissé, et le portoit aussi loin que l'intérêt le de-
mandoit, et que l'occasion permettoit.

En conséquence de ce plan suivi unanimé-
ment sans être concerté, et plus sûr que s'il eût été
concerté, le clergé obtint ces exemptions dans les
lois criminelles qui, par un enchaînement bizarre
de causes et d'effets, ont produit cette division de
la peine de Félonie dans les deux espèces qui existent à présent.

La personne de ces mortels favorisés, qui
entretenoient un commerce plus immédiat avec
la Divinité, et qui avoient le maniement des grands

intérêts du genre humain, devoit bientôt devenir non-seulement respectable, mais *sacrée :* expression dont le sens est vague et d'autant plus convenable pour imprimer dans les esprits la notion qu'on vouloit donner, celle que la personne à qui on l'applique doit être un objet de terreur. Il ne falloit donc pas les juger par des tribunaux profanes, les condamner par des bouches profanes, les toucher contre leur gré, avec des mains profanes. Les lieux même de leur habitation participèrent à l'essence de cette mystérieuse qualité : les pierres, arrangées pour former un certain édifice, devenoient sacrées. La terre même, à une certaine distance de cet édifice, s'imbiboit de la même vertu. Delà les privilèges des sanctuaires. En un mot, le monde entier matériel, ou intellectuel, fut divisé en sacré et en profane : tout ce qui étoit eux et à eux étoit sacré, tout le reste étoit destitué de ce privilège inestimable, et marqué, comme le mot l'exprime, d'une espèce de note de réprobation ou d'infamie. Je passe rapidement sur les progrès de cette prétention du clergé à l'indépendance des Juridictions profanes. Blackstone les a décrit dans ses Commentaires avec autant de fidélité que d'élégance.

Me renfermant ici dans les causes qui se rangent sous la dénomination de félonie, les efforts du clergé eurent, pour premier objet, de protéger ceux qui tenoient immédiatement à leur Ordre ; et successivement, d'autres classes de personnes qu'ils jugeoient convenable d'envisager comme appartenant à cet Ordre, et relevant de leur pouvoir. Par degrés ils étendirent si loin ces exceptions qu'enfin la patience des Juges laïques fut lassée ; et ces Juges en vinrent à une résolution générale de ne plus en reconnoître aucune. Cette réforme soudaine et violente étoit trop forte pour l'esprit du temps : le clergé eut assez d'influence sur la Législature pour en obtenir un statut favorable (1). Il fut établi par cet acte que tous les Clercs, religieux et séculiers, qui seroient convaincus de quelque félonie ou trahison, concernant autres personnes que le Roi lui-même, jouiroient pleinement à l'avenir des privilèges de la Sainte Eglise, et seroient remis sans empêchement ni délai à leurs Supérieurs ecclésiastiques.

On auroit pensé que ce statut étoit assez explicite d'une part pour assurer l'exemption à toutes les personnes qui étoient dans les Ordres cléricaux, et d'autre part, pour exclure tous ceux qui n'avoient pas ce caractère. Pour établir le droit à l'exemption, la seule preuve concluante étoit de produire l'acte d'*ordination*. Mais il y avoit plusieurs rangs de personnes comprises sous le nom commun de Clercs, et participant plus ou moins à leurs privilèges ; et il paroît que plu-

---

(1) 25 Edouard III. St. 9, c. 4.

sieurs étoient admis à leurs offices sans aucun
acte civil d'ordination. Cette distinction ne se
trouvoit point dans le statut : soit que cette omission fut accidentelle, soit qu'elle fut intention-
nelle ; le fait est que le clergé fut assez adroit pour
se faire dispenser de produire l'acte d'ordination, et pour faire recevoir dans les tribunaux
une autre espèce de preuve, qui, toute ridicule
qu'elle nous paroît aujourd'hui, n'étoit pas alors
si incompétente. " Les actes d'ordination
" (pouvoit-il dire), seroient une preuve équi-
" voque : on peut en faire de faux pour l'occasion :
" mais un moyen sûr et à l'abri de toute fraude,
" pour reconnoître celui qui nous appartient,
" c'est qu'il puisse faire ce que nous faisons,
" qu'il soit en état de lire comme nous." Le
livre d'épreuve étoit probablement alors un livre
latin, une Bible ou une Liturgie. Peu de personnes, autres que les Ecclésiastiques, savoient
lire et surtout du latin : et les Juges, s'ils se
doutèrent de la supercherie, y connivèrent peut-
être avec plaisir, en faveur de ceux qui possédoient une qualification si rare et si précieuse.
Mais il étoit facile de substituer un livre à un
autre, ou d'apprendre par cœur quelque passage
particulier : et d'ailleurs, le progrès naturel de la
société tendoit à rendre l'instruction plus commune, surtout après la découverte de l'imprimerie.
Il ne faut donc pas s'étonner que, dès le temps de
Henri VII, comme le dit Blackstone, il y eut

autant de Laïques que d'Ecclésiastiques, admis
aux privilèges de l'Eglise : il est même naturel
de penser que le nombre des premiers étoit bien
plus grand : car dans les temps même les plus
corrompus, les Ecclésiastiques ont dû tomber
plus rarement que les autres dans les grands délits
qui ressortissent des tribunaux ; il y a toujours eu
dans cette classe plus d'instruction et moins de
pauvreté, outre les bienséances d'état, qui rendent
les crimes scandaleux plus rares. Un nouveau
statut devint nécessaire pour remédier à cet
abus : mais de quel moyen s'avisa-t-on pour le
prévenir ? D'exiger des personnes qui récla-
moient le bénéfice du clergé de produire leur
titre d'ordination ? Non—on statua que le bénéfice du clergé ne pourroit être réclamé qu'une
fois, par ceux qui n'étoient pas Ecclésiastiques, et
que tous ceux qui en auroient joui une fois seroient marqués dans la main, afin d'être recon-
nus. Quant aux vrais Ecclésiastiques, ceux qui
pouvoient produire leur ordination, il fut expressément statué qu'ils jouiroient de ce bénéfice,
toties quoties, autant de fois qu'ils en auroient besoin ; privilège qu'ils ont encore aujourd'hui.

Quand un félon étoit admis à son clergé, il
n'étoit pas mis en liberté, mais livré à son Juge
ordinaire (son Supérieur ecclésiastique). Le grand
objet du tribunal ecclésiastique, si nous en croyons
les Juges laïques, dont le témoignage toutefois
n'est pas désintéressé et impartial, étoit de dé-

clarer innocent celui qu'un tribunal profane avoit
condamné : car cela tendoit à discréditer le tribunal profane. S'il n'étoit pas possible de l'ab-
soudre, le Supérieur ecclésiastique le condamnoit
à quelque pénitence, c'est-à-dire, à quelque peine
corporelle qui ordinairement étoit loin d'être rigoureuse. C'est ainsi que le clergé se faisoit
valoir par sa protection, et soumettoit tout à son
joug, les hommes honnêtes et crédules par leurs
craintes, les scélérats par leurs espérances.

Cependant il y a bien des indices, même de
fortes présomptions, qu'un individu qui étoit entre
les mains du clergé, étoit ordinairement absous,
et purgé : car alors ce mot de *purgation* étoit le
terme employé pour cette procédure en révision
de la première. Quand les Juges laïques avoient
déterminé de soumettre le délinquant aux peines
de la loi (excepté celle de mort qui étoit hors de
question), ils ne savoient imaginer d'autre moyen
que de s'opposer à ce qu'il fût admis à faire sa
purgation. Cette manière de restreindre l'autorité ecclésiastique étoit, ce semble, un grand
abus de pouvoir : il en résultoit une lutte continuelle entre le Juge temporel et le Juge spiri-
tuel ; et dans ces efforts irréguliers, les succès
varioient sans cesse selon le caractère des individus et les circonstances du temps.

Dans le temps de la Reine Elizabeth, il étoit
généralement entendu que le mot *purgation,* qui
signifioit dans l'origine *jugement,* étoit synonyme

d'absolution. Cela est si vrai qu'il fut établi par un statut de ce règne, qu'après qu'un délinquant avoit eu son clergé, il ne seroit pas délivré à l'Or-dinaire (le Tribunal ecclésiastique) comme auparavant, mais qu'après avoir été brûlé dans la main, il seroit mis hors de prison, permettant toutefois au Juge de le tenir emprisonné pour un terme qui ne devoit pas excéder un an. Pouvoir qu'il n'avoit pas, et que le statut lui donnoit.

Que devenoient la peine pécuniaire, la forfaiture, la corruption du sang, et les incapacités civiles? Le statut n'en parloit pas, on n'y pensa pas même. Cependant de manière ou d'autre ces peines se sont abolies. De la part du Législateur, pas un mot n'a été prononcé à leur égard. De la part des Juges, ce silence a été expliqué ou entendu comme une abolition.

Cette interprétation hardie est une nouvelle preuve que l'idée de purgation s'étoit identifiée dans l'esprit des hommes avec l'idée d'absolution. Dès qu'un homme étoit admis à faire sa purgation, il étoit absous; par conséquent, exempt des peines pécuniaires. Maintenant donc que la Législature a statué qu'au lieu d'être mis en liberté, le délinquant peut être puni par une peine légère, si les Juges l'ordonnent, cela même écarte toute idée de le soumettre à ces peines beaucoup plus graves que celles qui sont désignées par la loi. Puisque ces peines graves sont remises au délinquant, sans qu'il soit absous, la Sentence doit être considérée comme un pardon. Dès qu'on eut saisi ce mot *pardon*, les gens de lois fondèrent sur ce terme des raisonnemens absurdes, mais les effets furent avantageux.

On croiroit d'abord que le délinquant ne devant plus subir de peine corporelle (excepté cette peine légère et à la discrétion des Juges) d'abord parce qu'il était absous, ne devoit pas non plus subir de peines pécuniaires parce qu'il étoit pardonné. Mais cela ne fut point ainsi. Un homme continue à être sujet à la forfaiture de son bien personnel. La raison de ceci est parfaitement dans la nature du jargon légal, et caractérise l'ancienne Jurisprudence. La forfaiture du bien réel ne doit avoir lieu qu'après le Jugement : la forfaiture du bien personnel, sans aucune ombre de raison pour la différence, doit avoir lieu avant le Jugement ; c'est-à-dire, dès la conviction, (dès le verdict du Jury). Or, depuis le temps d'Henri IV, il n'est pas d'usage d'admettre un homme à plaider son clergé qu'après la conviction. Si un homme plaide son clergé, quels que soient ses biens, ils sont dévolus au Roi. Cela étant ainsi, ayant eu votre clergé, vous êtes innocent, ou, ce qui revient au même, vous êtes pardonné. Tout cela est vrai, mais quant à votre argent, on vous dit qu'il est entre les mains du Roi ; et quand le Roi est une fois en possession de l'argent d'un homme, à tort ou à droit, telle est sa nature royale, qu'il ne peut pas souffrir de s'en déssaisir. Car le Roi ne peut jamais faire mal, et la loi jamais se tromper. Pour rendre toute cette théorie plus claire que le jour, il faut entendre que les mains royales ont une vertu électrique qui attire toutes les substances légères comme les biens meubles, et une viscosité qui retient tout ce qu'elles ont touché.

Telle est la base sur laquelle subsiste encore de nos jours la forfaiture des biens personnels dans les cas de félonie clergiable.

Ce statut donna le coup de grâce à la Juridiction abusive du clergé : son exemption plus abusive subsiste encore ; mais tellement dépréciée par la participation des laïques à ce privilège, qu'elle a beaucoup perdu de sa valeur et de sa dignité. C'étoit dans l'origine un instrument de pouvoir illimité sur les autres hommes : elle s'est réduite à une simple protection pour eux-mêmes, et une protection qui ne leur appartient point exclusivement.

Enfin est venu le statut de la Reine Anne, qui donna le bénéfice du clergé à tous sans exception, à ceux qui ne savent pas lire comme à ceux qui le savent. Ceci, avec un statut du règne précédent, qui avoit déjà accordé le même bénéfice aux femmes, a donné une nouvelle signification à cette phrase. Il étendoit et confirmoit ce privilège abusif verbalement, il l'abolissoit réellement. Il mettoit les illettrés sur le même pié que les lettrés Etablissant que pour ces délits auxquels le privilège s'étendoit, les deux classes su-

biroient la même peine, non celle des imprivilé-
giés, mais celle que les privilégiés subissoient auparavant.

Depuis ce temps-là, accorder le bénéfice du
clergé à un délit, c'est punir toutes les personnes
qui commettront ce délit de la même manière que
les lettrés étoient punis dans les anciens temps.
C'est punir d'une certaine manière toutes personnes commettant ce délit.   Oter le bénéfice du
clergé, c'est punir d'une autre manière, mais
beaucoup plus sévère, pour ce même délit.   La
différence entre le laisser ou l'ôter, c'est la différence entre un plus grand ou un plus petit degré
de peine.   La différence anciennement étoit toute
autre chose, elle consistoit à accorder ou à ne pas
accorder une exemption oppressive et sans raison.

Par ces opérations croisées et tortueuses, on
a introduit dans la Loi des désordres et des vices
que rien ne peut guérir qu'une révision générale.
C'est un voile de ténèbres qui a couvert toute la
Jurisprudence, un jargon obscur, une habitude de
sophistiquer la raison, une difficulté d'expliquer
la Loi, telle qu'on court sans cesse le risque des
méprises.

§. III.—*Félonie sans Clergé.*

Pour ce qui concerne la félonie sans bénéfice
de clergé, nous verrons d'abord les ingrédiens
dont cette peine est composée.

Il faut distinguer dans cette peine la part qui tombe sur le coupable, et celle qui porte sur des innocens.

La peine propre au coupable comprend,

1°. Une forfaiture totale des propriétés mobiliaires.

2°. Une forfaiture des terres et tenures (*tenements*). Cette forfaiture des immeubles est totale (1) ou partielle suivant la nature des biens.

3°. L'emprisonnement: le temps est indéfini, il dépend en partie du Juge, en partie du Roi.

4°. La peine de mort, la mort simple par la potence.

La peine qui porte sur des innocens, comprend :

1°. Ses héritiers en général, (c'est-à-dire, la personne ou les personnes dans l'ordre de succession par rapport à sa propriété réelle), sont exclus de toute la propriété réelle (2) qu'il a eue en jouissance, et dont ils auroient hérité de droit, à moins d'une disposition contraire de sa part. Cette forfaiture est une conséquence de la doctrine de la *corruption du sang*. Si avant le délit commis, le délinquant a disposé de sa propriété réelle en faveur de son héritier,

___

(1) Elle n'est pas totale dans tous les cas. La femme du délinquant a droit à son douaire pris sur les biens confisqués.

(2) Avec l'exception ci-dessus.

elle ne lui est pas ôtée. Ainsi la forfaiture est casuelle, elle peut être tout ou rien.

2°. L'héritier perd toutes les successions en
terre et en propriétés réelles auxquelles il n'auroit
pu établir son titre qu'en qualité d'héritier le plus
proche du délinquant. C'est une forfaiture contingente et éloignée. La peine est encore plus incertaine que dans le cas précédent.

3°. Les créanciers dont la dette étoit fondée
sur les biens réels du délinquant, perdent leur
droit, dans le cas où la dette est subséquente à la
commission du délit. C'est une peine incertaine
quant à la personne sur qui elle tombe, mais certaine quant à l'événement, s'il y a des créanciers de
cette espèce.

4°. Les personnes qui ont acheté du délinquant une partie quelconque de ses biens réels,
perdent leur acquisition, dans le cas où l'achat a
eu lieu après la commission du délit.

Dans le langage fictif des gens de loi, c'est
le délinqant lui-même qui est censé puni par ces
forfaitures postérieures : dans le langage de la
vérité, ce sont les héritiers, les créanciers, les
acheteurs, qui sont en souffrance : et la souffrance
est pour eux seuls.

La forfaiture de sa propriété personnelle est
une autre branche de la peine qui peut tomber sur
des personnes innocentes.

1°. Sa femme : par là, elle sera privée de
tout ce qu'elle auroit pu avoir par son testament
ou par la loi des distributions.

2°. Ses enfants ou ses proches : de la même manière.

3°. Ses créanciers : ils ne peuvent rien réclamer sur la propriété personnelle, dans le cas où leur titre n'est pas antérieur à la commission du délit.

Venons maintenant à la Félonie avec bénéfice de clergé. Les peines qu'elle renferme sont beaucoup moins variées et beaucoup moins sévères.

Des peines propres au délinquant, elle comprend la première et la troisième : c'est-à-dire, la forfaiture des biens meubles et l'emprisonnement.

Au lieu de la peine de mort, on imprime une marque dans la main. Cette partie de la punition est devenue une farce. Elle est supposée avoir lieu en plein tribunal, immédiatement après que le coupable a déclaré par un mensonge solennel qu'il est un Clerc; ou si c'est une femme, qu'elle réclame le privilège du statut. La marque à infliger est la lettre T (1).

La partie où on doit l'imprimer est le gros du pouce gauche. De sorte que si un homme à perdu le pouce gauche, il ne peut pas recevoir la marque, ou s'il choisit ensuite de se couper le

(1) Si le délit étoit un meurtre, on imprimoit la lettre M. Le meurtre n'avoit pas encore été tiré des cas clergiables (c'est-à-dire, ayant le bénéfice du Clergé).

pouce, il perd la marque destinée à le distinguer des autres hommes.

L'instrument anciennement employé étoit un fer avec une empreinte, et le fer étoit brûlant. Les Juges d'alors ne connoissoient pas d'autre moyen de faire dans la chair une marque indélébile. A présent l'usage est encore d'employer le fer, mais il est froid : on touche sans brûler, il n'y a point de marque. Le Juge préside à cette parodie de la loi ; personne ne se plaint, beaucoup de gens approuvent : c'est de la douceur, c'est de l'humanité : il est vrai que la loi est éludée, qu'elle est tournée en ridicule, mais un Juge s'épargne le désagrément d'entendre les cris d'un homme à qui on applique un fer rouge. On demandera peut-être pourquoi les Juges ne proposent pas eux-mêmes un changement dans la loi, plutôt que de se permettre un changement arbitraire dans la pratique ? Je l'ignore.

Celui qui altéra le premier la loi fit un acte d'autorité arbitraire : celui qui auroit le courage de la rétablir pourroit employer un moyen plus doux que celui du feu (1).

Une autre peine qui peut, dans tous les cas

---

(1) Le statut ordonne que le convict soit marqué : le mode est laissé au Juge. Blackstone (4 Comm. 360,) dit que le convict doit être marqué avec un fer rouge. Il est évident par là qu'il n'avoit pas lu le statut. Il n'y est pas fait mention de fer chaud ni de brûlure.

de Félonie clergiable, être ajoutée où non à celles que nous avons énumérés, est la *transportation.*

La récidive dans une félonie clergiable, entraîne félonie avec peine capitale.

Les Clercs qui ont pris les Ordres sont seuls exceptés. Les Pairs ne le sont pas : les femmes y sont expressément sujettes.

C'est une distinction sans doute très-honorable au clergé que le droit de commettre avec peu de risque, plusieurs espèces de délits pour lesquels les autres membres de la société sont pendus. On entend souvent parler d'aventuriers qui ont fait des fortunes considérables en prenant cinq ou six femmes à la fois. Cependant si un homme est convaincu de polygamie, il doit prendre garde à lui, avant de s'y hasarder encore. Mais les Ecclésiastiques, à raison de la sainteté de leur vocation, peuvent jouir d'un serrail. Je voudrois recommander à de jeunes gens qui ont de la figure et des grâces et qui veulent s'en servir pour leur fortune, de prendre les Ordres : ceux de Diacre peuvent suffire, et ils ne sont pas pesans, on peut s'en débarrasser quand on veut. S'ils sont découverts, ils en seront quittes bon marché ; le fer froid ne leur fera pas grand mal, l'emprisonnement pour peu de mois n'est qu'une bagatelle quand on est riche ; il vaut mieux être en prison et riche, que libre et indigent. Il est vrai qu'il y a une forfaiture des effets mobiliers : mais qu'importe ? il est si aisé de cacher dix mille livres sterling en portefenille, et d'ailleurs quel risque court-on, tant qu'on peut convertir ses effets mobiliers en bon fonds de terre qui ne sont point sujets à forfaiture?

Il y a une chose qu'on ne perd point par une félonie clergiable, c'est la réputation. La loi, dans ce cas seul, protège un délinquant autant qu'elle peut le protéger. Un homme a-t-il volé douze sols, et a-t-il été convaincu? chacun peut le traiter de voleur : mais qu'un homme ait fait un vol, et qu'il ait été puni comme félon, avec bénéfice du clergé, il faut bien se garder de lui en faire un reproche, on seroit puni par la loi. Cela a été solennellement adjugé. Que je traite un individu de voleur, je ne suis pas coupable de diffamation, si je prouve le vol : mais dans ce cas-ci où la preuve du vol est faite juridiquement, il faut me taire, sous peine d'être diffamateur. On ne devineroit pas la raison de cette différence : c'est que le statut qui accorde le bénéfice du Clergé opère comme un pardon. Il a la vertu de défaire ce qui a été fait : et un homme, disent de graves personnages, ne peut pas plus être appelé voleur quand il a été puni de cette manière, qu'on ne peut dire, au présent, qu'il a une maladie honteuse quand il l'a eue et qu'il en a été guéri.

Tous ces sophismes et d'autres semblables ne tendent qu'à affoiblir l'influence de la sanction morale. Voudriez-vous donner une telle protection à tous les délinquans? Non, sans doute, et on ne l'a pas fait. Pourquoi donc la donner en particulier à ceux-ci? le Jurisconsulte qui a le plus subtilisé sur cette doctrine du pardon, comme renfermé dans la félonie clergiable, est Sir Edouard Cokè, un homme qui par principe, étoit le plus grand ennemi, et par passion, le plus zélé partisan de la liberté politique.

Fin des Peines et du Tome Premier.

De l'Imprimerie de Vogel & Schulze, 19, Poland-Street, Londres

www.ingramcontent.com/pod-product-compliance
Lightning Source LLC
Chambersburg PA
CBHW052101230326
41599CB00054B/3572